Udo Muras   Patrick Strasser

GERD MÜLLER

Der Bomber der Nation

Udo Muras
Patrick Strasser

Mit einem Vorwort von Thomas Müller

GERD MÜLLER

Der Bomber der Nation

riva

Bibliografische Information der Deutschen Nationalbibliothek
Die Deutsche Nationalbibliothek verzeichnet diese Publikation in der Deutschen Nationalbibliografie. Detaillierte bibliografische Daten sind im Internet über http://dnb.d-nb.de abrufbar.

Für Fragen und Anregungen
info@rivaverlag.de

Wichtiger Hinweis
Ausschließlich zum Zweck der besseren Lesbarkeit wurde auf eine genderspezifische Schreibweise sowie eine Mehrfachbezeichnung verzichtet. Alle personenbezogenen Bezeichnungen sind somit geschlechtsneutral zu verstehen.

Originalausgabe
2. Auflage 2022

Türkenstraße 89
80799 München
Tel.: 089 651285-0
Fax: 089 652096

Redaktion: Caroline Kazianka
Umschlaggestaltung: Isabella Dorsch, München
Umschlagabbildung: Sven Simon
Innenlayout: Isabella Dorsch, München
Satz: inpunkt[w]o, Haiger; Andreas Linnemann
Druck: GGP Media GmbH, Pößneck
Printed in Germany

ISBN Print 978-3-86883-700-1
ISBN E-Book (PDF) 978-3-86413-951-2
ISBN E-Book (EPUB, Mobi) 978-3-86413-952-9

Weitere Informationen zum Verlag finden Sie unter
www.rivaverlag.de
Beachten Sie auch unsere weiteren Verlage unter www.m-vg.de

Inhalt

Glory Days – in die Goldenen Siebziger

Von Hattrick zu Hattrick

Der Abstieg

Die Flucht nach Florida

Teufel Alkohol

Retter FC Bayern

Dann macht es bumm, ja und dann kracht's
und alles schreit: der Müller macht's
(Auszug aus dem Refrain von »Dann macht es Bumm« von Gerd Müller, 1969)

Uli Hoeneß: »An Gerd ist nichts Falsches.«

Franz Beckenbauer: »Ohne die Tore vom Gerd würden wir heute immer noch in der Bretterbude an der Säbener Straße sitzen.«

Paul Breitner: »Gerd Müller ist der wichtigste und größte Fußballer, den Deutschland nach 1954 gehabt hat.«

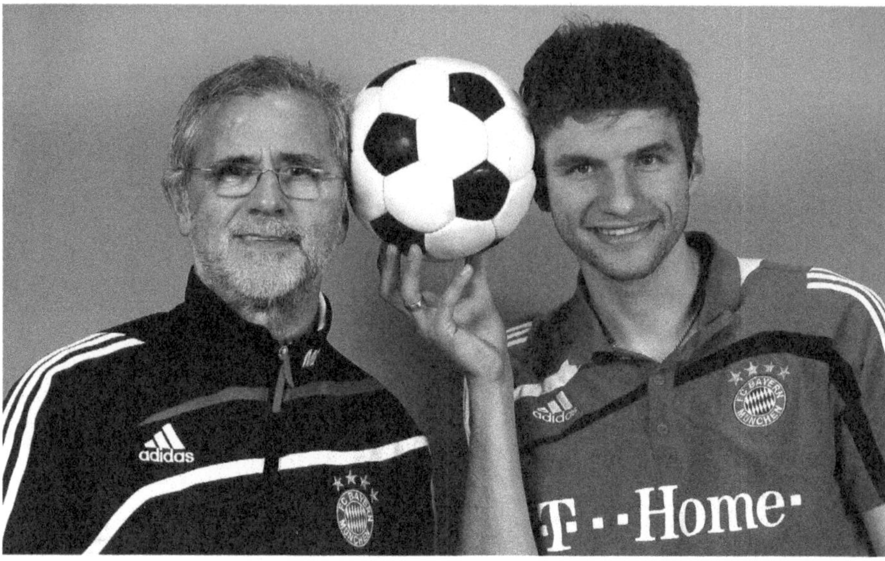

VORWORT

VON THOMAS MÜLLER

Die Nummer 13? Unser Teammanager Oliver Bierhoff fragte vor versammelter Mannschaft in die Runde: »Wer mag die 13 haben? Die ist jetzt frei.« Er schaute mich an. »Thomas, du? Nimm du sie.« Ich überlegte. Mit der »13« hatte Gerd Müller das Siegtor im Finale der Weltmeisterschaft 1974 gegen die Niederlande erzielt.

Die berühmte »Bomber«-Nummer war zu haben, weil sich der damalige DFB-Kapitän Michael Ballack kurz vor Beginn der Weltmeisterschaft 2010 in Südafrika verletzt hatte und für das Turnier ausfiel. Über Jahre gehörte ihm in der Nationalelf die »13«. Eigentlich ist die »25« von Anfang an bei Bayern meine Rückennummer, aber die gibt's ja nicht bei Turnieren, da maximal 23 Spieler dabei sein dürfen und der Kader dann von 1 bis 23 durchnummeriert wird. Also gut, ich nahm die »13«. Recht viel andere Nummern waren auch nicht mehr frei.

Meine erste WM und dann mit der Rückennummer von Gerd Müller, dem legendären »Bomber« der Nation. Ich habe mir aber darüber keinen großen Kopf gemacht, da bin ich nicht abergläubisch. Es war damals einfach ein schönes Gefühl, zu wissen, dass es früher immer seine Nummer gewesen ist. Und so schlecht lief es dann ja auch nicht mit der »13« – mit fünf Treffern bin ich in Südafrika Torschützenkönig geworden. Wie der »Bomber« 1970 in Mexiko, damals mit unglaublichen zehn Toren. Gerd Müller ist unerreicht. Natürlich bin ich ein klein wenig stolz, mit ihm in Verbindung gebracht zu werden. Doch eines steht ein für alle Mal fest:

Sein Näschen, sein Torriecher, seine ganz besondere Spielweise und sein riesiger Torhunger waren einzigartig.

Gerd Müllers aktive Zeit habe ich leider nicht miterleben dürfen. Unglaublich, welche Tor-Rekorde er aufgestellt hat – und wie er seine Treffer gemacht hat. Ein paar seiner besten Szenen und Tore habe ich natürlich auf Video gesehen, etwa wie er einmal einen Ball am Boden liegend doch noch reinmacht. Wahnsinn, was er für den Verein und die Mannschaft geleistet hat. Ohne Gerd und seine Tore wäre FC Bayern nicht der FC Bayern. Punkt.

Mein Vorbild war er allerdings nicht, dafür bin ich einfach zu jung. Mitte der 90er-Jahre fand ich Giovane Elber sehr cool. Ich kann mich aber noch sehr gut erinnern, dass ich als Kind – 1996 oder 1997 war das – mit meiner Cousine an der Säbener Straße war, um beim Training der Profis zuzuschauen. Plötzlich stupste sie mich an, sagte: »Schau mal, da ist Gerd Müller.« Wir haben allen Mut zusammengenommen und ihn angesprochen. Gerd ist zu seinem Auto, hat seine Autogrammkarten geholt. Ich war sehr stolz, dass ich einen echten Müller bekam.

Später, als ich dann in der Bayern-Jugend gespielt habe, sah ich Gerd Müller immer auf unserem Trainingsgelände an der Säbener Straße. Ab 2008 war er mein Co-Trainer. Zwischen uns entstand sofort eine gute Chemie, ein guter Draht. Wir hatten von Beginn an viel miteinander zu tun, weil Gerd sich immer etwas mehr um die Angreifer gekümmert hat. Wenn man als Spieler gute Leistungen bringt und sich dann auch abseits des Platzes mit einem Trainer gut versteht, ist das die ideale Verbindung. Für die Medien war das natürlich toll: Müller trainiert Müller.

Und sogar einen Werbespot haben wir gemeinsam gemacht. Das war eine Riesen-Gaudi.

Ich bin glücklich, dass ich so viel von ihm lernen durfte. Gerd gab mir viele wertvolle Tipps für den Torabschluss und brachte mir bei, wie man sich als Stürmer im Strafraum verhalten muss. Zum Beispiel: gegen die Laufrichtung des Torhüters schießen oder direkt neben dessen Standbein, weil der Torwart dann nicht mehr rechtzeitig reagieren kann. Sein Spiel war im Grunde einfach und schnörkellos. Der »Bomber« wollte den Ball ins Tor bringen – egal wie. Nichts anderes will ich auch.

Natürlich sind wir ganz andere Stürmertypen, haben eine ganz andere Statur. Seine Oberschenkel waren ganz besondere Kaliber. Gerd hatte zwei ganz gute Standbeine, ihn hat nichts so schnell umgeschmissen. Da kann ich mit meinen dünnen Waden nicht so ganz mithalten. Er galt als klassischer Strafraumstürmer. Ich bin eher einer, der aus dem Mittelfeld kommt und in die Spitze reingeht.

Auf den ersten Metern war Gerd extrem schnell, hatte einen explosiven Antritt. Besonders charakteristisch: seine Drehung in den Gegenspieler, wenn er den Ball mit dem Rücken zum Tor annahm und abschirmte. Wenn ich heute im Spiel meinen Hintern herausstrecke, hat das noch lange nicht die Wirkung, wie sie Gerd früher erzielen konnte.

Außerdem wusste der »Bomber« genau, wo er für den Gegner gefährlich werden konnte. Da geht es um logische Laufwege und logische Schussbahnen, dafür muss man den Instinkt entwickeln. Es ist immer eine Mischung aus Spielintelligenz und dem Gespür, genau dort zu sein, wo du sein musst. Über uns Torjäger sagen die Leute oft: Ach, das war Glück. Aber wenn du wie Gerd Müller immer wieder richtig stehst oder läufst, dann hat es nichts mehr mit Glück zu tun.

Oft kommt die Frage auf, wie viele Tore Gerd Müller heutzutage erzielen würde. Ich weiß es nicht, eine Menge – so viel ist klar. Vielleicht sogar mehr als zu seiner Zeit. Früher wurde strikte Manndeckung praktiziert, die Verteidiger haben die Stürmer regelrecht eingekesselt. Außerdem wurden die Offensivspieler wohl deutlich mehr getreten und nicht so geschützt wie heute. Auch, weil die Gelben und Roten Karten in der Schiedsrichter-Tasche nicht so locker saßen.

Gerd hat mich immer unterstützt und bestärkt. Ein wahnsinnig herzlicher Mensch. Ich kann mich nicht erinnern, dass dem »Bomber« jemals ein böses Wort über die Lippen gekommen ist. Da war eher mal ein Flachs dabei. Wichtiger waren persönliche Ratschläge wie: »Thomas, du musst egoistischer sein. Wenn du Tore machen willst, musst du egoistischer sein!« Legendär ist sein Spruch: »Wennst denkst, is eh zu spät.« Recht hat er. Machst du dir, etwa beim Elfmeter, zu viele Gedanken, kommt oft so ein Mischmasch raus – nichts Gescheites jedenfalls. Du musst deinem Instinkt folgen, dem ersten Impuls, dann klappt's. Meistens.

Wann immer der »Bomber« an der Säbener Straße war, haben wir, Basti Schweinsteiger, Philipp Lahm und ich, mit ihm geplaudert. Das hat ihn sehr gefreut und ihm gezeigt, dass ihn keiner vergessen hat.

Lieber Gerd, ich habe Dir so viel zu verdanken! Es war mir eine Ehre, Dich persönlich kennengelernt zu haben.

Und nochmal sei es erwähnt: Ohne Deine Tore wären wir nicht da, wo wir jetzt sind. Du sollst wissen: Was in der Vergangenheit galt, gilt jetzt erst recht: Wenn wir gewinnen, dann immer auch für Dich.

Vielen Dank für alles und zum Abschluss noch die wichtigste Botschaft: Du warst ein sensationell guter Mensch!

1

Der Denkmalsturz

Der Mann mit der Tafel

Gerd Müller traut seinen Augen kaum, schaut mehrmals vom Mittelkreis zur Trainerbank. »Die Neun, die war für mich. Ich konnte es nicht fassen.« Draußen an der Seitenlinie hält Bayern-Trainer Pál Csernai eine Tafel mit Müllers Nummer hoch: Auswechslung. Nichts ist gelaufen im Spiel. Müller, wenn überhaupt, dann ins Leere. Er bekommt kaum Bälle. Ihn beschleicht das Gefühl, die Mannschaft schneidet ihn. Dann der folgenschwere Augenblick: die Neun, raus bitte. Es machte nicht mehr bumm. Aus. Schluss. Vorbei.

Am 3. Februar 1979, es ist 17:07 Uhr, endet Müllers Karriere im Trikot des FC Bayern München im Frankfurter Waldstadion zwar noch nicht endgültig, aber es ist eine Zäsur, ein Bruch. 43 000 Zuschauer werden Zeuge einer Weltpremiere, ja einer Weltsensation. Gerd Müller, Bayerns legendärer Torjäger, der »Bomber der Nation«, der größte und erfolgreichste Mittelstürmer aller Zeiten, wird ausgewechselt. Nie zuvor hat sich ein Trainer der Münchner getraut, Müller vorzeitig vom Spielfeld zu nehmen, wenn dieser nicht verletzt war oder darum gebeten hat – was insgesamt sieben Mal seit dem Aufstieg des FC Bayern im Jahr 1965 passierte. Aber aus sportlichen Gründen? Nicht ein einziges Mal in seinen 425 Bundesligaspielen zuvor. Nun ist der Tag gekommen.

Eintracht Frankfurt führt an jenem kalten Februartag durch die Treffer von Bruno Pezzey und Roland Borchers mit 2:0, als sich Pál Csernai entscheidet, den ersten Wechsel in seiner Mannschaft vorzunehmen. Er holt Müller in der 82. Minute vom Platz und bringt Norbert Janzon. Die Münchner erzielen drei Minuten später noch den Anschlusstreffer durch einen anderen Stürmer, durch Karl-Heinz Rummenigge. Doch davon wird später nicht mehr die Rede sein. Bayern verliert ein Spiel, 1:2 – und seinen größten Torjäger aller Zeiten. Denn Müller, 33, reicht's. Er haut auf den Tisch. Dann macht es bumm. Ja, und dann kracht's. Gewaltig.

»Der Csernai weiß, dass ich immer noch zu Gyula Lóránt stehe, dass ich seinen Vorgänger für einen guten Trainer halte«, schnaubt Müller, »deswegen tut er das, deswegen will er mich fertigmachen.« Er habe schon registriert, dass er ihn im Training immer sehr beäuge. Und in Frankfurt ganz besonders. In der Pause, so Müller, habe er nichts gesagt. Alles okay, dachte er sich – weiter. Bis zur Neun auf der Auswechseltafel.

Natürlich gibt es dazu eine Vorgeschichte.

Im Winter 1978/79, die Bayern erlebten eine ihrer turbulentesten Spielzeiten, konnte die Mannschaft um ihren Anführer Paul Breitner, der im Sommer 1978 von Eintracht Braunschweig nach München zurückgekehrt war, mit Trainer Gyula Lóránt nicht mehr. Der Ungar, seit Anfang Dezember 1977 Nachfolger von Dettmar Cramer, überwarf sich mit Breitner, hielt aber treu zu Gerd Müller, auch wenn dieser nicht mehr in der Form früherer Glanztage war. Nach dem blamablen 1:7 am 9. Dezember bei Fortuna Düsseldorf musste Lóránt gehen – nie in seiner Geschichte hat der FC Bayern mehr Gegentore in einem Auswärtsspiel einstecken müssen. Man rutschte in der Tabelle auf Rang fünf ab. Pál Csernai, Lóránts Assistent und Landsmann, übernahm. Er verfeinerte das Lóránt-System aus Mann- und Raumdeckung, führte die damals neue reine Raumdeckung ein. Im Grunde aber war ab sofort Paul Breitner eine Art Spielertrainer. Eine explosive Mischung – für Müller.

Auch wenn der Held der Siebzigerjahre in jeder Sommervorbereitung fluchte, die kommende Saison werde seine letzte, so hatte er seinen Rückzug zum Saisonende 1978/79 tatsächlich bereits angekündigt. Weil er spürt: Er ist nicht mehr fit am Ende seines triumphalen Jahrzehnts, der »Bomber«-Körper will nicht mehr so recht. Auf eine Bandscheiben-Operation Anfang 1977 folgen Wadenzerrungen und

Leistenschmerzen. Im *Fußball Magazin* (Ausgabe 1/1979) heißt es: »Bereitwillig zieht er es deshalb neuerdings vor, sich bei Auswärtsspielen in der eigenen Hälfte zu tummeln, statt dort, wo ›es weh tut‹, wie Cramer es einmal formulierte. Karl-Heinz Rummenigge spielt Sturmspitze, er wird sein Erbe.« Unter Trainer Dettmar Cramer war Müller 1975 und 1976 Europapokalsieger der Landesmeister geworden. Nun bricht alles über ihm zusammen.

Auch wegen des für ihn unverständlichen Vertragsangebots, das ihm Präsident Neudecker Anfang Dezember 1978 gemacht hat. Streng nach Leistung solle künftig abgerechnet werden, inklusive eines Bonus, der sich an den Zuschauerzahlen orientieren soll. Kein Garantiegehalt von 400 000 DM pro Jahr mehr wie im letzten Arbeitsvertrag, abgeschlossen 1974.

Das *Fußball Magazin* zitiert Müller, der Anfang 1979 noch zwei Jahre Bundesliga in sich zu haben glaubt, damals so: »Wenn das so ist, Herr Neudecker, dann hör ich gleich auf. Über so was red ich kein Wort mehr.« Der Streit ums Geld beginnt. Müller beschleicht das Gefühl, Neudecker wolle ihn abschieben und eine saftige Ablöse kassieren. »Wenn ich ganz aufhör, bekommt er gar nix mehr für mich«, ereifert sich Müller damals und beschließt in seiner Wut: »Für mich gibt's kein Abschiedsspiel mit oder für den FC Bayern. Wenn überhaupt, dann mit 1860 München.« Worte der Enttäuschung, des Zorns – denn Hochverrat hätte Müller sicher nicht begangen. Der Streit ums liebe Geld sollte noch eine große Rolle spielen. Der Ungar Csernai, der Mann, der Seidenschals liebte, war die Ursache allen Ärgers für den »Bomber«.

Im Bayern-Buch *So ein Tag ...* von 1984 kommentiert Gerd Müller rückblickend: »Es war meine Absicht, nach jener Saison aufzuhören. Die Mannschaft und der Trainer wussten es. Offenbar war es ein Fehler, diesen Entschluss so frühzeitig zu fällen bzw. bekanntzugeben. Ich war der einzige Spieler, der sich ein paar Monate vorher (das heißt: im Dezember 1978) gegen Csernai als Trainer ausgesprochen hatte. Warum ich gegen ihn war, möchte ich nicht näher erklären. Über meine ablehnende Haltung ihm gegenüber war er sich im Klaren. Csernai suchte nach Möglichkeiten, sich als Trainer mit Durchsetzungsvermögen zu profilieren. Meine Person bot sich geradezu an, da ich nach wie vor ein wichtiger Spieler war, von dem er allerdings wusste, dass er bald aufhört. Das Risiko einer Konfrontation erschien ihm von daher nicht allzu hoch. So war seine Überlegung, und fortan suchte er nach einem Vorwand. Wie jeder weiß, holte er mich in Frankfurt vom Platz. Ganz bewusst. Natürlich habe ich schlecht gespielt, aber nicht nur ich, da gab's noch jede Menge andere Kandidaten.«

Doch großen Zirkus veranstaltet er nicht an der Außenlinie.

Im Fußball der Siebziger ist eine Auswechslung eine Auswechslung, ein Mittel zum Zweck. Ein Spieler raus, ein anderer Spieler rein. Heutzutage ist eine Auswechslung ein kleines Stück Theater. Je nach Spielstand und Charakteren wird eine Tragödie oder eine Jubelarie aufgeführt. Akt eins: Der ausgewechselte Spieler inszeniert sich, gibt den Wüterich oder den König, der sich von seinem Volk im Stadion huldigen lässt. Der eingewechselte Profi wird abgeklatscht, bekommt warme Worte mit auf seinen Rettungseinsatz. Wie ernst sie auch gemeint sein mögen. Doch noch genauer schauen Fans und zig Kameras auf die Begegnung des soeben Aussortierten mit seinem Peiniger, der in anderen Fällen auch der Erlöser sein kann. Schauen sie sich in die Augen? Herzlich oder verachtend? Klatschen sie gar miteinander ab? Fallen sie sich dankbar um den Hals?

Gerd Müller hätte damals gegen die Trainerbank oder irgendetwas anderes treten sollen. Mit voller Inbrunst – um der Aufmerksamkeit willen. Müllers schwäbischer Landsmann Jürgen Klinsmann hatte 18 Jahre später bei einer gleichsam legendären Auswechslung der Bayern-Historie die ganze Palette Drama drauf: Erst beleidigte er seinen Peiniger Giovanni Trapattoni auf Italienisch, machte die Schluss-Aus-Und-Vorbei-Handbewegung und trat dann in die Werbetonne. Klinsmann musste beim Spielstand von 0:0 raus, für ihn kam ein unbekannter Amateur, der später nie wieder erschien. Was blieb, war das Loch in der Tonne. Das Stück Werbeplastik, 1997 mit Füßen getreten, schaffte es sogar ins Vereinsmuseum.

Von Müllers Auswechslung 1979 gibt es keine Fernsehbilder – weder im Bericht der *Sportschau* der ARD noch im Beitrag des *Aktuellen Sportstudios* (ZDF). Eine Götterdämmerung ohne filmischen Beweis. Es wird lediglich erwähnt, dass Müller bereits auf dem Weg in die Kabine war, als Rummenigge zum 1:2-Anschluss trifft. Laut dem niederländischen Magazin *Voetbal International* (Nr. 9/ 1979) sagte Csernai damals: »Ich habe viel Verständnis für einen Spieler von der Klasse von Gerd Müller. Aber ich verstehe überhaupt nicht, weshalb er diesen Wechsel so dramatisiert. Ich bin selbst am Ende meiner Karriere mehrfach herausgeholt worden. Das ist Fußball. Nur die Leistung ist wichtig. Gerd Müller war schon wochenlang außer Form. Ich konstatierte einen Mangel an Kondition, er ist nicht mehr genug in Bewegung. Ich weiß, dass er einen Widerwillen gegen Konditionstraining hat. Aber es ist nicht meine Sache, dass andere Trainer ein Auge zudrückten, wenn Gerd Müller nicht hochmotiviert trainierte. Ich bin dazu auf jeden Fall nicht bereit.« Eine knackige Kampfansage.

Trennung im Groll – die Anwälte sprechen

Mitspieler, die damals in Frankfurt Augenzeugen der verhängnisvollen Auswechslung wurden, erinnern sich im August 2015. »Es war kein rühmlicher Abschied – ganz im Gegenteil. Man muss zugeben: Gerd spielte nicht seine beste Saison, trotzdem hätte man das anders lösen können. Mit dieser Auswechslung hat Trainer Csernai ihn brüskiert. Man nimmt einen Stürmer, wenn er schlecht spielt, vielleicht zur Halbzeit raus – aber nicht zehn Minuten vor Schluss«, echauffiert sich Torhüter Sepp Maier noch heute. »Wir haben uns beim Trainer beschwert und gesagt, dass man so etwas mit so einem verdienten Spieler nicht macht. Es ging schließlich um Gerd Müller – nicht um irgendeinen Spieler.« An Csernai lässt Maier im Rückblick kein gutes Haar: »Pál Csernai war ein launischer Typ. Als Trainer, rein fachlich gesehen, sehr gut, aber menschlich ein Armleuchter. Er wollte den Gerd absägen.«

Das Thema wurde zum Gewissenskonflikt – einerseits, andererseits. Auch 36 Jahre danach noch. »Gerd war damals auch nicht mehr auf dem Höhepunkt seines Könnens, auch nicht mehr so fit wie früher«, sagt Klaus Augenthaler, »auf der anderen Seite war er eine Ikone. Also war das alles in allem eine vertrackte Situation.« Udo Horsmann, damals linker Verteidiger im »Pál-System« und Müllers Mannschaftskollege, sieht es heute ähnlich: »Gerd war der Bomber der Nation und hat sicherlich einen anderen Abgang verdient als den, den er da gekriegt hat. Sportlich war Csernais Maßnahme zu vertreten. Er hat nicht mehr in das System gepasst und hatte auch nicht mehr die Fitness. Man konnte nicht mehr nur da vorne stehen und hoffen, dass irgendwann der Ball kommt. Aber man hätte das in einem Gespräch machen können. Das war nur nicht Csernais Art, er war kein Mensch, der einen in den Arm nimmt. Insofern ist das Ganze relativ brutal und despektierlich ausgefallen.«

Müllers Ehrgeiz lässt in dieser, seiner letzten Saison etwas nach. Der Fußball hat sich verändert, das Läuferische ist immer gefragter. Müller knurrt: »Es ist alles nur noch eine stumpfsinnige Rennerei geworden. So macht mir Fußball keine Freude mehr.« Das kann man sehen. Schon Lóránt, eigentlich des »Bombers« Liebling, hatte nach einem Spiel über seinen Kapitän geklagt: »Müller trug lediglich die Binde spazieren.« Die Kapitänsbinde trägt er seit Beckenbauers Abschied, keineswegs gern im Übrigen. Präsident Neudecker meint verächtlich: »Ich brauche einen Torschützen und kein Denkmal.« Csernai urteilt lapidar: »Müllers Leistungen reichen für die Bundesliga nicht mehr aus. Der Verein kann es sich deshalb nicht leisten, ihm noch eine Chance zu geben.« Der Verein – das heißt in jenen Tagen: Csernai plus Breitner. Oder wie Maier es formuliert: »Paul war praktisch sein Assistenztrainer.« Und so sprach Breitner, damals im Grunde der Chef: »Ich meine, unser Trainer hat einen großen Spruch getan in den letzten Wochen: ›In unserem Job ist für Nostalgie kein Platz.‹« In einem nie veröffentlichten Interview vor seinem 60. Geburtstag sagt Müller über Breitner: »Mit ihm hatte ich nicht so ein gutes Verhältnis wie mit den anderen. Mit Paul kriegst du nie Streit, wenn du ihm recht gibst.« Auf der Kassette ist ein schüchternes Lachen zu hören.

»Ich krieg schon Angst, wenn ich ihn bloß sehe« – und was ist mit diesem Zitat von Müller über Breitner, mit dem er 1972 und 1974 erst Europa- und dann Weltmeister wurde? »Nein, das stimmt nicht«, sagt Müller darauf angesprochen. Die Wahrheit wird in der Mitte liegen.

Am Montag vor der verhängnisvollen Auswechslung in Frankfurt macht Csernai seinen Kapitän und Mittelstürmer vor versammelter Mannschaft rund. Alle hätten beim 2:1 gegen Schalke gekämpft, nur Müller nicht. Er habe sich damit gegen die Mannschaft und gegen den Trainer gestellt, lautet der Vorwurf. Die Nerven liegen blank, denn nach dem ersten Spiel der Rückrunde ist Bayern weiterhin nur Tabellenfünfter. »Keiner hat für mich Partei ergriffen, keiner von den Kollegen«, schimpft Müller beleidigt. Nach der Partie in Frankfurt erhebt schließlich doch noch jemand seine Stimme. »Was Csernai mit Müller gemacht hat, ist unsauber und unehrlich«, wagt sich Jung-Nationalspieler Karl-Heinz Rummenigge aus der Deckung. Müller fordert, Präsident Wilhelm Neudecker müsse ein Machtwort sprechen, um Lóránt wieder zurückzuholen. Doch vergeblich. In einem Artikel der *Neuen Osnabrücker Zeitung* vom 5. Februar 1979 heißt es unter der Überschrift »Bayern-Trainer Csernai demütigte Gerd Müller« über den Zustand der Mannschaft, die durch Interessenkonflikte zerrissen ist: »Gerd Müller indes erlebt so oder so das letzte Jahr seiner Karriere als das bitterste. Nach glücklichen Spielen und großen Triumphen muss er nun mit 33 auf dem letzten Stück seines Weges durch den Kehricht einer Branche waten, in der Gemeinheit und Hinterlist bevorzugte Umgangsformen sind.« Ein Haifischbecken. Müller geht unter. Und spült immer öfter seinen Frust mit einem kräftigen Schluck herunter. In jenem Artikel von 1979 steht wörtlich: »Die Kollegen könnten sich das Lachen nicht verkneifen, wenn die sähen, wie er sich dem Ende seiner Karriere entgegenquäle und dabei auch das Whisky-Glas zur Hilfe nehme ... Solche und ähnliche Informationen ließ man gezielt ›durchsickern‹, bis sie in den Zeitungen standen.« Raimund Hinko, damals Reporter für die *Bild*, erinnert sich: »Csernai hatte seine Lieblinge wie Breitner und Rummenigge, hat Müller brutal behandelt und damit auch die Fans gegen sich aufgebracht. Aber: Hin und wieder soll Gerd in jener Zeit mit einer leichten Fahne zum Training erschienen sein. Das wurde aber aus Rücksicht auf ihn nie geschrieben.« Offenbar hielt man sich nur in München daran.

Eine Woche nach dem Eklat von Frankfurt stellt Csernai Müller vor heimischem Publikum im Münchner Olympiastadion gegen Borussia Dortmund wieder auf. »Anstandshalber«, sagt Müller später. Bayern siegt souverän mit 4:0. Müller spielt 90 Minuten, bleibt aber ohne Tor. Sein direkter Gegenspieler Amand Theis wird nach dem Spiel so zitiert: »Ich habe schon ungefähr zehn Spiele gegen Gerd Müller gespielt. Mir ist aufgefallen, dass er heute kein Glück hatte. Eine Chance war früher bei ihm immer ein Tor, jetzt ging der Ball neben das Tor.« Nur 10 300 Zuschauer sehen das Abschiedsspiel des »Bombers« im Bayern-Trikot auf der Bundesliga-Bühne – ein unwürdiger Rahmen, ein unwürdiger Abschied. Es hatte sich ausgemüllert. Nach 1135 Toren in allen Wettbewerben.

In seiner Abschiedssaison macht er immerhin noch neun Tore in 19 Bundesliga-Matches, vier in zwei DFB-Pokalspielen, stolze 38 in 19 Freundschaftspartien. Macht zusammen: 51 Tore bei 40 Einsätzen. Eine typische Müller-Quote.

Seine 365 Bundesliga-Tore werden wohl auf ewig unerreicht bleiben. Sein letzter Treffer im Bayern-Trikot datiert aus dem Jahr 1978. Am 18. November 1978 ist Müller bei der 1:2-Pleite in Kaiserslautern erfolgreich. Er markiert den im Nachhinein nutzlosen Anschlusstreffer in der 84. Minute. Damals konnte niemand auf dem Betzenberg ahnen, dass er gerade etwas Historisches erlebt hatte. Im Februar 1979 ist der Spieler Gerd Müller beim FC Bayern Geschichte. Er schmeißt hin. Er will nicht mehr. Nur noch weg. Wohin? Vielleicht in die USA, in die Major League Soccer, in der seit 1977 sein Vertrauter Beckenbauer spielt. Erste, vage Kontakte zu Müller gibt es vonseiten der Fort Lauderdale Strikers, einem Team aus Florida, bereits in der Woche vor dem Frankfurt-Erdbeben. Dabei wollte der Gerd – bodenständig und heimatverbunden, wie er war – eigentlich niemals weg. Dazu passt, dass er der *Sport-Illustrierten* sagt, er wolle sich nun um seine beiden von seinem ehemaligen Fahrlehrer Hermann Hofbauer geführten Sportgeschäfte kümmern. Im Außendienst, kleine Vereine mit Schuhen beliefern. Wie einst Uwe Seeler. Doch es bleibt eine Idee.

Für Müller bricht eine Welt zusammen. Seine Torjägerwelt. Sein Verständnis vom Fußball ebenso wie sein Selbstverständnis. Das gesamte Gebilde FC Bayern fällt ihm auf den Kopf, was gerade auch seine Familie schwer belastet. »Wenn das so weitergeht, bin ich bald reif für die Klappsmühle«, sagt Müllers Frau Uschi. Abgesehen von den Trainingseinheiten, die er noch pflichtbewusst absolviert, verschanzt sich das Ehepaar Müller nun im trauten Eigenheim, einem Bungalow im Münchner Villen-Vorort Straßlach. »Meine Frau hat es mehr mitgenommen«, klagt Müller, »nachdem ich von den dauernden Anrufen genug hatte und mich in die Sauna verzog, musste sie immer ans Telefon.«

Der »Bomber« ist schwer getroffen, wie sein Statement, das die Nachrichtenagentur dpa am 15. Februar verbreiten lässt, zeigt: »Ich hätte gern noch diese Saison für den FC Bayern gespielt. Aber nach dem, was in den letzten drei Wochen passiert ist, musste ich mich zu diesem Schritt entschließen. Ich habe lange mit mir gerungen, aber ich kann jetzt einfach nicht mehr. Man hat mir vorgeworfen, ich würde gegen die Mannschaft spielen und mich nicht mehr richtig einsetzen. Wenn man glaubt, ich sei nur noch Ballast, dann ist es wohl besser, wenn ich aufhöre – besser für mich und für die Mannschaft. Mich hat enttäuscht, dass kaum jemand für mich eingetreten ist, dass mir keiner geholfen hat. Früher, als alles prima lief, als der Erfolg da war, waren auch immer viele Leute da. Jetzt aber hat man mich praktisch alleingelassen.«

Im großartigen Historienbuch *Gute Freunde* schreibt Thomas Hüetlin über jene Tage im Februar 1979: »Müller gab weiterhin den stoischen Torjäger, aber in ihm drinnen bebte die Wut. Am Dienstag, dem 13. Februar, war Schluss mit der Schauspielerei. Gegen 16:30 Uhr trabte Müller zum Spielfeldrand des Trainingsgeländes, verschränkte die Arme auf dem Rücken und schaute nur noch zu.« Am selben Tag überbringt Rudolf Mayer, einer der engsten Freunde Müllers und zugleich Chauffeur des »Bombers«, weshalb er in München nur »Taxi-Mayer« gerufen wurde, Präsident Neudecker ein Schreiben: Müllers fristlose Kündigung. Mit folgendem Angebot: Der Torjäger verzichtet auf ein Ablösespiel, wenn ihn Bayern sofort ziehen lässt. An den Einnahmen würden beide Seiten, Müller und der Verein, partizipieren. Dem »Bomber« aber kann es nicht schnell genug gehen. »Es war höchste Zeit, dass sich der Gerd zu diesem Entschluss durchgerungen hat«, zitiert der Sportinformationsdienst *sid* Mayer. Der Kündigungskurier weiter: »Er war nervlich am Ende und hätte das nicht mehr lange durchgehalten. In den letzten 14 Tagen konnte man ja kaum noch mit ihm sprechen.«

Das Bayern-Präsidium ruft daraufhin eine außerordentliche Sitzung im Münchner »Ratskeller« ein, der Wirtschaft des Rathauses, samt Vorstand, Beirat und Oberbürgermeister Erich Kiesl. 33 Mannsbilder, zwei Stunden, ein Thema: der »Bomber« und das liebe Geld. Seinem Wunsch zu wechseln wird entsprochen – aber nicht ohne Ablösesumme, was Neudecker jedoch zuvor mündlich zugesagt hat. Die Schlammschlacht beginnt. Müller wirft seinem Präsidenten Wortbruch vor: »In einer Besprechung vom 29. Januar sagte er mir zu, ohne Ablöse gehen zu können, wenn ich den FC Bayern mit 50 Prozent an den Einnahmen meines

Abschiedsspiels beteilige«, sagt Müller in einem Interview mit dem *Kicker* am 26. Februar und empört sich: »Jetzt will er plötzlich davon nichts mehr wissen.« Interessant: Das Gespräch fand fünf Tage vor der Auswechslung in Frankfurt statt. Klar ist auch: Die Kontakte nach Übersee waren schon länger vorhanden. Im Oktober 1978, so der *Kicker* am 19. Februar, hatte Uschi Müller gesagt: »Der Gerd geht nicht in die USA, dieses Zigeunerleben wäre pures Gift für ihn.« Irgendwann um den Jahreswechsel muss der Sinneswandel dann eingetreten sein. Das Problem: Der Deal mit den Amerikanern kommt nur zustande, wenn keine Ablösesumme fließt.

Reporter Werner-Johannes Müller, ab Herbst 1976 für den *Kicker* und das *Fußball Magazin* tätig, erinnert sich: »Ich musste damals Bayerns Abstieg beschreiben. Ich schätzte Csernai als Trainer sehr, kam auch mit Müller wunderbar aus. Da ich in Mindelheim geboren bin, konnten wir von Schwabe zu Schwabe miteinander reden, er hat mir vertraut. Wir hatten eine berufliche Freundschaft.« Namensvetter Müller darf die Müllers in ihrem Bungalow besuchen. Es gibt Kaffee und Kuchen, vom »Bomber« persönlich auf dem Rückweg nach dem Vormittagstraining besorgt. »Er war ein Süßer, hat am liebsten Schwarzwälder Kirschtorte gegessen. Aber meist mit schlechtem Gewissen: ›Guten Appetit, Werner, aber behalt's für dich. Ich ess aber eh nur ein halbes Stückerle‹, versicherte mir Gerd.« Hin und wieder kommt zum Kuchen ein Gläschen Wein oder etwas Hochprozentiges. »Gerd hat den Druck nicht mehr ausgehalten. Es ging mit seiner Leistung bergab, daher war er so unglücklich. Auch, weil er einen gigantischen Anspruch an sich hatte«, erzählt Reporter Müller. »Dazu kam, dass sein Freund Franz Beckenbauer und dessen Manager Robert Schwan, die immer ihre schützenden Hände über Gerd gehalten hatten, weg waren. Was die beiden bei Cosmos New York treiben, hat ihn immer sehr interessiert. Alles in allem war es ein langsamer, schleichender Verfall seiner sportlichen Leistungsfähigkeit, auch bedingt durch die zahlreichen, aber nun häufiger auftretenden Verletzungen nach den vielen Tritten in all den Jahren.« Ende 1978 hat sich Müller nach einer Wadenzerrung über Wochen mit Spritzen fit machen lassen. Uschi bezeichnet ihn als »Trottel«.
Folgender Dialog des Ehepaars Müller wird im *Fußball Magazin* (1/1979) zitiert:

Gerd: »Klar, ich bin ein Trottel, wenn ich meine Gesundheit aufs Spiel setz, immer wieder; aber weißt, ich kann eben nicht anders.«

Uschi: »So begründest du diesen Wahnsinn schon seit Jahren.«

Gerd: »Ich weiß ja selber, dass ich blöd bin.«

Uschi: »Genau.«

Gerd: »Aber schließlich habe ich jahrelang ein Spitzengeld verdient.«

Uschi: »Was nichts daran ändert, dass du zu anständig und gutmütig für diesen Beruf bist.«

Das weckt den Kämpfer in Gerd. Was seinen Vertrag betrifft, will er nun – angetrieben von seiner Frau – nicht klein beigeben. In der *Süddeutschen Zeitung* schüttet der erfolgreichste Torschütze Europas in den Jahren 1970 und 1972 sein Herz aus: »Mir ist nachgesagt worden, ich würde versuchen, den FC Bayern zu erpressen. Da hör ich lieber gleich auf. Man ist schnell populär, aber auch schnell wieder vergessen. Ehrlich gesagt, ich bin froh, wenn alles vorüber, wenn endlich Schluss ist.« Noch allerdings muss er leiden.

Auf den Beschluss des Präsidiums, Müller nicht ablösefrei ziehen zu lassen, folgt ein Fax von Müllers Anwälten Dr. Wunderlich & Partner, das dem *Kicker* vorlag: »Anlässlich der heutigen Beiratssitzung des FC Bayern gibt Gerd Müller durch uns folgende Stellungnahme ab: Das Ergebnis der heutigen Beiratssitzung des FC Bayern ist für Gerd Müller unverständlich und enttäuschend. Es steht in deutlichem Widerspruch zu dem Zwischenergebnis, das von den beteiligten Anwälten ausgearbeitet war. Insbesondere ist es ungerechtfertigt, wenn der Verein für Gerd Müller auch dann eine Ablösesumme fordern will, wenn Gerd Müller zu einem amerikanischen Fußballverein wechseln sollte, schließlich hatte nämlich der Präsident des FC Bayern Gerd Müller in der Besprechung vom 29. Januar 1979 fest zugesagt, dass der Verein in diesem Fall auf jede Ablöse verzichten würde. Das war auch damals nicht nur eine sportliche Geste, sondern eine rechtsverbindliche Zusage. Der Präsident hat diesen Sachverhalt dann ja auch mehrfach in aller Öffentlichkeit bestätigt. Fühlt sich denn Herr Neudecker heute an sein Wort vom 29.1.1979 nicht mehr gebunden? Der vom FC Bayern heute überraschend präsentierte Vorschlag lässt nur die Wertung zu, dass um Gerd Müller doch noch ein groß angelegter Preispoker stattfinden soll.« Das ganze Hin und Her beschäftigt Deutschlands Fußballgrößen. Der ehemalige

Bundestrainer Helmut Schön leidet mit seinem Mittelstürmer, der Deutschland 1974 zum WM-Titel geschossen hat: »Ich bedauere das ganze Hickhack. Es tut mir leid, dass es so gekommen ist. Man sollte eine sportlich-faire Lösung finden und ihm einen guten Abschied bereiten. Einen, den der Gerd verdient hat.« Uwe Seeler, der nach Beendigung seiner Karriere ein glanzvolles Abschiedsspiel im Hamburger Volksparkstadion erhalten hatte, schreibt einen offenen Brief an die Müller'sche Adresse, in dem er sich für seinen kongenialen Sturmpartner der WM 1970 in Mexiko einsetzt: »Niemand darf auf dir herumhacken. Ein so verdienstvoller Spieler, der Fußballgeschichte schrieb, hat einen ehrenvollen Abgang verdient.« Noch ein rührendes Schriftstück: Willi Schulz, ebenfalls Nationalelf-Kollege, ergreift für ihn in einer Kolumne für die *Welt am Sonntag* Partei: »Gerd sollte nicht darum betteln, spielen zu dürfen. Er hat für den deutschen Fußball so viel getan. Wer Europa- und Weltmeister war, der hat es, so meine ich, nicht nötig, noch um Verträge zu kämpfen. Gerd Müller darf sich nicht der Gefahr aussetzen, auf dem Spielfeld lächerlich gemacht zu werden. Dafür sind seine Verdienste um unseren Fußball zu groß.« Und in der *Süddeutschen Zeitung* heißt es: »Ja, kann denn ein verdienter Dribbelgreis von 33 Jahren bei uns in Fußball-Deutschland nicht mehr in Ehren alt werden?«

Lediglich der damalige HSV-Manager Günter Netzer findet härtere Töne. Müller bleibe für ihn »als Spieler ein Phänomen«, er habe ihm auch »einen besseren Abschied gegönnt«. Netzers großes Aber: »Er hat einfach den rechtzeitigen Absprung verpasst.«

Am 25. Februar einigt man sich dann doch noch. Bayern-Präsident Neudecker und der beurlaubte »Bomber der Nation«, an seiner Seite Frau Uschi, sprechen sich auf der Münchner Sportartikelmesse ISPO aus. Das Ergebnis: sofortige Freigabe, keine Ablöse und doch ein Abschiedsspiel mit noch zu bestimmendem Zeitpunkt. Danach stößt man mit Henkel trocken auf den Verhandlungsdurchbruch an. Und Neudecker prahlt: »Haben Sie gesehen, wie schnell das geht, wenn Männer untereinander reden ohne Juristen.« Müller nickt, lächelt gequält. Neudecker verrät sein Motiv der Presse: »Wäre der Streit weitergegangen, wäre alles auf meinem Rücken ausgetragen worden.« Müller ist nun ein freier Mann. Kein Bayern-Spieler mehr. 14 Jahre lang ist er jeden Tag zur Säbener Straße gefahren, 20 Minuten hin,

20 Minuten zurück. Nun geht es über den großen Teich. Die zwei Sportgeschäfte in Aschheim und Pasing? Mal schauen. All die Trophäen und Pokale, die er in seinem Zuhause in einer Glaswand aufgebaut hat? Die Trikots von den Gegenspielern seiner Karriere, all die Vereinswimpel der Gegner? Nur noch Erinnerungen an eine glorreiche Zeit. Ein Neubeginn steht an. Voller Unsicherheit.

Im Münchner Nobelhotel »Vier Jahreszeiten« unterschreibt Müller bei den Fort Lauderdale Strikers einen Vertrag für zweieinhalb Jahre. Dienstantritt soll am 1. Juni sein. Kontakte nach Detroit und Chicago hatten sich zerschlagen, auch Trainer Rinus Michels, der das Team von Los Angeles coacht, hatte sich um ihn bemüht. Von insgesamt 800 000 Dollar Gehalt ohne Werbung und Prämien ist die Rede. Er verdiene »auf keinen Fall schlechter als bei Bayern«, behauptet er. »Ich bin Profi. Wenn das Geld stimmt, geh ich. Das würde doch jeder machen, oder? Warum denn nicht? Ich habe doch keine Angst, überhaupt keine«, rechtfertigt er sich im *Kicker*. Nachfrage: Und die Familie? Müller: »Die kommt mit rüber. Das mit der Schule meiner Tochter kann man irgendwie regeln.« Der Mann, der sich vertrieben fühlte, ist erst einmal nur froh, »bei denen« raus zu sein. »Ich habe gerade noch die Kurve gekriegt.« Doch der Groll, der steckt tief. »Wenn der Herr Lóránt weiter Trainer bei Bayern gewesen wäre, wäre das ganze Theater nicht gewesen«, sagt er im *Sportspiegel* des ZDF vom 11. April 1979.

Als Müller das erste Spiel nach seinem Abschied, die peinliche 0:4-Pleite seiner ehemaligen Kameraden gegen Aufsteiger Arminia Bielefeld, am 10. März als Tribünengast des Münchner Olympiastadions verfolgt, wirkt er einsam und »schon ein bisserl traurig, wenn man so lange bei einem Verein gespielt hat«, wie er sagt. »Dann ist die Nummer neun, Müller, nicht dabei, aber ich habe mich jetzt daran gewöhnt. Ich habe mich für Amerika entschieden und bin ganz froh.« Am 17. März fliegen die Müllers nach Florida, um sich nach einem Haus und einer deutschsprachigen Schule für Tochter Nicole umzusehen. Es ist die letzte Etappe seiner Karriere als aktiver Fußballer, die einst in einer schwäbischen Kleinstadt begann. In Nördlingen.

2

Nördlingen

Kindheit und Jugend – Brötchen und Spiele

Der Krieg kommt spät nach Nördlingen. Er ist schon verloren, als in der schwäbischen Kleinstadt die Bomben fallen. 13 Luftangriffe gibt es im Frühjahr 1945, sie fordern 33 Todesopfer, der Bahnhof und ein paar Häuser werden zerstört. Die evangelische St.-Georgs-Kirche wird schwer beschädigt. Am schlimmsten ist es am »Führer-Geburtstag«, dem 20. April 1945. Der Großteil der malerischen historischen Altstadt wird jedoch verschont. Dann kommen die Amerikaner und mit ihnen der Frieden.

Verschont wird auch die Familie Müller, wohnhaft am Stänglesbrunnen 6. Es ist ein kleines Fachwerkhaus, das damals nicht so gelb schillerte wie heute. Eigentlich schillerte es überhaupt nicht, denn Grau ist die Farbe jener Tage, und grau ist auch das Haus. Und grau erscheint die Zukunft der Menschen im besiegten und besetzten Land.

Bei Kriegsende ist Christina Karoline Müller, geborene Jung, zum fünften Mal schwanger. Einen Sohn und drei Töchter hat sie schon geboren, die zweite Tochter ist mit sieben Jahren verstorben. Die älteste Tochter ist bereits 18, die jüngste drei.

Nun trägt sie den kommenden »Bomber der Nation« in ihrem Bauch, und es sollte nicht wundern, wenn er sie von allen Kindern am kräftigsten getreten hätte. Ob er ein Wunschkind ist, das wird sich damals so mancher gefragt haben. Man redet halt viel in einer Kleinstadt, in der jeder jeden kennt. Als Gerhard Müller am 3. November 1945 zur Welt kommt, ist seine Mutter fast 41 und Vater Johann Heinrich, ein »Tagelöhner«, der Kohlen ausfährt, 47. Warum zeugt ein Ehepaar in diesem Alter und am Ende eines fürchterlichen Kriegs, der in eine ungewisse Zukunft weist, ein fünftes Kind? Auch wenn derlei in jenen chaotischen Tagen, in denen es an so vielem mangelte, öfter als sonst vorgekommen sein soll. Diese Frage kann jedenfalls niemand mehr beantworten – der Vater stirbt im April 1963, die Mutter im März 1983. Am 25. November 1945 ist die Taufe, und es fällt auf, dass Gerhard als einziges Müller-Kind keinen zweiten Vornamen erhält. Die insgesamt recht merkwürdigen Umstände haben Spekulationen über Müllers Herkunft genährt. Seine Karriere war längst zu Ende, da kam das Gerücht auf, er stamme von »Zigeunern« ab. Und war der Junge mit den pechschwarzen Haaren und den dunklen Augen nicht tatsächlich ein südländischer Typ?

Der Vorsitzende des Zentralrats der Sinti und Roma, Romani Rose, befragte schon um 2008 die Nördlinger Sintiza Anna Reinhardt, die den Gerd von Jugend an kennt, in dieser Angelegenheit. Sie konnte die Annahme aber nicht bestätigen.

Gegen die im Internet oft ungeprüft verbreitete These spricht vor allem, dass die »Zigeuner« von den Nazis verfolgt wurden und nicht – so wie Familie Müller lange vor Gerds Geburt – unbehelligt in Deutschland hätten leben können.

Der Zentralrat der Sinti und Roma bestätigt 2015 die Nachforschungen, auch bei Müller direkt, und lässt knapp wissen: »Das Bekenntnis der Zugehörigkeit ist frei, Gerd Müller hat es nicht getan. Der damit ausgedrückte Wunsch möge allseits respektiert werden.« Es gibt also keinen Beweis für eine Blutsverwandtschaft Gerd Müllers mit dem fahrenden Volk.

Eine Nähe zu den Sinti ist freilich unbestritten. Denn die erste Liebe des »Bombers« war eine Sintiza namens Laura Reinhardt. Und schon der kleine Gerd wird oft im Barackenlager, das nach dem Krieg für Sinti und Roma zur Verfügung gestellt wird, gesehen. Vorher dienten die Gebäude dem Reichs-Arbeitsdienst, auch Kriegsgefangene waren dort untergebracht. Lauras Tante, Anna Reinhardt, erzählt 2014 in dem in Zusammenarbeit mit der Journalistin Angela Bachmair erstellten Buch *Wir sind stolz, Zigeuner zu sein – vom Leben und Leiden einer Sinti-Familie* von der gut nachbarschaftlichen Beziehung. Darin heißt es: »Mein Bruder und mein anderer Bruder, die spielten mit dem Gerd Müller, der war bei uns daheim, der Gerd. Wenn der Gerd Müller Sinti gesehen hat und wenn er in München war (*d. h. aus München zurückkam, der Autor)*, hat er uns immer besucht. Wissen Sie, der war arm – und wenn arme Menschen zu Zigeunern kommen, die ehren wir …«

Den Autoren erzählt sie im Juni 2015: »Wenn er von der Schule gekommen ist, hat er immer bei uns gegessen und getrunken. Und dann haben die Kinder Fußball gespielt.« Dem kleinen Gerhard, den alle Welt nur als Gerd kennt, ist die Herkunft eines Menschen vermutlich völlig egal. Hauptsache, er taugt zum Spielkameraden. Dass er »aus sehr einfachen Verhältnissen« kam, bestätigt auch Joachim Feix, ab 1959 sein Mitspieler beim TSV 1861 Nördlingen. Einfache Leute haben auch einfache Spiele. Womit sich das Geheimnis erklärt, warum Fußball der populärste Sport der Welt geworden ist. Man braucht nur einen Ball, eine Spielfläche und irgendetwas, das als Tor dient. Auch heute, da die Kargheit der Nachkriegszeit nirgends mehr zu greifen ist, reichen großen und kleinen Fußballern Schulranzen oder Jacken als »Pfosten«, und die Latte muss man sich eben denken. Übrigens hat es auch nicht immer einen Ball gebraucht. »Wenn er von der Schule nach Hause kam, hörte man das mitunter schon an der Blechbüchse, die er vor sich hertrieb«, erinnert sich Manfred Ottenweller, der die Schülermannschaft schon vor seiner Zeit als Jugendleiter zuweilen zu Auswärtsspielen fuhr.

»Kaum konnte der Gerd richtig laufen, da fing er schon an zu kicken. Er war schon immer ein Fußball-Narr«, erzählte die Mutter von den Anfängen einer Weltkarriere. Gerd Müllers erstes Spielfeld liegt direkt vor seiner Haustür am Stänglesbrunnen, wo sich nach der Schule täglich 20 bis 30 Kinder treffen, um einem Ball nachzujagen. Und jeder ist der, dem er einmal nacheifern will: »Wenn wir auf der Straße spielten, war ich stets Max Morlock, das Klub-Idol«, hat Gerd oft betont.

Der Umzug im März 1957 in die Berger Straße 4 hat darauf keine Auswirkungen, es ist nur ein Steinwurf entfernt von der alten Behausung, und das Spielfeld bleibt dasselbe. Mit seinem acht Jahre älteren Bruder Heinz teilt Gerd sich ein Zimmer, die Schwestern Pauline und Irmgard, 14 Jahre auseinander, ein anderes.

Mit etwa sechs Jahren, als er eingeschult wird, schießt er, von der Weltöffentlichkeit gänzlich unbemerkt, seine ersten Tore. »Die anderen Jungs wussten, dass ich den Ball reinhaue. Deshalb durfte ich auch bei den Größeren mitmachen!«, erzählt Müller dem Fachblatt *Kicker* 2004. Bruder Heinz ist sein erster Trainer und schenkt ihm auch einen Plastikball, »nicht aus Leder, den konnten sich nur die Kinder reicher Eltern leisten«. Gerd trägt schon als Schulkind zum Haushalt bei, indem er samstags für die Bäckerei Held Semmeln ausfährt – dafür steht er um fünf Uhr auf. Das Trinkgeld, das ihm die Nördlinger in die Tragetasche werfen, reicht zumindest schon mal für einen Kinobesuch, »40 Pfennig, vorne 1. Reihe«. Wenn »eine bestimmte Frau da war« am Einlass, kommen die jungen Cineasten sogar in für sie verbotene Filme rein – dazu zählen für Jugendliche in den Sechzigern auch Western. Das Kino zeigt ihm die Welt, denn einen Fernseher haben sie nicht zu Hause.

Noch ist Fußball aber nicht alles im Leben. Mit seinen Freunden Horst Dürr, Helmut Wurm, Peter Kraus, Peter Reinhardt und anderen Lausbuben erkundet er ihr Heimatstädtchen. Häufig streifen sie durch den mittelalterlichen Stadtgraben und malen sich aus, wie das wohl damals war, als die Schweden vor Nördlingen lagen. Bis zu dem Tag, an dem Gerd Müller Deutschland 1974 zum Weltmeister schießen wird, ist die verlorene Schlacht des Schweden-Königs Gustav Adolf anno 1634 gegen die Kaiserlichen – ein Wendepunkt im Dreißigjährigen Krieg – das Einzige, was die Welt mit Nördlingen verbindet. Dann aber macht es bumm, es fällt ein Tor, und plötzlich verbindet die Welt mit Nördlingen Fußball, Tore und den Mann, der seither dafür wie kein Zweiter steht – Gerd Müller. Joachim Feix erinnert sich einer Taxifahrt in Lissabon. »Der Fahrer merkte, dass wir Deutsche waren, und schwärmte von Beckenbauer, Netzer und Müller. Als ich ihm erzählte, ich hätte mit Gerd zusammen gespielt, da hörte er gar nicht mehr auf zu reden.«

Im Juni 2012 kommt der Präsident von Singapur auf der Suche nach typisch mittelalterlichen deutschen Städten nach Nördlingen. Es ist ein heißer Tag, das Programm ist steif, und die Reden sind es nicht minder. Jedenfalls ist der in Ehren ergraute Präsident fast schon eingenickt, als OB Hermann Faul auf bekannte Nördlinger zu sprechen kommt und erwähnt, dass Gerd Müller ein Sohn der Stadt sei. Seine Exzellenz Tony Tan Keng Yam, der die Vorträge bis dahin reglos über sich hat ergehen lassen, schießt wie von einer Wespe gestochen aus seinem Sessel und fragt ungläubig: »What, Gerd Müller?«

Sicher wird Gerd in der nach Konfessionen getrennten Volksschule – er ist evangelisch – auch von der Schlacht von Nördlingen gehört haben, aber schon am Nachmittag hat er gewiss wieder anderes im Sinn gehabt. »Wir haben Obst geklaut, Gartentürle ausgehängt, und wir sind im Winter Schlittschuh gelaufen – obwohl der Teich gesperrt war. Das war schon ein bissel riskant«, erinnert sich Helmut Wurm an die Kindheit an der Seite seines Freundes »Hadde«. Das ist die schwäbische Form der zweiten Silbe von Gerhard.

»Hadde« entwickelt schon früh Ehrgeiz in allen Formen des Wettkampfs. Er ist ein hervorragender Tischtennisspieler, was auch am regelmäßigen nächtlichen Training liegt. Nachts um halb eins noch schleichen sich die Burschen in die Gaststätte »Zum Walfisch«, wo der TSV Nördlingen einen Raum angemietet hat, in dem die Platte steht. Dort spielen sie dann Chineseln, andernorts besser als Rundlauf bekannt. »Der ›Hadde‹ schimpfte und rannte damals um 50 Pfennig Einsatz mehr als später um 15 000 DM Siegprämie«, steht in der Vereinschronik von 1986.

Wurm erinnert sich fliegender Schläger, wenn der »Hadde« mal verlor. Mit dem TSV Nördlingen spielt Müller ab 1962 sogar zwei Jahre lang wettkampfmäßig, als Ausgleich zum Fußball. Er steht an Position drei in der vierköpfigen Jugendmannschaft, feiert einen Aufstieg, Stadtmeisterschaften und Pokalsiege. Seine Stärke, die ihn auch auf dem Fußballplatz auszeichnet: enorme Handlungsschnelligkeit und der Instinkt, immer das Richtige zu tun. Das gilt auch für den fanatischen Tennisspieler, zu dem er in München werden wird.

Mit zunehmendem Alter entdecken die Jungen dann den Reiz des Kartenspiels, und »der ›Hadde‹ hat immer gewusst, wie viel Trümpfe im Spiel waren«, berichtet Wurm. Das Spiel ihrer Jugend heißt Watten, aber was ein echter Bayer ist, der spielt natürlich auch Schafskopf.

»Er war ein sehr guter Kartenspieler«, antwortet Nationalspieler Bernd Patzke, mit Müller 1970 bei der WM in Mexiko, als Erstes auf die Frage nach Charakteristika des »Bombers«.

Ein sehr guter Schüler ist er nicht. Gerd Müller absolviert acht Jahre lang seine Pennäler-Pflichten und bleibt nie sitzen, allerdings legt er einen klassischen Fehlstart hin. Sein erstes Schuljahr endet 1952 nämlich nach wenigen Wochen, wie sich Mitschüler Lun Tuchnowski bestens erinnert: »Er war wohl etwas überfordert und wurde ein Jahr zurückgestellt.«

Ein Musterschüler ist Gerd nicht, aber wie im Fußball kommt er mit Teamwork ans Ziel: »Die Schularbeiten habe ich oft nicht gemacht, sondern in der Früh abgeschrieben.« Er habe sich stets »im Mittelfeld« befunden, in Turnen hatte er angeblich eine Eins, in Religion stets eine Zwei mit nach Hause gebracht. »Rechnen konnte ich ganz gut, mit dem Deutsch haperte es anfangs«, erzählt er in seiner ersten Autobiografie, die schon 1967 unter dem Titel *Tore entscheiden* erscheint. Dafür sorgt er eben für das leibliche Wohl der Kumpel. Denn da sie allzu gern auf das Hoftor der Bäckerei Held schießen, verspricht ihnen die Bäckersfrau für zehn Tore eine Brezel – schon für den kleinen Gerd keine besonders schwierige Aufgabe.

Mit 14 Jahren kommt er aus der Schule, vorher wird er noch konfirmiert. Brav gescheitelt laufen die Buben in Zweierreihen im Sonntagsstaat am 10. April 1960 in die restaurierte St.-Georgs-Kirche. Gerds Pfarrer heißt auch Müller, der Konfirmationsspruch lautet: »Ich will dich nicht verlassen, noch versäumen« aus dem Hebräer-Brief im Buch Josua (1,5). Ob sich Gerd des tieferen Sinns der Worte bewusst ist und wer sie ausgesucht hat, weiß niemand mehr zu klären. Aber sie passen zu ihm. Er will niemanden verlassen, Veränderung ist ihm zeitlebens ein Gräuel. Und er will weiterhin nicht versäumen, seiner großen Leidenschaft zu frönen. Sie verfolgt ihn, sobald er laufen kann.

Tor-Rekorde in der Provinz

Georg Münzinger hat einen Tipp bekommen. Der Jugendleiter des TSV 1861 Nördlingen, der seit 1908 eine Fußballabteilung hat, möge doch mal nachmittags zum Stänglesbrunnen kommen. Da, wo die wilden Straßenschlachten der unorganisierten, aber nicht minder engagierten Jugend von Nördlingen toben. Mit dem Fußball, versteht sich. »Geh mal hin, den musst du sehen«, hat ihm ein Informant gesagt, und Münzinger lässt sich nicht lange bitten. Was er an jenem nicht mehr datierbaren Tag Mitte der Fünfziger sieht, lässt Münzinger tatsächlich nicht ganz kalt. Er spricht den kleinen Gerd an, ob er nicht mal zum Training in den Verein kommen will. Aber so groß das Talent des Gerd Müller auch ist, so klein ist seine Zuversicht. Sein Leben lang werden ihn Skepsis und Zweifel begleiten. »Ich habe mich nie getraut, zum Verein zu gehen, weil ich dachte, die sind viel zu gut für mich. Das lerne ich erst, wenn ich größer bin«, wird er 1972 in Band sechs der Sammelzeitschrift *Zauberer am Ball* zitiert. Aber nach einer Weile überwindet er seine Scheu dann doch, und sein Freund Peter Kraus, der schon beim TSV spielt, nimmt ihn eines schönen Freitags mit zum Training. Das genaue Datum ist nicht überliefert, und Müller stiftet mit unterschiedlichen Angaben zu seinem Vereinseintritt – mal ist er neun, mal zehn und mal zwölf – die meiste Verwirrung. Doch sehr genau kann er sich erinnern, dass der Zirkus an diesem Wochenende in der Stadt gewesen ist. In *Zauberer am Ball* wird das Jahr 1955 erwähnt, aber nach Auskunft des Nördlinger Stadtarchivs war damals kein Zirkus vor Ort.

Sein erster Trainer Kurt Tahedl aber kann sich noch gut daran erinnern, als der kleine Gerd im Schlepptau seines Freundes Peter Kraus beim Training auftauchte. Tahedl versichert glaubwürdig, es müsse »Mitte 1958« gewesen sein, weil er erst dann Trainer der Schüler-Elf (C-Jugend) geworden sei. Müller debütiert also erst mit zwölf Jahren im TSV-Dress, was er unter anderem selbst 2005 in einem mitgeschnittenen, aber nie veröffentlichten Interview sagt. Demnach müssten alle Lexika auf Papier und im Internet umgeschrieben werden, denn die häufigsten Varianten – 1954 und 1955 – sind auszuschließen.

Auch die *Bild*-Zeitung, die am 5. Juni 1972 über Müllers Anfänge geschrieben hat (»Es war an einem Frühlingstag im Jahr 1957«), läge knapp daneben. 1958 aber kommt der Circus Barum am 21./22. August nach Nördlingen und gastiert auf der Kaiser-Wiese. Dafür hat Familie Müller kein Geld und Gerd keinen Sinn. Nicht, wenn er Fußball spielen kann.

Seinem künftigen Trainer fallen die löchrigen Turnschuhe des Talents nicht auf, er lässt ihn mitmachen. Nur der Kapitän wundert sich: »Du Dickwamscht, was hasten du da verlore?« Doch Müller lässt sich nicht unterkriegen, schießt Tore, und schon zwei Tage später trägt er das grüne Trikot des TSV 1861. Sie spielen mit der C-Jugend in Oettingen, 14 Kilometer entfernt. Dort also fallen – höchstwahrscheinlich am 24. August 1958 – in den geliehenen Schuhen des Freundes Peter Kraus und noch immer unbeachtet von der Weltöffentlichkeit die ersten offiziellen Müller-Tore. Angeblich sind es drei beim 8:3-Sieg. In Oettingen, ergaben Nachforschungen, können sich einige damalige Gegenspieler noch dunkel an den Auftritt Müllers erinnern, der erst im Nachhinein an Bedeutung gewonnen hat. In den lokalen *Rieser Nachrichten* ist davon jedoch nichts zu finden. Kein Wunder, die

Schülermannschaften spielen oft nicht mal in Ligen, die Ansetzungen sind spontan, es gibt weder Spielpläne noch Tabellen. Nur Spaß am Spiel.

Die Zeitungen drucken nicht mal das Ergebnis, geschweige denn einen Spielbericht. Weshalb die genaue Zahl der Müller-Tore niemals zu klären sein wird. Er selbst schätzt, in der Jugend rund 600 erzielt zu haben, in einem *Kicker*-Porträt von 1973 sind es nur »über 400«, Klub-Archivar Martin Jeromin, der es sich zur Lebensaufgabe gemacht hat, alles Mögliche über Müller zu sammeln, schätzt 750. Auf alle Fälle sind es mehr als genug, um auf diesen Jungen nie mehr verzichten zu wollen.

Die Schülermannschaft des TSV Nördlingen fällt in den kommenden Jahren durch eine außergewöhnliche Torproduktion auf. Der TSV schlägt sogar die zweite Garnitur des damals in der Region führenden BC Augsburg mit 10:1 und erreicht das Finale um die schwäbische Schülermeisterschaft. Bei dieser Gelegenheit läuft Gerd Müller dann erstmals in einem Stadion auf, denn das Finale am 26. Juni 1960 ist das Vorspiel zum süddeutschen Pokal-Match zwischen dem 1. FC Nürnberg und dem Karlsruher SC, das im Augsburger Rosenaustadion stattfindet. Die Nördlinger Buben verlieren vor 20 000 Zuschauern gegen die 1a des BC Augsburg 1:3 und werden es schon deshalb nie vergessen, weil der Bus auf dem Weg zum Stadion eine Reifenpanne hat und sie die letzten Kilometer durch den strömenden Regen laufen müssen. Bei Anpfiff sind sie dann nur zu neunt, und da kann auch ein Gerd Müller nicht mehr helfen. Immerhin »wurden die Leistungen der Nördlinger Schülermannschaft von den Zuschauermassen mit lebhaftem Beifall quittiert« (*Rieser Nachrichten*).

Eine weitere bleibende Erinnerung aus der Schülerzeit ist eine tiefe Narbe am rechten Oberschenkel, die sich Müller im traditionellen jährlichen Match zwischen der Oberschule und der Volksschule zuzieht.

Mit 14 verlässt Gerd die Schule mit dem Hauptschulabschluss und tritt eine Lehre als Weber bei der Firma Busse an, was für seine Karriere nicht optimal ist. Denn auch der Torschützenkönig des TSV erhält keine Privilegien, wie jeder andere muss er nach eineinhalb Jahren in den Schichtdienst. Im wöchentlichen Wechsel muss er nun mal zur Früh- und mal zur Spätschicht antreten. Die Spätschicht zwischen 14:30 und 23 Uhr kollidiert jedoch mit den Trainingszeiten, alle zwei Wochen fällt Müller daher aus. Trotzdem prahlt er vor den weiblichen Kollegen damit, eines Tages würde man ihn im Fernsehen sehen, plaudert sein Lehrmeister 1979 im *ZDF-Sportspiegel* aus.

Müller kompensiert die Fehlzeiten mit Einzeltraining und doppelter Spielpraxis am Wochenende, als er an manchen Tagen zwei Partien hintereinander bestreitet: erst 80 Minuten in der B-Jugend-Mannschaft, dann 90 in der A-Jugend. Und das mit 14. Die Trainer raten ihm zwar zur Zurückhaltung, aber auch sie merken: Hier wächst ein Fußball-Besessener heran – mit außergewöhnlichen Fähigkeiten.

In seiner ersten A-Jugend-Saison 1960/61 wird der TSV Zweiter, trotz meisterlicher 169:22 Tore. In der TSV-Statistik klaffen zwar ein paar Lücken, aber der 15-jährige Müller schießt gegen 16- und 17-Jährige gewiss mehr als die 47 nachweisbaren Tore. Gleich in seinem zweiten Einsatz beim 13:0 gegen Möttingen trifft er allein elf Mal.

Als er 16 ist, entdeckt ihn der Bayerische Fußball-Verband, der Gerd zu insgesamt vier Spielen einlädt. So reist er im September erstmals nach München, ausgerüstet nur mit einem Straßenbahnplan. Trotzdem fragt er Mitfahrende zur Sicherheit fünf-, sechsmal, »ob es die richtige Bahn ist«. Im Labyrinth der Großstadt haben sich ja schon ganz andere verirrt. Schließlich aber findet er die Sportschule Grünwald, und das Tor findet er sowieso. Das erledigt sein innerer Kompass gleich beim Debüt in Ingolstadt, als er gegen Südbaden zum 5:2-Sieg zwei Treffer beisteuert. Spätestens jetzt ist er der Stolz der Familie, obwohl er nicht allein mit der Meinung dasteht, dass sein Bruder Heinz »der bessere Fußballer« gewesen sei. Aber, bedauert Gerd noch 2005, »er war zu faul, Laufen war sein Feind«. Mit seinem Bruder fährt er zuweilen im Auto von dessen Freunden nach Nürnberg, um dort noch besseren Fußballern zuzuschauen. Stets als Beifahrer, für einen Führerschein ist er noch zu jung. Aber auch später ist er am liebsten Beifahrer. Gerd Müller wird Zeit seines Lebens lieber gefahren, als selbst zu fahren. Die Begründungen reichen von Unsicherheit bis Bequemlichkeit.

Alle Nördlinger sind Klub-Fans, erst recht nach dem Gewinn der Deutschen Meisterschaft 1961. Müllers Idol heißt immer noch Max Morlock, den er schon bewundert hat, als Deutschland 1954 in Bern Weltmeister wird. Das WM-Finale hört er damals im Radio, und er träumt seitdem davon, eines Tages auch einmal ein WM-Finale zu entscheiden. Außerdem träumt er vom weinroten Dress des 1. FC Nürnberg. Viel hätte er darum gegeben, hätte sich der »Club« jemals für ihn interessiert. Aber die Nürnberger melden sich erst, als es zu spät ist: Der Brief an den TSV 1861 im Sommer 1964 kommt nach Müllers Unterschrift beim FC Bayern. Es wäre noch nicht zu spät gewesen nach seinen 14 Toren, wieder gegen Möttingen, im April 1962 auf dem Weg zur Nordschwäbischen Meisterschaft und auch nicht während der Saison 1962/63, als die A-Jugend des TSV alle Punktspiele gewinnt und 204 Tore erzielt haben soll. Sagenhafte 180 gehen angeblich auf das Konto Müllers, der laut TSV-Archiv allein dem SV Holzkirchen in drei lehrreichen Stunden 43 Tore einschenkt: 17 beim 23:0 zum Saisonstart, 26 bei seinem Karriererekord am 2. März 1963 im Rückspiel, das 31:2 endet. Die 180 Tore werden zwar über die Jahrzehnte hin in allen Porträts erwähnt, jedoch ist etwas Vorsicht geboten. Denn die Quelle ist Müller selbst, er nennt die Zahl in seiner mit Fehlern und Ungenauigkeiten behafteten Biografie *Tore entscheiden*. Andererseits hat er oft betont: »Ich führe nicht Buch über meine Tore.« Sein erster Trainer Kurt Tahedl tut sich heute allerdings schwer damit, diese Zahl zu glauben, will das »weder bestätigen noch dementieren«. Sicherer ist auf jeden Fall, dass der TSV Nördlingen dank Gerd Müller 1963 wieder A-Jugend-Kreismeister und Schwäbischer Jugend-Pokalsieger wird, er markiert drei Tore beim 4:2 im Finale gegen FC Memmingen.

Auf dem Pokalsieger-Foto, das es dann sogar in die *Rieser Nachrichten* schafft, hält Gerd die Trophäe und lächelt. Laut Vereinsarchiv produziert die A-Jugend 1962/63 in allen Wettbewerben 314 Tore, und »man kann davon ausgehen, dass Gerd Müller davon 240 Tore erzielte«. So etwas hat die Welt noch nicht gesehen.

»Ich hatte schon damals ein scharfes Auge, erfasste schnell die Chancen – und feuerte ab. Meist mit Erfolg!«, erklärt er in seiner Autobiografie nüchtern, was ihn als Jugend-Spieler auszeichnete.

Damit davon auch der Nachwuchs profitiert, lässt der Verein ihn die D-Jugend trainieren. Angeblich schwillt der Kader in jener Saison von 15 auf 50 Buben an – alle wollen sie mit Müller trainieren.

1963 schließt er dann seine Lehre ab, nach eigenen Angaben mit einer Zwei in Praxis und einer Drei in Theorie. Auch an der Version gibt es jedoch Zweifel.

Jedenfalls wird er nun konstant in der Spätschicht eingesetzt. Der beste Torjäger seines Alters im ganzen Land – er will mit seinen 180 Punktspiel-Treffern »einen Jugend-Rekord« aufgestellt haben – darf nicht mehr trainieren. Das verstehe, wer will. Müller versteht es nicht, wartet zwei Monate, dann nimmt er seinen Mut zusammen und bittet den Chef um Versetzung in die Frühschicht. Die Antwort ist unmissverständlich: »Unmöglich! Wenn wir damit anfangen, Extrawürste zu braten, kommen alle anderen auch.«

Da der Fußball für Gerd Müller aber absoluten Vorrang in seinem Leben hat, kündigt er. Mithilfe seines Trainers Kurt Tahedl und des TSV-Gönners Karl Heilmann findet er einen fußballerfreundlicheren Arbeitsplatz bei der Nördlinger Filiale der Solinger Firma Bremshey, wo ohnehin die halbe Mannschaft arbeitet. Müller nun als Schweißer. Bei Bremshey wird der berühmte »Knirps« hergestellt, der handliche Regenschirm für jede Aktentasche. Und vieles mehr. Müller schweißt und lötet nun Teewagen aus Metall zusammen und fängt beruflich wieder bei null an, denn seine Weber-Lehre nutzt ihm hier herzlich wenig.

»Aber das war mir egal; Hauptsache, ich konnte am frühen Nachmittag trainieren.« Die Bezahlung ist auch besser, statt zuvor knapp 500 bringt er am Monatsende nun 700 DM nach Hause – netto. Das ist umso wichtiger, als der Vater, an den sich die Zeitzeugen als sehr bescheidenen Mann erinnern, nach langer Krankheit am 9. April 1963 stirbt. Mit 17 ist Gerd Halbwaise. Nun verdienen Heinz, der bei einem Eisenhändler angestellt ist und die Lehrlinge ausbildet, und er das meiste Geld. Die Mutter geht beim Vater von Gerds Freund Peter Kraus putzen.

Drei Wochen nach dem Tod des Vaters debütiert Gerd Müller in der ersten Mannschaft des TSV, und es bedarf wegen seines Alters einer Sondergenehmigung für den Besonderen. Müller irrt sich in seinen Memoiren, was den Gegner angeht, die Vereinschronik weiß es besser: Am 27. April ist er nicht in Donauwörth im Einsatz, sondern bei der TSG Augsburg. Sie gewinnen 2:0. Ein Tor schießt er nicht, doch er holt einen Elfmeter heraus, und die *Rieser Nachrichten* vermerken: »... hat die Führung der Fußballabteilung einen guten Schachzug getan, als sie den jugendlichen Müller in die Mannschaft nahm.« Auch beim zweiten Einsatz in Donauwörth fällt kein Müller-Tor, und der Trainer nimmt ihn nach der 0:1-Niederlage wieder aus der Elf.

Konrad Kraft, der es beim 1. FC Nürnberg zum Oberliga-Spieler gebracht und an der Seite von Max Morlock gespielt hat, will das Talent nicht verheizen. Doch ohne ihn verlieren sie auch das nächste Spiel und verpassen den Aufstieg in die Landesliga, was Müller noch Jahre später »eine Dummheit« nennt. Immerhin kommt er noch ein drittes Mal zum Einsatz, und an diesem 26. Mai 1963 fallen sie, die ersten von rund 1500 Toren des »Bombers« im Seniorenbereich. Es sind vier beim 8:3 gegen den BC Aichach. In den *Rieser Nachrichten* wird das erste Müller-Tor so geschildert: »Bereits in der zweiten Spielminute eröffnete der junge Müller nach Vorarbeit von Schäble den Torreigen. Ausgezeichnet, wie dieser aus Schorsch Münzingers Jugend kommende Mann zwei Gegner aussteigen ließ und einschoss.«

Weiter heißt es: »Wenn der quicklebendige Müller am Leder war, herrschte immer Alarmstufe bei den Aichachern.« Schon bald wird dieses Gefühl auch fernab von Aichach zum Standard in den Abwehrreihen der weiten Fußballwelt werden. Gerd Müller hat seine ersten Duftmarken gesetzt. Nun will er mehr.

Aber im Jahr, als die Bundesliga startet, ist er immer noch ein Spieler der fünften Liga. Niemand aus der großen Fußballwelt hat ihn entdeckt, der künftige »Bomber der Nation« bestreitet kein einziges Schüler- oder Jugend-Länderspiel. Nur die Bayern-Auswahl ruft ihn noch mal: Am 8. September 1963 spielt er an der Seite des späteren Nationalspielers Georg Volkert (u. a. Hamburger SV) beim 2:0 gegen Württemberg.

Stammspieler in Nördlingens erster Mannschaft wird er dann erst mit Verspätung. Er verpasst die ersten sechs Saisonspiele der Bezirksliga Schwaben, weil der Bayerische Fußball-Verband die Voraussetzungen für eine erneute Sondergenehmigung nicht als erfüllt ansieht. Der TSV habe genügend Spieler, es herrsche kein Notstand, der den Einsatz eines 17-Jährigen rechtfertige. Sechs Wochen vor seinem 18. Geburtstag lassen sie ihn dann doch mitspielen, und damit beginnt der Aufstieg des TSV Nördlingen. Am Saisonende ist der Verein Bezirksliga-Meister und erstmals viertklassig. Alles Müller – oder was? Fast.

In 28 Einsätzen fabriziert er 45 der 109 Tore. Den Vogel schießt er beim 10:3 gegen den TSV Sonthofen ab, als ihm sechs Tore gelingen, fünf schon vor der Pause. Vielleicht weil er weiß, dass er nun unter besonderer Beobachtung steht? Manfred Ottenweller behauptet 1973: »Bei jedem Spiel wurde der Gerd von einem Bayern-Beobachter begutachtet. Wir wussten, er war nicht zu halten.«

Lieber Rot statt Blau – ein Korb für die Löwen

Es ist Pfingsten 1964. Der Spielbetrieb ruht, und nicht nur Fußballvereine nutzen die Feiertage im Wonnemonat zu Ausflügen. Der TSV Nördlingen, angehender Aufsteiger in die Landesliga Schwaben, verbindet das Angenehme mit dem Nützlichen und macht eine Reise ins Allgäu – wohin sie der Spielplan sonst nie führt. Beim FC Oberstdorf halten sie sich an diesem 17. Mai zunächst im Wettkampfmodus und gewinnen mit 7:2, Gerd Müller zeichnet für vier Tore verantwortlich. Danach tun sie etwas für die Kameradschaft – und das nicht zu knapp. An diesem Tag sehen die Nördlinger ihren »Hadde« zum ersten und angeblich einzigen Mal regelrecht besoffen. Ob er etwas zu feiern oder nur zu verarbeiten hat, das sei einmal dahingestellt, jedenfalls ist es nun endlich geschehen – man hat ihn entdeckt. Ein seriös wirkender Herr Mitte 40 aus Bad Wörishofen spricht ihn nach dem Spiel an: »Hätten Sie nicht Lust, zum FC Bayern München zu gehen?« Müllers Antwort ist typisch: »Lust hätt ich schon, aber die werden nicht grad auf mich warten!«

Friseurmeister Alexander Kotter, der im Alter tatsächlich die Mitgliedsnummer 1 beim FC Bayern hat und 33 Jahre als Revisor für den Rekordmeister arbeitet, will es herausfinden und verspricht ihm: »Ich werde mal mit dem Vorstand reden!« Dann verabschiedet er sich mit einem kräftigen Händedruck, was in Bayern einem Ehrenwort gleichkommt, und sagt: »Du bist gut, dich bringe ich zum FC Bayern!« Müller aber bleibt skeptisch: »Ich gab nicht viel auf seine Worte. Wie hätte ich auf den Gedanken kommen können, dass sich die Bayern je für mich interessieren sollten!«

Der FC Bayern München ist damals zweitklassig und spielt in der Regionalliga Süd. Obwohl Sepp Maier und Franz Beckenbauer schon mitspielen, haben sie den Bundesliga-Aufstieg 1964 knapp verpasst. Im Gegensatz zum TSV 1860 München, den ruhmreichen Löwen, die zu den Gründungsmitgliedern der Bundesliga gehören und am 13. Juni 1964 den DFB-Pokal gewinnen. Die sind erst recht nicht seine Kragenweite, denkt Müller. Aber auch die Löwen haben von dem stämmigen Burschen aus Schwaben gehört und fühlen in diesen Tagen vor. Ein Spieler namens Jung, den er aus der Bayern-Auswahl kennt und der in der Reserve der Löwen spielt, kommt nach Nördlingen und lässt ihn wissen: »Du, die Sechziger wollen dich haben, Gerd!« Viele andere wären da vor Freude an die Decke gesprungen, hätten nur die Chance und nicht das Risiko gesehen und sich kopfüber ins Abenteuer Bundesliga gestürzt. Gerd Müller aber lässt den Boten eiskalt abblitzen: »Ich will nicht zu den Sechzigern!«

Noch Jahrzehnte später zählt er in Interviews die Sturm-Reihe der Löwen jener Tage auf: »Brunnenmeier, Küppers, Grosser, Rebele, Heiß – denen hätte ich höchstens die Schuh putzen können!«

Die Löwen sehen das freilich anders und kündigen sich für einen Juni-Samstag 1964 in Nördlingen an. Aus Nördlingen aber stammt auch Bayern-Spielausschussmitglied Peter Sorg, der von einem Löwen-Mitglied zufällig vom geplanten Besuch des TSV-Geschäftsführers Ludwig Maierböck erfährt. Da der FC Bayern durch den Friseur Kotter selbst auf Müller aufmerksam geworden ist, ist nun keine Zeit mehr zu verlieren. Es kommt an jenem Tag, den heute niemand mehr genau zu datieren vermag, zu komödiantischen Szenen. Szenen, die die Weichen für das Leben von Gerd Müller stellen werden – ebenso wie für die Geschichte des FC Bayern, des TSV 1860 München, der deutschen Nationalmannschaft und damit des deutschen Fußballs. Müller schildert die Vorkommnisse in seiner Autobiografie so:

»Am kommenden Samstag traf ich mich mit meinen Kameraden in unserem Vereinslokal. Wir spielten am Wochenende immer ganz gern ein bisschen Billard miteinander. Gegen 12:30 Uhr ging ich dann nach Hause zum Essen. ›Du hast Besuch‹, sagte meine Mutter. ›Ein paar Herren aus München sind gekommen, die dich holen wollen!‹ Die Sechziger ... fuhr mir durch den Kopf. Was sollte ich nun machen? Ich wollte nicht zum TSV. Ja, wenn's die Bayern aus München gewesen wären ...

Ich hörte verlegen zu, was mir die beiden Herren alles erzählten, blieb aber ziemlich einsilbig. Mir war die ganze Sache peinlich ... Plötzlich dämmerte mir aber doch, dass hier etwas nicht stimmte. Das konnten keine Herren vom TSV 1860 München sein – und das waren sie wirklich nicht: Ihre Namen lauteten Fembeck und Sorg, und sie kamen von FC Bayern München!«

Müller verschweigt, warum es ihm plötzlich dämmerte, und auch, dass er seinen Freund Helmut Wurm mit dazugebeten hat. Als Zeugen und als Stütze, als jemanden aus seiner Welt. Wurm: »Dem ›Hadde‹ war das ja alles sehr unangenehm. Das lag ihm nicht.« Das Reden mit den feinen Herren aus der Großstadt, die ihn umschmeicheln und bedrängen. Und hier hilft auch keine Finte, um sie abzuschütteln, so, wie er es tausendfach auf der Straße und auf dem Fußballplatz gemacht hat. Seine Mutter ist ebenfalls keine Hilfe, aber sie muss für den noch nicht Volljährigen den Vertrag unterschreiben. Doch so weit kommt es nicht im Wohnzimmer der Müllers. Gerd: »Meine Mutter wollte nicht recht mit ihrer Ansicht heraus. Sie zögerte, und ich zögerte auch.« Schließlich kommt Bruder Heinz von der Arbeit und schaltet sich in die Verhandlungen ein, er befürwortet den Wechsel zu den Bayern. Gerd schwirrt der Kopf, und nun wird es noch schlimmer. Gegen halb drei nämlich kommen endlich die Löwen, obwohl es eigentlich nur einer ist: Ludwig Maierböck. Er parkt, Wurm weiß es noch heute, am Stänglesbrunnen. Das ist von der Wohnung aus zu sehen, und so schleust Gerd nach kurzer Beratung mit der Familie die Bayern-Gesandten diskret über den Hof hinaus. Sie warten in der Gaststätte »Mohrenkopf« direkt gegenüber. Keine fünf Meter entfernt.

Maierböck kommt zum Haupteingang und weiß nicht, dass er zu diesem Zeitpunkt schon verloren hat. Für ihn spricht nur, dass er angemeldet ist – im Gegensatz zu den dreisten Bayern. Der nette Herr Maierböck läuft vom ersten Moment an gegen eine Wand. »Nein, ich möchte nicht zu 1860«, sagt Müller, und auch das generöse Angebot, in Maierböcks Münchner Wohnung freie Kost und Logis genießen zu können, ändert nichts. Bundesliga – nein danke.

Kuriosum am Rande: Im September 1969, als Müller längst ein Star ist und sich die Löwen-Anhänger ärgern, dass er nicht beim populäreren TSV 1860 spielt, sieht sich der Verein genötigt, offiziell klarzustellen, man hätte Müller 1964 gar nicht verpflichten können, da die erlaubten drei Zugänge schon unter Dach und Fach gewesen seien. Deshalb »schlug man vor, Müller ein Jahr aufzubauen und dann ins Vertragsverhältnis einzusteigen«.

Müller habe das abgelehnt. Der Umworbene erwähnt aber nichts von dem angeblichen Schnupperkurs, jedenfalls ist das Gesamtpaket der Bayern weit attraktiver für ihn.

Also zieht Maierböck nach kurzem Kampf erfolglos von dannen, aber auch die Bayern haben ihn noch nicht gewonnen. Immerhin dürfen sie wieder in die Wohnung kommen, nachdem der Löwe Müllers Revier verlassen hat. Denn auf Gerds Seele lastet, dass er ja dem TSV 1861 »halb und halb« versprochen hat, in der Landesliga-Saison mitzuspielen. Genauer gesagt, hat er das dem Präsidenten Dr.

Hermann Keßler versprochen, der gerade auch zum OB von Nördlingen gewählt worden ist. Den zumindest gilt es einzuweihen, er muss ihm ja die Freigabe erteilen, ansonsten droht ihm laut Statut ein Jahr Sperre. Also schickt er die Bayern wieder in den »Mohrenkopf«, gleichermaßen zur Freude und Verwunderung des Gastwirts, und sucht Dr. Keßler auf. Der ist vom Donner gerührt, ruft Abteilungsleiter Hemmerlein und Jugendleiter Münzinger herbei, und alle zusammen gehen sie wieder in die Berger Straße, um auf die bemitleidenswerte Mutter einzureden. »Sie wusste inzwischen überhaupt nicht mehr, was sie nun noch sagen oder denken sollte ... Mir schwammen die Felle weg, als ich Mutters Zögern bemerkte. Natürlich wollte sie mich lieber daheim in Nördlingen behalten! ›Wenn du den Vertrag für die Bayern nicht unterschreibst, dann spiele ich auch nicht mehr für Nördlingen‹, sagte ich schließlich trotzig«, heißt es in Müllers Erinnerungen.

Damit fällt die Entscheidung, denn »Mutter war so arg in der Klemme und machte einen so gequälten Eindruck, dass sich die Herren vom TSV Nördlingen schließlich erweichen ließen: Sie gaben auf, verabschiedeten sich und gingen.« Müllers erster Kampf um seine große Karriere dauert zwei Stunden, so lange wie ein Spiel, das in die Verlängerung muss.

Nun werden die Abgesandten des FC Bayern aus dem »Mohrenkopf« wieder herausgewunken und empfangen die frohe Botschaft. Walter Fembeck, der Geschäftsführer der Bayern, triumphiert und verspricht, den fertigen Vertrag am kommenden Mittwoch mitzubringen. Fembeck muss der Mutter noch versprechen, dem Gerd »eine gute Erziehung in München angedeihen zu lassen«.

Dann fahren sie wieder zurück in die Großstadt und hinterlassen in der Berger Straße 4 keineswegs nur glückliche Menschen. »Mir ist das alles gar nicht recht, hier wird bloß über solche Dinge gleich überall geredet«, sagt die Mutter. Solche Dinge – niemand sieht den Karrieresprung des TSV-Stürmers, sieht den Ruhm, der womöglich schon bald auf die schwäbische Kleinstadt fallen wird. Die Atmosphäre ist plötzlich vergiftet, es riecht nach Hochverrat am TSV, der doch Müllers Tore in der Landesliga dringend braucht – dringender als die 4400 DM, die es von den Bayern gibt. »Ich bin mir sicher, dass wir mit Gerd um die Meisterschaft gespielt hätten«, sagt Joachim Feix noch 2015, beteuert aber zugleich: »Von der Mannschaft war keiner sauer auf ihn. Wer so eine Chance bekommt, der muss sie nutzen. Bei den Verantwortlichen mag das anders gewesen sein.« War es auch. »Die Nördlinger waren damals nicht besonders gut auf mich zu sprechen«, verallgemeinert Gerd Müller rückblickend. Dabei tut er selbst sein Bestes, um im Guten zu gehen. 54 Restaurants und Kneipen gibt es 1964 in der Stadt, und keine lässt Gerd Müller mit seinen Freunden in den letzten Tagen vor der Reise ins Ungewisse aus. »Er hat sich eben von jedem verabschieden wollen, wir haben 14 Tage gebraucht dafür«, erinnert sich Helmut Wurm an die kuriose und kostspielige Abschiedstournee.

Dabei sieht es plötzlich danach aus, als gebe es gar keinen Abschied. Denn Walter Fembeck kommt nicht am avisierten Mittwoch und auch an keinem anderen Tag. Und ohne ihn kommt auch der Vertrag nicht nach Nördlingen. Warum? Der TSV versucht, den Wechsel noch zu sabotieren, und lässt die Bayern beiläufig wissen, dass mit dem Gerd gesundheitlich was nicht stimme. Er sei bei der Bundeswehr ja zurückgestellt worden, sicher wegen seines »dicken Halses« – irgendeine Drüsengeschichte. Vielleicht müsse er sogar operiert werden, und womöglich habe er gar nicht die Kondition für einen Profispieler. Tatsächlich, erklärt Müller später, habe er bei der Musterung »nur eine besonders hohe Nummer gezogen«.

Von den Bedenken der Bayern erfährt Gerd erst, als sein Schwager Johann Schauer in München anruft. Man fordert den Kandidaten daraufhin auf, sich vom Vereinsarzt untersuchen zu lassen. Ohne Attest kein Vertrag. Dafür muss er extra nach München fahren, doch Dr. Knedel erkennt keinerlei Beschwerden. Damit ist der letzte Trumpf des TSV aus dem Spiel, und er hat nicht gestochen.

Am 10. Juli 1964 fährt Müller mit seinem Schwager Johann, der ein Auto besitzt, und seiner Mutter wieder nach München zur Vertragsunterschrift. Die erfolgt in der Wohnung des Präsidenten Wilhelm Neudecker. Die Laufzeit beträgt vier Jahre. Das Treffen ist ein ungünstiger Termin, denn am Abend findet ein Spiel statt. Es geht um die Nördlinger Meisterschaft im Betriebsfußball, die Firma Bremshey steht im Finale gegen die Metallwerke Hopf. Bis zu 2000 Zuschauer kommen traditionell zu diesen Spielen.

Bei Anpfiff ist Gerd aber noch auf der Landstraße, eine Bundeswehrkolonne erschwert jegliche Überholmanöver zwischen Augsburg und Donauwörth. Dennoch nervt er seinen Schwager, doch schneller zu fahren. Er will sich nicht nachsagen lassen, dass er nun schon in anderen Sphären schwebe. Außerdem will er tun, was er am liebsten tut: Fußball spielen. Der Firmenchef schickt derweil einen Boten zu Müllers, wo der Star seiner Betriebs-Elf denn bleibe. Erst zur Halbzeit trifft dieser dann ein und lässt sich beim Stand von 1:1 einwechseln. Das Spiel endet 4:1, und es gibt nur noch einen Torschützen: Gerd Müller. Das wird ihm mit 500 DM entlohnt, 400 davon stiftet er in die Betriebs-Mannschaftskasse. Er scheidet also als Sieger aus Nördlingen, aber nicht im Triumph: »Es gab sogar eine Abschiedsfeier für mich, aber die fiel nicht sehr fröhlich aus.«

Einige sind neidisch, andere froh. Besonders die Konkurrenten beim TSV 1861, denen er die Show und einen Platz im Team gestohlen hat.

Am 24. Juli stehen sie dann alle gemeinsam im Rathaus und tragen sich als Aufstiegshelden ins Goldene Buch der Stadt ein. Am selben Tag wird auch die Ablösevereinbarung zwischen dem TSV und den Bayern geschlossen, Bürgermeister Keßler handelt nach einwöchiger Bedenkzeit 4400 DM und zwei Ablösespiele aus. Die Summe setzt sich wie folgt zusammen: Die reine Ablösesumme beträgt 3000 DM, hinzu kommen 1000 DM für »fünfjährige Spielertätigkeit« (200 DM pro Jahr) sowie noch ein zehnprozentiger Zuschlag (400 DM) für seine Einsätze in der Bayern-Auswahl 1963/64. So steht es auf der Quittung vom 10. August 1964, die heute in der Erlebniswelt des FC Bayern ausgestellt ist.

Erst jetzt kommt heraus, dass Müllers Herzens-Klub 1. FC Nürnberg über den Torjäger zumindest einmal laut nachgedacht hat. TSV-Trainer Konrad Kraft hat seinen Ex-Klub auf Müller aufmerksam gemacht. Vergebens. Von OB Keßler stammt die oft und gern zitierte Version von der angeblichen Aussage eines Klub-Mitglieds: »Wir haben doch schon zwei Müller, was wollen wir mit einem dritten?«

Zu spät melden auch der ESV Ingolstadt, die Spielvereinigung Fürth, der BC Augsburg sowie Bundesligist VfB Stuttgart ihr Interesse an. Müller hat davon erst erfahren, als er längst bei den Bayern ist.

Zwar behauptet er in seinen Memoiren: »Handgeld gab es ja in so einem Fall nicht.« Aber die Bayern zahlen der Familie am Tag der Vertragsunterzeichnung 5000 DM. Auch dieser Scheck wird Jahrzehnte später in der Erlebniswelt des FC Bayern in der Allianz Arena ausgestellt. Der Friseurmeister Alexander Kotter erhält nichts – aber noch zu seinem 90. Geburtstag einen Anruf von Franz Beckenbauer und sagt stolz: »Die wissen halt, was sie mir zu verdanken haben.«

3

München – mit Bayern durch die Sechziger

Lehrjahre – kleines dickes Müller in der großen Stadt

Es wäre interessant zu wissen, was sich Gerd Müller in den unruhigen Nächten vor dem Umzug nach München ausgemalt hat. Er allein in der großen Stadt. Ohne Familie, ohne eine Freundin, ohne jede Vorstellung von dem, was da kommt. Er kennt den Trainer nicht, er kennt die neuen Kollegen nicht, nicht mal aus dem Fernsehen, denn das zeigt keine Spiele unterhalb der Bundesliga. Er kennt auch die Münchner nicht, und sie kennen ihn nicht. Die Münchner, das sind ja richtige Bayern, die sprechen ganz anders als die Donauschwaben. Im Grunde ist es ein Wechsel ins Ausland. Alles in allem ein bisschen viel Veränderung für einen jungen Mann an der Schwelle zum Erwachsenwerden, der so schüchtern ist und es vorzieht, sich unsichtbar zu machen. Sobald er das mit Kreide markierte Rechteck verlässt, das auch die Grenze zwischen seinem Selbstvertrauen und seiner Unsicherheit zieht. Diesseits hat er keine Zweifel und Fragen, jenseits allzu oft keine Antworten.

Müller: »Ich kam als kleines Würstchen aus Nördlingen, hatte Angst vor der großen Stadt und keinen Führerschein. Die zehn Kilometer vom Trainingsplatz zur Wohnung am Rosenheimer Platz ging ich zu Fuß, damit ich mir den Weg merken konnte.«

Aber er hat einen Wegbegleiter, wenn auch nicht zum Training. Martin Jeromin, der Klub-Archivar von heute und rechte Verteidiger der Meister-Elf, kommt mit ihm. Der Zufall will es, dass der fünf Jahre Ältere in München eine Stellung bei der Volksbank antritt. Die Nördlinger klammern sich regelrecht aneinander in den ersten Münchner Tagen, wer würde das nicht so machen? Wohnen aber muss jeder allein.

Müller wird vom FC Bayern ein Zimmer bei einer pensionierten Studienassessorin im Stadtteil Haidhausen am Rosenheimer Platz vermittelt. Er ist nun ein möblierter Herr, die Miete beträgt 120 DM und wird vom Verein übernommen. Sein Reich enthält zwei Schlafgelegenheiten, einen Tisch, das Waschbecken ersetzt die Dusche – und als besonderen Luxus gibt es ein Radio. So sieht sie aus, die erste eigene Bude im Leben des Gerd Müller. Es ist mehr, als er vorher hatte im Doppelzimmer mit Bruder Heinz, und es genügt ihm völlig. »Ein wunderschönes Zimmer«, schwärmt er noch 2005.

»Er war so anspruchslos wie seine Lieblingsspeise: Kartoffelsalat«, schreibt Thomas Hüetlin im Buch *Gute Freunde*, das den Aufstieg des FC Bayern zur größten Fußballmacht im Lande skizziert.

Gerd hat zunächst weniger Geld als zuvor als Schweißer in Nördlingen. Die Bayern zahlen ihm 160 DM im Monat, das Minimum, was ein »Vertragsspieler« bekommen kann. Lukrativer ist da seine Tätigkeit als Halbtagskraft bei einem Möbelhändler – 400 DM. Auch dafür sorgt der FC Bayern. Offiziell firmiert er als »Verkäufer«. Fußballer in den Sechzigern können vom Fußball allein nicht leben, nicht mal Uwe Seeler kann das. Seeler verkauft Fußballschuhe, und derjenige, der ihn als Rekordtorjäger der Nationalelf ablösen wird, schleppt eben Möbel.

Der Sportjournalist Hans Schiefele, später Vizepräsident des FC Bayern, lernt Müller zuerst in seiner neuen Nebenrolle kennen. Als er einen Freund besucht, klingelt es an der Tür. »Grüß Gott, ich bin der Gerd Müller. Ich bring den neuen Küchenkasten, wo soll ich den hinstellen?«, fragt er artig. Schiefele stutzt und gibt ihm spontan fünf Mark Trinkgeld.

Müllers neue Adresse steht sogar in der Fachpresse, damit die Fans wissen, wohin sie ihre Autogrammpost schicken können. Giesebrechtstraße 6, bei Wager. Doch Gerd Müller hat noch keine Fans, nur ein paar Spötter.

Denn sein Äußeres erregt großes Aufsehen, er wiegt bei 1,76 Metern fast 90 Kilogramm. »Alle haben gestaunt, dass da so ein stämmiger Bursch daherkommt. Bauch und Oberschenkel waren eins«, erinnert sich Linksaußen Dieter »Mucki« Brenninger. Sein erster Spitzname in München ist daher auch folgerichtig »Dicker«. Und dann dieser Dialekt! Als er sich im Juli 1964 vor dem ersten Training in der Kabine leise schwäbelnd vorstellt, da lachen sich alle schier kaputt. Sepp Maier, mit dem er Weltmeister werden und auch sonst alle Sterne vom Fußballhimmel holen wird in den folgenden 15 Jahren, schildert den Moment so: »Wir haben uns halb krankgelacht, als wir ihn zum ersten Mal sahen. Der Rundschädel mit dem kurz geschorenen Haar, der übergroße Rumpf, die krummen Beine. ›Ich bin der Torjäger aus Nördlingen‹, hatte er schüchtern gesagt. Eine richtige Galavorstellung. Wir schrien vor Lachen.«

Dann erinnert sich Maier daran, wie er sich ein Jahr zuvor bei seiner eigenen Vorstellung gefühlt hat, und bekommt Mitleid mit Müller. Also nimmt er ihn zur Seite und erklärt ihm freundschaftlich alles, »und das hat er mir nie vergessen«. Auch die alten Hasen Werner Olk und Adi Kunstwadl nehmen sich seiner an.

Die Einweisung durch Trainer Zlatko Čajkovski, den alle »Tschik« nennen, ist weniger freundlich. Er hat den neuen Stürmer vorher nie gesehen. Trainer in den Sechzigern müssen noch nehmen, was ihnen die Präsidenten vor die Nase setzen. Denn die Präsidenten in den Sechzigern sind kleine Könige, weil sie den Laden meist mit eigenem Geld zusammenhalten. Niemand denkt im Traum daran, Kapitalgesellschaften oder Fußball-AGs zu gründen, selbst Aufsichtsräte sind nicht die Regel. Fußball in den Sechzigern ist zwar schon Geschäft, aber noch nicht das ganz große.

Als Vorstandsmitglied Peter Sorg nun Čajkovski den Stolz Nördlingens vorstellt, soll der Trainer gepoltert haben: »Hast du Sohn mitgebracht? Ist er Ringer!«

In der Sportschule Grünwald versucht Čajkovski, aus dem »Ringer« aus der Provinz einen Fußballer zu machen. Nach acht Tagen Vorbereitung ist Müller am Ende. »Mei, wie schön wäre es jetzt doch daheim«, seufzt er. Die Routiniers Rainer Ohlhauser und Werner Olk haben schon ein paar Vorbereitungen mehr in den Knochen und helfen dem Jüngsten die Treppen hoch. Müller bleibt, aber die Zweifel bleiben auch.

Als der *Bild*-Zeitungsredakteur Klaus Müller Čajkovski im August 1964 fragt, ob der schwarzhaarige Jüngling mit den dicken Oberschenkeln etwa »die neue Geheimwaffe« sei, da echauffiert sich der temperamentvolle Jugoslawe: »Was ich sollen mit solche Spieler? Sie sehen doch selbst. Haben unmögliche Figur, kann nie werden große Fußballer.«

In der nach oben offenen Skala der größten Irrtümer der Fußballgeschichte wird dieses Statement noch in Jahrzehnten Erwähnung verdienen, mindestens aber so lange, wie Gerd Müller als größter Torjäger aller Zeiten in diesem Land gehandelt wird.

Aber »Tschik« steht ja nicht allein damit. Franz Beckenbauer, wie Gerd am Anfang einer einzigartigen Karriere stehend, hat auch so seine Zweifel an der Tauglichkeit des Neuen, von denen es laut Statut pro Klub nur drei geben darf. Am 16. Juli 1964 meldet das überregional erscheinende *Sport Magazin*: »Als dritten neuen Vertragsspieler verpflichtete der FC Bayern München den Nördlinger Gerhard Müller. Die andern zwei Neuen sind Schwalm (Oldenburg) und Blacut (Bolivien).« Man wird nie wieder etwas von den »andern« hören. Nur von dem Mann aus Nördlingen, über dessen Erscheinen in München Beckenbauer noch Jahrzehnte später witzelt: »Da hab ich mir gedacht, der kommt daher wie ein Quadrat. Alle haben gesagt, der kommt als Torschützenkönig, der schießt 2000 Tore im Jahr. Dann habe ich gesagt: Der? Nie!«

Aber er belehrt sie alle eines Besseren. »Als wir den Gerd das erste Mal im Training sahen, verging uns sehr bald das Lachen. Ihm galt das Training genauso viel wie das Spiel selbst. Wenn er da ein Tor schoss, jubelte er wie bei einem Treffer in der Meisterschaftsrunde«, erinnert sich Sepp Maier.

Und Tore schießt er weiterhin, gleich vier sind es bei seinem Debüt am 29. Juli 1964 in Bad Reichenhall. Im dritten Vorbereitungsspiel in Straubing bricht er sich jedoch Anfang August die linke Hand, und die Münchner Zeitungen drucken das Foto vom fürsorglichen Trainer, der seinem Schützling den Verband wickelt. Doch so fürsorglich ist er nur für die Fotografen; in den ersten Wochen der Saison 1964/65 sieht es Čajkovski offenbar als seine wichtigste Aufgabe an, Müller kleinzumachen – und dünn.

Überliefert ist ein legendärer Zornesausbruch im Münchner »Salvatorkeller«, wo die Mannschaft traditionell zu Saisonbeginn ein Essen einnimmt. Als sich Müller einen zweiten Teller Suppe holen will, springt der Trainer auf und zetert: »Sie nix essen, Sie nicht Franz Beckenbauer!« Dann fallen sie, die berühmten Worte, die wie ein Etikett an Müller haften bleiben werden, auch als sie längst nicht mehr zutreffen: »Sie kleines dickes Müller, das nicht sehen kann Ball, wenn liegt unter Bauch. Sie nix essen Suppe und Kartoffeln. Sie essen nur noch Steaks, trinken nix Milch, sondern nur Fruchtsaft, Sie schlucken, wenn Hunger, Traubenzucker, nix Nudeln und Reis.« Ob Müller sich seinen neuen Diätplan sofort hat merken können, ist nicht überliefert, ebenso wenig wie ein Widerspruch. Fußballer in den Sechzigern stehen schließlich noch stramm vor ihren Trainern. Auch wenn die noch so gemeine Dinge sagen: »Sie langsam wie Kröte, Sie japsen wie Fisch am Land, Sie können nicht laufen, alles Nudeln, Kartoffeln, Mehl am Leib.« Später wird Čajkovski trotzdem sagen: »Ich behandelte Gerhard wie meinen Sohn. Und bei Sohn macht man schon mal Auge zu.«

Lehrjahre sind keine Herrenjahre, den Spruch hat Müller sicher schon bei der Textilfabrik Busse gehört. Aber wenn man zu Hause ist und die Tür zumacht, dann sind doch auch Lehrlinge ihr eigener Herr. Fußballer offenbar nicht. Nun steht sogar sein geliebter Kartoffelsalat, den die Mutter so gut macht (mit gebratenem Täubchen), auf dem Index. Und spielen darf er auch nicht, vier Wochen fällt Müller wegen der Verletzung aus.

Seine Zuversicht sinkt. Abends im »Orleans« am Rosenheimer Platz müssen ihn Martin Jeromin und dessen Kumpel Dieter Köllner wieder aufbauen, denn »eigentlich hat er da schon wieder heimgewollt«. Da sind sie wieder, die Mietnomaden seiner Seele – Angst, Skepsis, Kleinmut. Irgendwer muss sie vertreiben. Helmut Wurm kennt ihn am besten und erweist sich als guter Freund, als er in den ersten Monaten der Trennung fast jeden Samstagmorgen in Nördlingen in den Zug nach München steigt, »weil er doch so ein Heimweh gehabt hat«. So kommt wenigstens ein Stück Heimat zu ihm. Und immer wenn es der Terminplan erlaubt, fährt Müller nach Nördlingen. Auf dem Beifahrersitz eines örtlichen Obsthändlers, der seine Ware in der Münchner Großmarkthalle einkauft und ihn am späten Samstag mit hin- und am Montagfrüh wieder mit zurücknimmt. Fritz Drehn ahnt nicht, welches Juwel er da mitsamt seinen Äpfel- und Bananenkisten transportiert. Gerd Müller ahnt es ja selbst nicht.

Das Gefühl, mit seiner neuen Welt nicht zurechtzukommen, verstärkt sich, als sich Müller wegen seiner regelmäßigen abendlichen Aktivitäten im »Orleans« einen Verweis einhandelt. Der Verein, lernt er, hat seine Augen und Ohren wohl überall. Als er mit Freunden zum ersten Mal aufs Oktoberfest geht, trinken diese Bier, er bestellt sich zur Brezn »eine Bluna«, erinnert sich der langjährige Bayern-Reporter der *Bild*-Zeitung Raimund Hinko.

Trotzdem spielt Müller zunächst nur in der Reserve, als der Gips wieder ab ist. »Tschik« findet, er müsse dort »sein Selbstvertrauen aufbauen«. In vier Einsätzen kommt er zu zwei Toren. Die Bayern wollen nun endlich im dritten Anlauf in die Bundesliga, obwohl sie die jüngste Mannschaft stellen. Die Stimmung im Verein ist daher angespannt im Sommer 1964. Auf der Jahreshauptversammlung rechnet Präsident Neudecker mit der Presse ab und erntet deftigen Gegenwind. »Reden und persönliche Anpöbelungen glitten auf die Ebene primitiver Dorfkomödien ab und waren der großen Tradition des FC Bayern unwürdig«, stichelt das *Sport Magazin*. Aber mit Robert Schwan kommt zum 1. August ein Mann, der für die Geschichte des Rekordmeisters sehr bedeutsam sein wird. Er wird der neue Spielausschuss-Vorsitzende, ab 1966 Technischer Direktor. Die Leute aber sagen Manager. Er verdient, jedenfalls am Ende seiner Amtszeit, 6000 DM im Monat. Keiner im Team kennt den früheren Gemüsehändler und Leiter einer Versicherungsagentur, Čajkovski auch nicht. Er nennt ihn »Schwamm« und wundert sich, dass alle lachen.

Doch sie werden ihn alle kennenlernen. Die Mannschaft jedenfalls ist erfreut, als Schwan bei seiner Vorstellung sagt: »Vom Fußball habe ich keine Ahnung, aber ich werde dafür sorgen, dass die Kasse stimmt, auch eure.« Mit Schwan kommt die Erfolgsgier zum FC Bayern, und sie trifft auf einen Haufen Talent.

Zunächst aber füllen sie die Kasse des TSV Nördlingen, denn am 9. September 1964 steigt das erste von zwei vereinbarten Ablösespielen. In vertrauter Umgebung schießt Gerd Müller sein Tor, nun gegen die alten Kameraden. Joachim Feix soll ihn ausschalten und erinnert sich noch heute, Müller sei »nicht amüsiert« gewesen über seine Torausbeute. Die 2000 Zuschauer schwärmen dafür von einem, der drei Tore macht: Er heißt Franz Beckenbauer und spielt Vorstopper. Er ist zwei Monate jünger als Gerd, aber schon in einer anderen Liga. So elegant, so souverän. Aus dem wird mal einer, das können alle sehen.

Über Gerd Müller sagen die noch verstimmten Nördlinger: »Er wird noch froh sein, wenn er wieder beim TSV spielen darf.«

Zurück in München, rutscht Müller wieder ins zweite Glied. Auch nach dem elften Spieltag hat er in der Regionalliga Süd noch kein Spiel absolviert. Die Presse kritisiert den Vorstand: drei Neue, und keiner spielt. Wilhelm Neudecker will nun nicht länger zusehen, es sind doch »seine« Neuen. Vor dem Spiel beim Freiburger FC lässt er sich von Čajkovski auf einer Serviette die geplante Aufstellung aufschreiben. Neudecker: »Müller war wieder nicht dabei. Da strich ich einen Namen aus, kritzelte Gerd Müller drüber.« Der Trainer protestiert, aber Neudecker spielt einen merkwürdigen Trumpf: »›Tschik‹, ich gehe nie mehr auf den Fußballplatz – die Medien werden Krach schlagen.«

Großstadtmedien in den Sechzigern schlagen schon Krach genug, um einem Trainer den Schlaf zu rauben. Und Präsidenten können auch Krach schlagen. Čajkovski entzieht sich dem drohenden Zwei-Fronten-Krieg und stellt Müller widerstrebend auf. Bayern München gewinnt am 18. Oktober mit 11:2 (!), was allerdings nur unwesentlich an Müller liegt – er schießt nur das 3:0, und das gegen einen Torwart mit Hexenschuss. Aber er bleibt in der Mannschaft. Bis zu seinem traurigen Münchner Ende im Februar 1979 wird Gerd Müller aus sportlichen Gründen in fast 15 Jahren nie mehr bei Anpfiff eines Bayern-Spiels fehlen. Nun geht sie los, die Fließbandproduktion in Müllers Torfabrik am neuen Standort München.

Fünf Tage nach seinem 19. Geburtstag gelingt ihm beim 9:1 gegen Ulm 46 sein erster Hattrick, und die Fachpresse goutiert seine Fähigkeiten als »geschickter Ballverteiler. Kess, selbstbewusst!« Erst in seinem 13. Spiel, wir schreiben bereits das Jahr 1965, schießt Gerd Müller *kein* Tor in der Regionalliga. Die 13 ist für ihn trotzdem keine Unglückszahl, er hat sie bereits bei Bayern mal gewählt, als vor einem Spiel nur noch das Dress mit der Zwei und das mit der ominösen Ziffer am Haken hingen – die Zwei hat er Beckenbauer überlassen. Und als bei einem Spiel 1972 in Bremen seine obligatorische Neun vergessen wird, läuft er sogar in der Bundesliga freiwillig mit der 13 auf. Er wird sie auch bei seinen WM-Teilnahmen tragen. Nicht vor allem hat er Angst.

In seinem ersten Münchner Jahr fällt Müller noch nicht besonders auf. Außer vielleicht dadurch, dass er mit der Straßenbahn zum Training kommt, aber das tun auch andere. Und dass er sich geniert, Autogramme zu geben. Es gibt in jener phänomenalen Bayern-Mannschaft, die Woche für Woche Kantersiege in der Regionalliga Süd einfährt, 146 Treffer erzielt und in einem Test die Nationalmannschaft Polens 3:1 schlägt, sogar einen noch besseren Torschützen: Rainer Ohlhauser kommt in der Aufstiegssaison auf 42 Tore, Müller »nur« auf 33. Ohlhauser beteuert 50 Jahre später: »Der Gerd und ich, wir haben uns fantastisch ergänzt. Obwohl, er war ganz anders als ich.« Nur in seiner ersten und in seiner letzten Saison beim FC Bayern wird Müller vom Tor-Kuchen nicht die größte Schnitte abbekommen.

Dafür avanciert er wegen seiner schnörkellosen Art auf Anhieb zum »Liebling der Zuschauer«. Das *Sport Magazin* empfiehlt selbst Beckenbauer, sich an dem »selbstlos handelnden und das einfache und damit erfolgreiche Spiel bevorzugenden Gerd Müller ein Beispiel zu nehmen«.

Auch wird es fortan zur höchst selten gebrochenen Regel, dass er mehr Tore schießt, als er Spiele bestreitet. In der ersten Bayern-Saison sind es in allen Wettbewerben 55 Tore bei 47 Einsätzen. Die wichtigsten schießt er im Mai und Juni 1965 in der Aufstiegsrunde zur Bundesliga. Selbst dort kommt es zu Ergebnissen, die Müller an seine Gastspiele in Holzkirchen und Pflaumloch erinnert haben mögen – im Berliner Olympiastadion zerlegen Čajkovskis junge Himmelsstürmer Tennis Borussia Berlin mit 8:0 und rennen das Tor zur Bundesliga regelrecht ein. Fans tragen die Spieler schließlich auf Schultern vom Feld, und auf dem Rückflug nach München muss Gerd Müller dem bekannten Journalisten Oskar Klose sein erstes Radio-Interview geben. In der Isar-Metropole wird den Helden in Rot und Weiß dann ein rauschender Empfang bereitet, schon am Flughafen warten 6000 Anhänger. Sie fahren in offenen Wagen durch die Stadt. Es ist der Beginn einer Ära. Seit diesem 26. Juni 1965 ist Bayern München erstklassig.

Das hat durchaus weitere erfreuliche Auswirkungen. Manager Robert Schwan bittet die Spieler einzeln und in alphabetischer Reihenfolge zwei Tage nach dem Aufstieg in sein Büro – zu »Vertragsverhandlungen«. Zu verhandeln gibt es allerdings nichts, denn Bayern München zahlt allen Spielern pauschal 1200 DM, *zusätzlich* Prämien. Ein klarer Verstoß gegen die DFB-Statuten, die maximal 1200 DM *inklusive* Prämien erlauben. Aber wo kein Kläger, da kein Richter. Und die, die spielen, klagen nicht, sie jubeln. Außerdem wird Müllers Vertrag um ein Jahr bis 1969 verlängert.

Dann haben sie drei Wochen Urlaub und schwärmen aus. Franz Beckenbauer fährt in die Schweiz, Sepp Maier nach Italien, Gerd Müller nach Nördlingen.

Einzug in die Bundesliga – Rollensuche und erster Titel

Nach drei Wochen in der Heimat, die er, plötzlich von jugendlichen Bewunderern umringt, vorwiegend im Freibad verbringt, wo man auch ganz toll Fußball spielen kann, kehrt Müller nach München zurück – gut erholt und tatendurstig. Er ist jetzt 19 und darf in der Bundesliga spielen, die der DFB nach einem juristischen Gezerre in der Sommerpause von 16 auf 18 Mannschaften aufstockt. In der Vorbereitung verteidigt er seinen Platz, mit Ausnahme des Meiderichers Dieter Danzberg spielt zunächst die Aufstiegself.

Gleich zum Auftakt kommt es zum Lokal-Derby gegen den TSV 1860 mit all den Wunderspielern, mit denen sich Müller doch nie hat messen wollen. Nun muss er es doch. Das Stadion an der Grünwalder Straße, das sich beide Klubs weiterhin im Wechsel als Heimstätte teilen, ist restlos überfüllt. 44 000 haben eine Karte ergattert, doch 300 000 wollen eine haben. Auch Gerd Müllers Freunde. Prompt findet er eine Lösung, die kaum zu glauben ist. Dank Müllers Vermittlung sitzen sein erster Trainer Kurt Tahedl und Helmut Wurm, mit Innenraum-Karten ausgestattet, auf der Bayern-Bank. Da befinden sich an diesem Tag bei jeder Mannschaft auch Journalisten – man macht eine Ausnahme für das Spiel der Spiele in Münchens Fußballwelt, und der DFB hat offenbar nichts dagegen. Vielleicht wird er aber auch gar nicht gefragt.

Müllers Bundesliga-Debüt verläuft kurios. Als Kapitän Adi Kunstwadl schon sehr früh verletzt wird, muss er ihn ersetzen und spielt als rechter Verteidiger gegen Hans Rebele. Er macht seine Sache ordentlich, findet Čajkovski: »Kleine Müller ist beste Mann, spielt hervorragend Verteidiger«, zitiert der Reporter des *Münchner Merkur* den Trainer. Aber wie soll da ein Müller-Tor fallen? Es fällt dann auch keins. Das Tor des Tages erzielt Timo Konietzka für die Löwen, und das so früh – nach 56 Sekunden –, dass so mancher unpünktliche Zuschauer ein torloses Spiel sieht. So also werden sie von der Bundesliga begrüßt: Gleich der erste Schuss sitzt, der

Kapitän verletzt sich, Dieter Danzberg fliegt vom Platz, und – was am schlimmsten ist – sie verlieren mit 0:1. Dass die Bayern immerhin dem kommenden Meister unterliegen, mag sie später getröstet haben. »Tschik« Čajkovski sieht sich bestätigt darin, dass er die Parole »Klassenerhalt« ausgegeben hat. Aber seine Schützlinge sprechen dem in den folgenden Wochen Hohn. Sie gewinnen die nächsten fünf Spiele und grüßen Anfang Oktober erstmals als Tabellenführer. Ihr Spielstil begeistert sogar die gegnerischen Zuschauer, beim 4:2 in Braunschweig werden sie mit Beifall überschüttet. An diesem 28. August 1965 schießt Müller seine ersten beiden Bundesliga-Tore. Das *Sport Magazin* erteilt ein Sonderlob: »… und eine eindrucksvolle Partie sahen die 28 000 Zuschauer von dem 19-jährigen Müller, der, ideal defensive und offensive Aufgaben verbindend, wie ein Phantom überall dort auftauchte, wo ihn die Braunschweiger Deckung nicht erwartete.« Sich unsichtbar machen, plötzlich zuschlagen, das Unerwartete tun – so wird man Gerd Müller noch oft erleben.

Franz Beckenbauer, der Begnadetste unter den Himmelsstürmern von der Isar, ist nie unsichtbar, geschweige denn zu übersehen. Er schafft es Ende September nach nur fünf Bundesligaspielen sogar in die Nationalmannschaft. Dieser FC Bayern München ist kein normaler Aufsteiger!

Gerd Müller sucht noch seine Rolle, der Mittelstürmer-Posten ist an Ohlhauser vergeben. Im damaligen spieltaktischen »WM-System« ist er einer der beiden Halbstürmer, wie auch seine feste Rückennummer ausdrückt: die Acht. Dass er in Hamburg sogar im Tor steht, ist gewiss keine Lösung, aber auch kein Zufall; drei Minuten vertritt er den verletzten Sepp Maier und wird nicht bezwungen. Der Mann, den die Torhüter fürchten, ist selbst gern einer gewesen. In manchem Trainingsspiel stellt er sich zwischen die Pfosten, beweist seine Reaktionsschnelligkeit auch in dieser Rolle. Da noch nicht ausgewechselt werden darf in der Bundesliga, müssen Trainer für den Fall der Fälle einen Feldspieler als Ersatz-Keeper vorbestimmen. Bei den Bayern ist es Müller.

Allerdings bleibt es bei diesen drei Torwart-Minuten in seiner Karriere, aber verteidigen sieht man ihn öfter. Gegen den nicht minder furiosen Mitaufsteiger Borussia Mönchengladbach muss er Günter Netzer bewachen, von dem man sich Wunderdinge erzählt. Aber alle erkennen: Fernab des gegnerischen Strafraums ist

Müller verschenkt. Im März 1966 fordert der Bayern-Reporter des *Sport Magazins*, Michael Steinbrecher, daher unüberlesbar: »Müller gehört in den Sturm!«

Lange wird es nicht mehr dauern.

Der Aufsteiger hat bis zuletzt Titelchancen und beendet die Saison dann als großartiger Dritter. Gerd Müller verpasst nur ein Spiel und kommt auf 14 Tore. Nicht schlecht für den Anfang, aber weniger wird er erst in seiner letzten Bayern-Saison wieder erzielen, und die beendet er drei Monate vor allen anderen – 1978/79. In der halbjährlichen *Kicker*-Rangliste schafft er es wie schon nach der Vorrunde bei den Mittelstürmern in die vierte Kategorie »Im Blickfeld«.

Und so, wie er es seit Jahren gewohnt ist, gibt es wieder etwas zu feiern im Frühsommer: In Frankfurt werden die Bayern zum zweiten Mal in ihrer Geschichte DFB-Pokalsieger. Beim 4:2 gegen den Meidericher SV geht der Torjäger Müller zwar leer aus, aber er hat ja auch wieder »Ballschlepperaufgaben«, wie er sich später erinnert.

Nach der Hitzeschlacht von Frankfurt darf er zum ersten Mal ins ZDF-*Sportstudio*, das er insgesamt 13 Mal besuchen wird. Auch da hat er an diesem Tag kein Schussglück an »dieser komischen Wand« mit zwei Löchern, in die ein Ball gerade so reinpasst. Das tut seiner Hochstimmung jedoch keinen Abbruch, und am nächsten Tag werden die Helden wieder durch die Innenstadt gefahren. Nun schwenken sie ihren stetig mehr werdenden Fans einen Pokal zu. Und wieder entschwinden sie mit einem Glücksgefühl in den Urlaub. Bis auf Franz Beckenbauer und Sepp Maier, denn die dürfen zur WM nach England. Gerd Müller fährt nach Nördlingen. Allein, obwohl er nicht mehr allein ist.

Tore und Amore – Glück im Spiel und in der Liebe

Im Oktober 1965 kommt im Leben des Gerd Müller, allen Kalendersprüchen zum Trotz, zum Glück im Spiel noch das in der Liebe hinzu. Sein Chef im Möbelgeschäft, ein Herr Morhart, genehmigt sich am Münchner Ostbahnhof in einem Tchibo-Laden eine Kaffeepause, und Gerd darf ihn begleiten. Eine größere Gruppe einer Münchner VW-Niederlassung ist ebenfalls zugegen und kommt an Müllers

Tisch. So trifft Gerd Müller auf die Frau seines Lebens, Ursula Ebenböck, die alle Uschi rufen. Noch ist sie ein Mädchen, 16 Jahre jung. Die hübsche Tochter eines Bauingenieurs und einer Schreibwarenhändlerin gefällt Gerd auf den ersten Blick, und obwohl er noch nicht so recht weiß, was Frauen wollen, bietet er ihr spontan an, von seinem Schokohörnchen abzubeißen. Dabei lernt er schnell: Junge Frauen wollen, nicht nur in den Sechzigern, etwas anderes. Sie wollen zu allen Zeiten erobert werden. Die kühle Weigerung der jungen Dame (»Nein – danke!«), die ihren Galan aus der Zeitung kennt, weckt nur den Kampfgeist des Fußballers.

Sie hat zwar nicht abgebissen, aber schon am Nachmittag, als er ihre Telefonnummer im Büro herausgefunden hat, beißt sie an. Man verabredet sich ins Kino zu einem Western mit John Wayne – *Rio Bravo*. Dabei mag Uschi »keine schießenden Cowboys«. Doch egal.

Auf der Leinwand knallt es, im Foyer funkt es. Western liebt Gerd Müller fast so sehr wie Mutters Kartoffelsalat, nun hat er noch eine andere Liebe.

Wie es danach weitergeht, verschweigt der genießende Gentleman in seiner Autobiografie. Nur drei Zeilen widmet er den folgenden zwölf Monaten, während denen seinen Horizont rosarote Wölkchen zieren: »Von da an trafen wir uns öfter. Immerhin dauerte es noch ziemlich lange, bevor wir uns verlobten: am 3. September 1966, also beinahe ein volles Jahr später.«

Helmut Wurm muss nun nicht mehr so oft in den Zug nach München steigen, denn der Freund hat eine neue Zuflucht gefunden. Die Mutter ist froh über die sich anbahnende Heirat, berichtet Gerd in rührender Offenheit, »es war ihr eine Erleichterung zu wissen, dass ich ein eigenes Heim und einen Menschen haben sollte, der auf mich aufpasst und für mich sorgt. Noch immer hatte sie Angst, ich könnte zu wenig zu essen bekommen.« Rein äußerlich gibt es dazu allerdings wenig Anlass, Gerd bleibt für alle im Verein »der Dicke«.

Nach seiner ersten Bundesligasaison erscheint ein Müller-Porträt in der *Süddeutschen Zeitung*; auch Autor Hans Schiefele widmet Müllers Figur einige Zeilen: »Von der Statur gleicht er eher einem Ringer oder Gewichtheber. Hinter dem kleinen Herkules vermuten die wenigsten einen Bundesliga-Stürmer.«

Uschi Müller wird ihre Fürsorgepflicht für den schon bald prominenten Partner nicht auf den Mittagstisch begrenzen und sie ernster nehmen als andere Fußballer-Frauen. Sie wird Gerd Müllers erster Manager. Was ihr an kaufmännischem Hintergrund fehlt, gleicht sie über die Jahre durch Engagement und Ehrgeiz aus. Das Berufsbild ist ohnehin unklar. Fußballer in den Sechzigern haben eigentlich keine Manager, denn es gibt nur wenig zu managen. Es sei denn, sie heißen Franz Beckenbauer oder sind Nationalspieler. Gerd Müller ist nicht Franz Beckenbauer, aber das mit dem Nationalspieler wird sich schon bald ergeben.

Ruhm und Ehre – Mister Europacup und Nationalspieler

Helmut Schön hat einen Tipp bekommen. Aus München erhält er einen Anruf, sich einen Bayern-Spieler anzusehen. Bundestrainer in den Sechzigern müssen sich noch auf solche Empfehlungen verlassen, denn niemand schickt ihnen eine DVD oder ein Video zu. Helmut Schön also fährt 1966 an einem Fußball-Samstag von Wiesbaden nach München, und »was ich im Stadion an der Grünwalder Straße zu sehen bekam, war schon verblüffend; ein kleiner bulliger Mittelstürmer mit pechschwarzem, militärisch kurz geschnittenem Haar und gewaltigen Oberschenkeln. Technisch schien ›kleines, dickes Müller‹ ... nicht gerade zu den Feinmechanikern zu gehören. Aber er nutzte seine kurzen Körperhebel besonders im Strafraum-Gewühl verblüffend.« Schön wird neugierig. Er weiß, dass Uwe Seeler nicht ewig spielen wird und dass er vielleicht schon nach der WM 1966 einen neuen Mittelstürmer braucht. Als er Müller nun auch in Auswärtsspielen beobachtet, reift die Erkenntnis: »Gerd Müller war der geborene Mittelstürmer für den modernen Fußball.« Besonders bewundert Schön »die Kunst, sich um den Gegner herumzuwinden« und »Erfolge aus Situationen zu erzielen, in denen man nicht mehr daran glauben mochte«. So steht es in seinen Memoiren.

Schöns Besuch hat Folgen. Gerd Müller wird in der Saison 1966/67 Nationalspieler, und auch sonst ändert sich einiges in seinem Leben. Im August beendet er seinen Job als Möbelverkäufer, weil der FC Bayern nun vollends in der Profiwelt angekommen ist und auch vormittags trainieren lässt. Mit Franz Roth kommt noch ein Spieler nach München, den der Friseur Kotter entdeckt hat. Das allein wäre es nicht, was Müllers Leben bereichert, aber der »Bulle«, wie sie Roth schon bald wegen seiner Schusskraft und Athletik nennen, kann Schafkopf spielen. Und so sitzen alsbald zwei Spieler und zwei Funktionäre ohne jeden Standesdünkel auf Reisen im Bus, am Flughafen oder im Hotel beim Kartenspiel: Manager Schwan, Klub-Arzt Dr. Spannbauer, »der Bulle« und »der Dicke«. Später ändert sich die Besetzung, aber Müller ist immer dabei. Gerd Müller fühlt sich immer wohler in München, zumal er sich im September mit Ursula verlobt.

Und dann kommt er, der Brief mit dem gezackten DFB-Wappen. Im Spiel eins nach dem legendären Finale von Wembley tritt Vizeweltmeister Deutschland in Ankara an, und Gerd Müller muss nicht länger neidisch auf seine Kameraden Sepp Maier und Franz Beckenbauer blicken, wenn die sich samstags nach den Spielen zur Nationalmannschaft verabschieden. Nun darf auch er zusteigen, wenn der Fahrservice des DFB kommt. Nicht jeder versteht zwar die Nominierung; er hat noch keine 40 Bundesligaspiele, und seine Torquote ist keineswegs außergewöhnlich im Herbst 1966. Aber am 17. September führt er erstmals die Torjäger-Liste der Bundesliga an, nach seinen zwei Treffern zum 4:3-Heimsieg gegen Mönchengladbach erklingen »Müller«-Sprechchöre an der Grünwalder Straße, und der *Münchner Merkur* erliegt dem Reiz eines Wortspiels mit dem Namen des Publikumslieblings: »Ein Knüller – mit der Attraktion Müller.«

Drei Wochen später schießt er seine ersten Europapokal-Tore gegen einen Verein namens Tatran Prešov, fast wichtiger aber ist, dass er den Sieg mit einer Abwehraktion auf der eigenen Torlinie rettet. Per Kopf. »Das hab ich ihm nie vergessen«, schwelgt Sepp Maier noch im Jahre 2005. Das *Sport Magazin* übertitelt den Spielbericht so: »Müller empfahl sich Schön.« Und Schön nimmt die Empfehlung an, zumal sich Seeler gerade verletzt hat. Sie reisen also nach Ankara, schlagen die Türkei mit 2:0, allerdings ohne ein Müller-Tor. »Einen Vergleich mit Uwe stelle man von vornherein gar nicht erst auf. Jedenfalls wird er bei den Bayern noch einige Zeit reifen müssen, um es mit ihm noch einmal zu versuchen«, muss Müller nach seinem Debüt am 12. Oktober 1966 über sich im *Sport Magazin* lesen. Die Deutsche Presse-Agentur (dpa) bestätigt ihm »eine ganz schwache Leistung«.

Vergebens soll der Ausflug nicht gewesen sein, wird er sich vielleicht gedacht haben und sammelt Autogramme der Mitspieler. Die Freunde in Nördlingen freuen sich über eine Postkarte aus Ankara mit allerlei begehrten Schriftzügen.

Ein halbes Jahr vergeht, ehe Müller wieder von Schön eingeladen wird, dazwischen macht er den Schritt, den andere vor dem Debüt machen müssen: Er kommt in der Junioren-Auswahl der U 23 an der Seite von Günter Netzer und Jupp Heynckes zum Einsatz und schießt in Bukarest sein obligatorisches Tor. Per Elfmeter.

In der Bundesliga geht er unbeirrt seinen Weg. Am 3. Dezember 1966 fallen im Heimspiel gegen Kaiserslautern erstmals vier Müller-Tore, und nach der Hinrunde führt er die Torjäger-Liste mit 18 Treffern an. Schon ist vom »obligatorischen Müller-Tor« die Rede. Sie fallen, weil es für ihn keine unwichtigen Spiele gibt. In der kurzen Winterpause 1966/67, in der Gerd Müller mit den Bayern zum ersten Mal amerikanischen Boden betritt, um Geld einzuspielen, trifft die Mannschaft nach der Rückkehr auf den VfL Paderborn. Es ist das unwichtigste Spiel, das man sich denken kann. Der Boden ist bretthart, der Gegner übermotiviert und die Verletzungsgefahr doppelt so hoch als sonst. Fußballstars aller Zeiten machen da lieber einen Schritt zu wenig als zu viel. Doch nach einer Stunde steht es 6:0, und Gerd Müller hat alle Tore geschossen.

Aber auch die wichtigen Tore macht er. 1967 schießt er die Bayern in beiden Pokal-Wettbewerben ins Endspiel. Gegen die Iren des Vereins Shamrock Rovers erzielt er das Sieg-Tor kurz vor Schluss und verdient sich einen neuen Namen: »Mister Europacup«. Der Namensgeber ist die *Bild*-Zeitung. Bei Hertha BSC bringt sein Doppelschlag in der Verlängerung die Wende zum 3:2 im DFB-Pokal. »Ich habe selbst nicht mehr dran geglaubt«, gibt er zu Protokoll. Dieser Kerl überrascht sich offenbar sogar selbst.

Im Februar 1967 sind die Bayern dann schon so abhängig von seinen Toren, dass sie ohne diese Tabellenletzter wären, wie findige Journalisten errechnen. Mit ihnen sind sie Sechster. Es ist die Zeit, da Gerd Müller allmählich als Unikum wahrgenommen wird. Man spricht von »echten Müller-Toren«, wenn er sich um seine Widersacher im Strafraum windet und unspektakulär – meist flach in die Ecke – abschließt. Wer durch ein Müller-Tor verliert, ist quasi entschuldigt. »Dieser Müller ist eben nicht 90 Minuten zu fassen. So ein Mann fehlt uns«, sagt der Essener Trainer Fritz Pliska nach einer 1:4-Niederlage und drei Müller-Treffern. Und so ein Mann fehlt auch Helmut Schön.

Am 8. April 1967 darf Müller daher wieder für Deutschland auflaufen. In Dortmund geht es gegen Albanien um Punkte in der EM-Qualifikation, und Uwe Seeler kann wieder mal nicht spielen. Müller vertritt ihn würdig. Vier Tore trägt er zum 6:0-Sieg bei, es ist ein Nachkriegsrekord für einen deutschen Nationalspieler. »Kein Weg führt mehr an Vollblutfußballer Gerd Müller vorbei«, stellt das *Sport Magazin* fest und fordert, die Antwort auf die Frage Müller oder Seeler möge »noch immer Müller und Seeler« heißen.

Als Müller im Halbfinal-Rückspiel des Europapokals bei Standard Lüttich alle drei Tore erzielt, schickt die Münchner *Abendzeitung* einen Reporter nach Nördlingen. Auf Spurensuche. Peter Kühn findet auch den Weg in die Berger Straße 4, wo Mutter Karoline noch immer mit Sohn Heinz lebt, während die verheirateten Schwestern schon aus dem Haus sind. Immerhin haben sie jetzt einen Fernseher. An dem verfolgt die Mutter auch das Finale gegen die Glasgow Rangers am 31. Mai in Nürnberg. Kein allzu weiter Weg eigentlich, aber nur Bruder Heinz tritt ihn an. Dem Reporter gesteht er: »Dass er so gut wird, hätte ich nie gedacht.«

Die Mutter lässt wissen: »Leider kommt er nicht mehr so oft wie früher.« Immerhin stellt er ihr seine Verlobte vor. Die Mutter wird sich vielleicht gefragt haben, warum dafür ein Fotograf dabei sein muss.

Es entstehen seltene Bilder, erst nach der Jahrtausendwende kommen sie ans Tageslicht. Gerd und Uschi Hand in Hand in den Gassen von Nördlingen, beim Plausch mit der Mutter, vor dem Elternhaus.

Die *AZ*-Leser erfahren 1967: Wenn Gerd Müller mal heimkommt, »umringt ihn sofort ein Schwarm von Schülern, denen er bereitwillig von seinen Bundesliga-Erlebnissen erzählt«, sagt sein Entdecker Georg Münzinger. »Früher brauchte ich eine Viertelstunde, um durch die Stadt zu kommen. Heute dauert es immer eine Stunde«, erzählt Müller schon im Januar der *Sport-Illustrierten*, die ihm ein großes Porträt widmet und zutage fördert, dass Müller am liebsten Wildwest-Heftchen liest.

Bei Oberbürgermeister Keßler hängt jetzt ein Bayern-Wimpel im Amtszimmer, und die ganze 15 000-Einwohner-Stadt, so scheint es, ist ins Lager der Münchner übergelaufen. So wie auch Joachim Feix, der mit Freunden eine Fahrgemeinschaft bildet und von Müller hinter der Tribüne des Grünwalder Stadions Eintrittskarten zugesteckt bekommt. Feix: »Da haben wir uns bei ihm angemeldet, und er hat sich um die Karten gekümmert.«

Nach dem furiosen Saisonfinale haben die Bayern in ganz Deutschland neue Fans. In Nürnberg gewinnen sie gegen die Glasgow Rangers im Dauerregen ihren ersten Europapokal, das einzige Tor fällt in der Verlängerung, durch »Bulle« Roth. Warum nicht durch Müller? Er geht gehandicapt in dieses Finale, weil er sich in seinem dritten Länderspiel in Belgrad einen doppelten Unterarmbruch zugezogen hat, drei Wochen ausfällt und mit einer Ledermanschette spielt. »Tschik« Čajkovski bricht in Tränen aus, als ihm seine Frau Rada, die das Spiel im Stadion sieht, davon berichtet. Elle und Speiche halten nun zwei Silbernägel zusammen, die ein Dr. Häser an Himmelfahrt in einer Seefelder Klinik einschlägt. Sie werden Müller zwei Jahre später zur Ausmusterung bei der Bundeswehr verhelfen und erst im Januar 1972 entfernt.

Acht Tage muss der Patient in Seefeld bleiben. Müller: »Es war langweilig in der Klinik, und ich war froh, dass ich wenigstens nicht auf Musik verzichten musste.« Auf Besuch auch nicht, er ist mittlerweile schon prominent genug, um im Krankenbett fotografiert zu werden. Ein Foto schafft es gar auf die Titelseite des *Sport Magazins*. Er lächelt gequält.

Zunächst wird sein Einsatz im Europapokalfinale für ausgeschlossen gehalten, aber die Bayern setzen alles in Bewegung und Müller nicht minder. Auf dem Hometrainer hält er sich fit und strampelt zehn Kilometer am Tag, und jeder, der ihn fragt, bekommt zu hören: »Ich spiele in Nürnberg.« Er spielt dann schon vorher in der Bundesliga und in einem Testspiel der Reserve, das extra für ihn angesetzt wird. Wenn er es noch nicht gewusst hatte, spätestens jetzt weiß Gerd Müller, dass er unverzichtbar geworden ist für seinen Verein.

Am Morgen des 31. Mai klingelt Robert Schwan den italienischen Schiedsrichter Lo Bello aus seinem Hotelbett. Eine Stunde früher als verabredet kreuzt der Manager mit Müller und Klubarzt Spannbauer im »Reichshof« auf, um sich die Manschette für Müllers Arm absegnen zu lassen, gegen die die Rangers aus Glasgow zwar keinen Protest eingelegt, aber gewisse Bedenken geäußert haben. Lo Bello öffnet missmutig im Pyjama, verlangt eine Kürzung der von Stahlbändern durchzogenen Manschette um zwei Zentimeter und telefoniert noch mit der UEFA. Der »Nervenkrieg fast bis zum Anpfiff« (*Münchner Merkur*) ist auch nach dem zweiten Besuch bei Lo Bello am Nachmittag nicht beendet, denn er behauptet, noch nie eine größere Manschette gesehen zu haben. Doch als er die Partie schließlich anpfeift, ist Müller dabei, und nur darauf kommt es an. Fußballer in den Sechzigern, die bei Anpfiff nicht auf dem Platz stehen, sind arme Kerle. Denn Einwechslungen werden erst ab der Saison 1967/68 erlaubt. »Mein Einsatz war damals aus psychologischen Gründen für die Mannschaft besonders wichtig«, betont Müller 1972 in *Zauberer am Ball*, »wir konnten so immerhin unsere beste Aufstellung aufbieten, keiner brauchte Angst zu haben, dass es am Verständnis mit dem Nebenmann mangeln würde.« Und tatsächlich gewinnt Bayern München das hart umkämpfte Flutlicht-Spiel und hält den im Vorjahr von Borussia Dortmund gewonnenen Pokal im Lande. Die Begeisterung bei den 68 000 Zuschauern ist so groß, dass die Spieler die Ehrenrunde abbrechen müssen und in die Kabine flüchten. Helmut Schön aber darf gratulieren, der »Lange« drückt den »Dicken« herzlich an sich. Ein schönes Motiv für die Fotografen, es hat etwas von Vater und Sohn, und Müller gesteht: »Ich kam mir auf einmal wie ein Zwerg vor.«

Dann nimmt er einen tiefen Schluck Sekt aus dem Pokal. Weitere Bilder zum Einrahmen folgen beim triumphalen Empfang auf dem Münchner Marienplatz. Für jeden Spieler gibt es 7000 DM extra für den zweitwichtigsten Vereinstitel in Europa.

Am Samstag darauf verlieren die Champions in der Bundesliga bei Borussia Dortmund mit 0:4, »weil wir noch alle besoffen waren«, wie Müller seinem Freund Helmut Wurm verärgert erzählt. Weil Lothar Emmerich zwei Minuten vor Schluss noch ein Tor erzielt, muss sich Müller die Torjäger-Kanone, die das Sportblatt *Kicker* dem besten Schützen verleiht, mit dem Dortmunder teilen. Genauer gesagt: Beide erhalten eine. Müller hat seine Torausbeute im Vergleich zum Vorjahr immerhin verdoppelt (von 14 auf 28). Einen Höhepunkt hat die Saison dann noch parat für die Bayern: In Stuttgart steigt das Pokalfinale gegen den HSV. Das heißt auch: Müller gegen Seeler. Bayern gewinnt 4:0, Müller 2:0. Als er das 3:0 erzielt, springt Čajkovski von seiner Bank auf und jubelt: »Kleines Müller ist Goldjunge!« Gerd Müller weist vor der Presse stolz auf seine ersten Final-Tore überhaupt im Bayerntrikot hin und sprüht noch vor Tatendrang: »Jetzt tut es mir fast leid, dass die Saison schon zu Ende ist.«

Die Sommerpause nutzt er, um gemeinsam mit Uschi seinen Führerschein zu machen – zuletzt hat ihn Bayern-Fan und Müller-Freund Rudolf Mayer oft chauffiert. Denn zum Tramfahren ist er nun zu prominent, nicht zu hochnäsig. In dieser Zeit kommt auch seine erste Biografie auf den Markt, der Copress-Verlag kommt auf ihn zu. Sie machen das mit jedem Fußballer des Jahres, egal, wie jung er ist und wie viel er zu erzählen hat. Auch von Franz Beckenbauer gibt es schon eine – *Dirigent im Mittelfeld*. »Für den Titel kann ich nichts«, sagt der junge »Kaiser« leicht beschämt und besingt seine erste Schallplatte. Da geht es um »gute Freunde«.

Gerd Müllers Buch kommt im Weihnachtsgeschäft 1967 auf den Markt. Es enthält natürlich das Endergebnis der Wahl zum Fußballer des Jahres, zu dem die Sportpresse ihn am 28. Oktober erstmals kürt. Er bekommt 264 Stimmen, mehr als doppelt so viel wie der Zweite, Franz Beckenbauer (101).

Die Autobiografie, daran zweifelt keiner, wird er nicht selbst geschrieben haben, für so etwas haben Stars aller Couleur normalerweise Ghostwriter. Obwohl der abgehackte Stil seiner Ausdrucksweise ähnelt und sie hauptsächlich davon handelt, was ihn antreibt: Das Buch heißt *Tore entscheiden*.

Urlaub macht er diesmal in Italien, präzise in Riccione. Adria-Strand statt Schwimmbadwiese in Nördlingen. Es tut sich was im Leben von Gerd Müller.

Starrummel und erste Krise

Kaum aus dem Urlaub zurückgekehrt, führt Gerd Müller seine Uschi zum Traualtar. Bis zuletzt hat er Angst, dass sie es sich noch einmal anders überlegen könnte, aber sie sagt Ja. Die Braut ist 18. Die Fotos, die nicht nur die Sport-Zeitungen drucken, zeigen ein glückliches Paar. Kinder aus der Schülermannschaft des FC Bayern stehen Spalier, Hunderte Menschen warten vor der Münchner St.-Wolfgangs-Kirche an jenem 21. August 1967. Manche sind prominenter als andere. Auch Franz Beckenbauer hat sich fein gemacht, »Tschik« Čajkovski gibt sich die Ehre, und der Rest der Mannschaft stößt bei der Feier im »Café Waldeck« in Höllriegelskreuth dazu. Müller notiert penibel: »Es fing harmlos an. Zum Mittagessen saßen 38 Personen an der Tafel, bereits zum Nachmittagskaffee war die Schar unserer Gäste auf 52 Personen angewachsen – und am Abend waren es über 70!«

Die Delegation aus Nördlingen allerdings bekäme nicht mal eine Skat-Runde zusammen. Denn außer der Mutter ist nur Helmut Wurm, der sie fahren muss, gekommen. Die Schwestern sind nicht anwesend, auch Bruder Heinz, der ihm seine ersten Fußballschuhe gekauft hat, nicht, und vom TSV, den er in die Landesliga geschossen hat, kommt auch niemand. Warum? Weil es ein Montag ist? Wohl kaum. Es muss etwas passiert sein, worüber keiner redet. Auch 50 Jahre später nicht. Ist es der Ruhm, der eine Barriere errichtet hat? Trauen sich die Nördlinger nicht an eine Tafel mit Beckenbauer und der Münchner Schickeria? Ist es Neid, oder ist es die neue Frau, mit der die Nördlinger nicht warm werden? Dass er nur noch selten heimkommt, soll ja vor allem an ihr liegen, sagen die Schwaben.

In *Tore entscheiden* zeichnet Müller noch das Bild einer heilen Familie: »Wir freuen uns immer, wenn es eine Gelegenheit zu einem Familientreffen gibt. Jeder, der nur irgendwie kann, ist dann dabei, und wir sprechen viel von der schönen Kinderzeit.«

Ganz so kann es wohl nicht gewesen sein. Heute heißt es in Nördlingen, dass Heinz das Haus verlassen habe, wenn Gerd Weihnachten zu Besuch kam. Und dass die Mutter auch dann noch putzen gehen musste, als Gerd reich und berühmt war. »Warum machen Sie das jetzt noch, wo Ihr Sohn so viel Geld hat?«, wird Karoline Müller eines Tages von Anna Reinhardt gefragt und erhält zur Antwort: »Ach, lassen wir doch das Thema!«

Im Januar 1973 schreibt die *Sport-Illustrierte* im Rahmen einer Homestory: »Irgendwie fühlt er da einen Bruch. Er beschloss, von einigen kurzen Besuchen abgesehen, nie mehr nach Nördlingen zurückzukehren, und nagelte zur Erinnerung ein Bild von seiner Heimatstadt an die Wand. ›Die Zeit hat alles anders gemacht. Schade.‹« Eine Erfahrung, die gewiss viele Menschen gemacht haben, denen das Schicksal eine Tür öffnete, durch die sie nur alleine gehen konnten.

Gerd Müller setzt schon 1967, so viel ist sicher, andere Prioritäten. Er ist Nationalspieler, Torschützenkönig der Bundesliga und Ehemann. Auch die Zeit bei Familie Wager nimmt ein Ende, sehr zum Bedauern des Sohnes Wolfgang. Denn der 14-Jährige hat dem prominenten Untermieter gern bei der täglichen Autogrammpost geholfen.

Am Hochzeitsabend trägt Müller seine Uschi über die Schwelle des neuen Bungalows. Hochzeit und Einzug ins eigene Haus am selben Tag – ein Datum zum Einrahmen. Der Bungalow steht in Straßlach, einer dörflichen Gemeinde noch hinter dem Promiviertel Grünwald. Gerd Müller muss nicht bei den Schönen und Reichen wohnen, er will es nur schön haben, und reich genug ist er für ein Zuhause mit fünf Zimmern und 600 Quadratmetern Garten.

Kaum eingezogen, entsteht die erste Homestory. Der Chefreporter der *Sport-Illustrierten*, Jo Viellvoye, kommt zu Besuch und skizziert die Behaglichkeit im Hause Müller: »Der Besucher versinkt in tiefen Polstersesseln. Eine klassizistische Schrankwand deckt die eine Seite des Wohnraums. Ein paar Bücher: Anne Golons *Angélique*, Fritz Walters Fußball-Trilogie. So leben Fußballstars.«

Wohnzimmer, Küche, Bad, zwei Schlafzimmer, ein großer Keller und ein Grundstück, auf dem sie Bäume pflanzen. Es ist noch reichlich Platz zum Anbauen, falls Nachwuchs kommt. »Meine Frau kümmert sich um alles, denn sie behauptet, ich hätte ›zwei linke Hände‹ – und damit hat sie in technischer Hinsicht sogar manchmal recht«, gesteht Müller, der im dörflichen Straßlach keine Anonymität vorschützen muss. Auf dem Klingelschild steht einfach »G. Müller«.

Sie haben es gut getroffen. Das ganze Jahr gute Luft, kaum Autoverkehr und fernab aller Flugschneisen, hier kann Müller ausspannen. Was er auch muss, denn der Alltag wird immer härter.

1967/68 tanzen die Bayern wieder auf drei Hochzeiten – ein Zustand, an den sich Fußballer in den Sechzigern erst noch gewöhnen müssen. Die junge Bayern-Mannschaft aber zahlt in diesem Jahr Lehrgeld, denn sie kann den Erwartungen nicht standhalten. Da sie als Europacup-Sieger quasi den dritten Schritt vor dem zweiten gemacht hat, verlangt ganz München nun die Meisterschaft. Auch Čajkovski lässt sich davon anstecken: »Wir wollen Deutscher Meister 1968 werden – natürlich auch Pokalsieger, und – das ist ja selbstverständlich – auch den Europacup verteidigen.«

Damit leistet er seiner Entlassung Vorschub, denn 1968 gewinnt Bayern München rein gar nichts. Auch Gerd Müller gewinnt nichts, und was er 1967 erreicht hat, das erreichen 1968 andere. Gleich zwei Spieler liegen in der Torjägerliste vor ihm, 20 Treffer sind sieben zu wenig, um den Kölner Johannes Löhr zu übertreffen, »und das wurmte mich erheblich«. Auch Fußballer des Jahres wird er nicht, die Reporter des *Kicker* holen die Trophäe persönlich ab, um sie wieder Franz Beckenbauer, dem Sieger von 1966, zu überreichen. Immerhin, die Trophäe bleibt in der Stadt und in der Bayern-Familie. Doch Müller fällt der Abschied schwer, er putzt sie noch ein letztes Mal, lässt ein Abschiedsfoto schießen und fragt dann hinterlistig, was denn eigentlich passiere, wenn das gute Stück »verloren geht«. Die Antwort nimmt er vorweg: »Dann wäre doch nichts anderes übrig geblieben, als einen neuen zu machen, oder?« Die Gäste bejahen irritiert, aber noch immer lässt er die Hüter der Trophäe nicht fahren, obwohl der Motor schon läuft. »Aber wenn ich den Pokal dreimal gewinne, darf ich ihn doch behalten?«

Dass er die Trophäe wieder herausgeben muss, macht Gerd Müller nur zu deutlich, dass er auf ein verlorenes Jahr blickt. Im September stellt er sich selbst öffentlich infrage und wundert sich laut über seine Nominierung für die Nationalmannschaft, »wenn ich solchen Mist spiele«. Daraufhin rüffelt ihn Helmut Schön und sagt, dass er ihn nun nicht aufstellen könne. Müller muss auf die Bank, so kommt er beim 5:1 gegen Frankreich zu seinem einzigen Joker-Einsatz in der Nationalelf.

Neider und Besserwisser schieben sein Tief auf die Ehe (»Schwach durch Flitterwochen« lautet eine Artikelserie über verheiratete Sportler, in der er als Beispiel genommen wird) oder seine Nebengeschäfte. Denn im Juli 1967 wirken Müller, Maier und Čajkovski in der Filmkomödie *Wenn Ludwig ins Manöver zieht* mit. Müller trägt Schnauzbart, Pickelhaube und Uniform eines königlich-bayerischen Unteroffiziers des 19. Jahrhunderts und darf sich gemäß Drehbuch gegenüber dem Spieß Frechheiten erlauben. Spieß: »Wissen Sie, was Arrest ist?« Müller: »A Rest is der Zipfel von der Wurst!« Die ganze Kompanie lacht, der Zuschauer auch. Aber als Schauspieler wird er trotzdem nicht entdeckt. Das Kurz-Gastspiel, wofür die prominenten Komparsen an drei Filmtagen eingesetzt werden und 3000 DM verdienen, erregt dennoch Aufmerksamkeit und provoziert typisch deutsches Genörgel. In Leserbriefen wird gefordert, die Herren Fußballer mögen sich um ihren Beruf kümmern. Auch dass Müller in Köln seine erste Schallplatte (Titel: »Radada«) aufnimmt, sorgt für Irritation.

Außerdem erscheinen überall lustige Fotos: Müller mit Armbrust, Müller mit Pistole, Müller mit Pfeil und Bogen und Müller mit Karabiner im Anschlag. Er hat noch nicht gelernt, Nein zu sagen. Vielleicht traut er sich einfach nicht, vielleicht denkt er sich auch: Wenn der Franz das macht, dann muss ich das auch. Für ein aufwendiges Fotoshooting zerschießt er sogar Glasscheiben, sechs hintereinander. Es entstehen spektakuläre Bilder. Nur Tore gibt es immer weniger in Müllers Torfabrik. Nach der Vorrunde sind es nur vier, zwei davon per Elfmeter.

Die Gefahr abzuheben hat bei Gerd Müller nie bestanden, auch nicht, als ihm, wie allen Europapokalsiegern, im Dezember 1967 vor einem Testspiel in Bonn das Silberne Lorbeerblatt verliehen wird. Wenn auch nicht vom Bundespräsidenten Lübke, der leider verhindert ist und seinen Stellvertreter schickt.

Und so kommt Müllers Erklärung der Wahrheit sicher am nächsten. Er schiebt es auf die Strapazen; die vielen Spiele und Reisen, »mir fehlte in erheblichem Maße die Spritzigkeit. Außerdem kannten mich nun die einzelnen Hintermannschaften. Ich hab es viel schwerer als im letzten Jahr.« Im Mai 1968 stellt das *Sport Magazin* fest: »Gerd Müller benötigt dringend eine Pause.«

Signifikant für Müllers Tief ist der Absturz in der Halbjahres-Rangliste des *Kicker*, dem wichtigsten Leistungsbarometer jener Tage im Fußball. Steht Müller im Winter 1967 seltsamerweise noch in der »internationalen Klasse« einen Platz hinter Uwe Seeler, so stürzt er im Sommer 1968 ab in die dritte Kategorie »Immer noch oder schon im Blickfeld«, auf einer Höhe mit Wolfgang Gayer aus Neunkirchen und Jürgen Hellfritz (HSV) und hinter acht anderen Stürmern.

Die erste Krise des Bundesliga-Spielers Gerd Müller wirkt sich auch auf den Nationalspieler aus, zwischen dem fünften und dem sechsten Länderspiel vergehen elf Monate. Im Juni 1968 kommt die Nationalmannschaft auch ohne ihn zu zwei historischen Siegen: Erstmals überhaupt schlägt sie England und Brasilien. Der einzige Bayern-Spieler, der dabei mitwirkt, ist Franz Beckenbauer.

Auch die anderen Münchner hören in jenen Tagen den Klang der Nationalhymne. Um Geld zu verdienen, jagt Robert Schwan die Mannschaft nach der Saison auf Testspielreise nach Südamerika. Sie fliegen um die Welt, aber ein Weltklub sind sie noch nicht. In der Geschäftsstelle arbeiten vier Personen, und an der Säbener Straße ziehen sie sich in einer Holzhütte um, wie Beckenbauer gerne lästert. Die Gebäude gehören der Stadt, der Bundesligist FC Bayern hat noch immer kein Vereinsheim. Die Kabine ist zu klein für alle Mann, und »von fünf Brausen gehen vielleicht drei«, grollt der junge »Kaiser«. Das Vereinsvermögen beträgt 1967 nur 568 000 DM, in Bogotá sollen sie es mehren.

Die Gastgeber ehren die Bayern zwar mit der Nationalhymne, aber weil Beckenbauer fehlt, sind sie sehr verärgert. Plötzlich gibt es Streit um die Zahlung der Flugtickets, und vorübergehend werden sogar die Reisepässe einbehalten. »Die Reise wird kein Erfolg, sondern eine Misere«, gesteht Präsident Neudecker noch vor der Rückkehr. Es ist der passende Abschluss einer unbefriedigenden Saison. Spaß haben sie nicht mal zwischen den Spielen, denn der neue Trainer Branko Zebec ist schon dabei, um den Kader kennenzulernen. Und sie lernen ihn kennen. Da Čajkovski zu Hause geblieben ist, scheucht Zebec die Spieler im subtropischen Klima umher – nach einer anstrengenden Saison. Es ist alles andere als Liebe auf den ersten Blick. Sie mosern, er stichelt. Gerd Müller muss sich anhören, er sei zu unbeweglich und mit seinen 84 Kilogramm viel zu schwer. Müller bekommt schier Angst vor dem Jugoslawen, der so ganz anders ist als sein Landsmann Čajkovski. Im Urlaub fährt er zwar wieder nach Riccione, aber diesmal macht er Sondertraining und nimmt zwei Kilo ab.

Double-Held unter Zebec – pure Erleichterung

Schon in der ersten offiziellen Trainingswoche unter Schleifer Zebec verliert Müller weitere vier Kilo. Denn er muss auch bei drückender Hitze zwei Trikots unter dem Trainingsanzug tragen, und das bei drei täglichen Einheiten. Zebec lässt sie so viele Runden laufen, wie er Kieselsteine in der Hand hat. Es ist die pure Willkür, fernab aller sportwissenschaftlichen Erkenntnisse. Nach jeder Runde lässt er einen Stein fallen und die Spieler im Ungewissen, wie viele Runden es noch sein mögen. »So endete unsere Jugend«, sagt Beckenbauer über diese Zeit. Branko Zebec macht Kerle aus »Tschiks Jungens«. Sepp Maier lässt er auf einem Hotel-Parkplatz nach Bällen hechten. Gerd Müller erhält in diesem Jahr »das erste Spezialtraining meines Lebens«, Sonderschichten vor und nach dem normalen Training, sogar Franz Beckenbauer muss zuweilen nachsitzen. Müller erinnert sich 1972: »Wir haben unseren Trainer damals verwünscht. Wenn ich mir jetzt nochmals so alles überlege, muss ich sagen: Ich bin ihm dankbar.«

Im Oktober 1968 hat Müller dann schon sieben Kilo weniger auf den Rippen, selbst die gefürchteten Oberschenkel verlieren Masse. Statt 62 Zentimetern beträgt der Umfang noch 59. Und Müller wirkt auch erleichtert. Als ein anderer geht er in die Saison 1968/69, schon im September titelt das *Sport Magazin* nach vier Toren beim 5:1 gegen den HSV: »G. Müller in Hochform: schnell, beweglich, wie in seiner Glanzzeit.« Als hätte er schon zehn Jahre gespielt. Die glanzvollen Tage aber kommen erst noch, so wie auch die des FC Bayern. Die Abhängigkeit der Mannschaft von ihrem Mittelstürmer wird nie deutlicher als in der Saison 1968/69, die zur bis dahin erfolgreichsten der Klub-Historie wird. Vom ersten Tag an sind die Bayern Tabellenführer, in der Winterpause hat Müller einen Hinrunden-Rekord aufgestellt – mit 20 Toren. Selbst mit seinem geliebten 1. FC Nürnberg hat er kein Mitleid und schießt alle Tore zum 3:0-Endstand. Aber dann passiert es: In Hannover gerät er im Dezember mit Jupp Heynckes aneinander und fliegt wegen Tätlichkeit vom Platz. Der Hergang ist umstritten wie immer, wenn man sich vor Gericht trifft. Schob Müller den Kopf von Heynckes nur weg, wie es die Verteidigung sieht, oder schlug der »Bomber« zu, wie die Anklage beteuert?

Heynckes kann sich noch im Sommer 2015 an den Vorgang erinnern: »Das war kein Faustschlag, nur eine Ausholbewegung. In meiner Erinnerung war es lediglich ein Gerangel. Wir sind beide zu Boden gegangen, wollten wieder hoch, dabei passierte es. Dieser Vorfall wurde völlig überbewertet, die Strafe war überzogen.« Es ist der erste Platzverweis in Müllers Karriere, und doch kennt der DFB kein Pardon für seinen Nationalstürmer: Das Sportgericht verhängt eine Sperre von zwei Monaten!

Da die Winterpause dazwischenfällt, fehlt er nur in vier Spielen, aus denen die Bayern allerdings lediglich klägliche zwei Punkte holen. »Wir haben halt keine Stürmer!«, zetert Beckenbauer. Müller ist immer bei der Mannschaft, in Kaiserslautern sieht man ihn sogar Koffer tragen. Der Vorsprung auf die Verfolger ist mittlerweile auf wenige Tore zusammengeschmolzen. Als Gerd am 8. Februar 1969 in Berlin zurückkehrt, da endlich gewinnt Bayern wieder. Der Vermisste macht beide Tore, Sepp Maier trägt ihn vom Platz, und Beckenbauer sagt: »Ob der Sieg ohne Müller zustande gekommen wäre, bezweifle ich. Er ist der einzige unserer Stürmer, der sich für Vorlagen immer anbietet.«

Der *Kicker* fragt daraufhin: »Sind die Bayern ein FC Müller?«

Im DFB-Pokal schießt er sieben von acht Toren auf dem Weg zum Triumph, auch beim 2:0 gegen Nürnberg. Klub-Präsident Walter Luther stellt fest: »Dieser Gerhard Müller ist für die Bayern nicht mit Gold aufzuwiegen.« Eine Erkenntnis, die in Nürnberg fatalerweise fünf Jahre zu spät kommt. Nun steigen sie ab.

Die Bayern dagegen erreichen nie erklommene Höhen. Erstmals seit 1937, als Schalke 04 das Maß aller Dinge war, gewinnt eine Mannschaft in Deutschland wieder das Double. Die Bayern sind an allen 34 Spieltagen Tabellenführer und werden erstmals in der Bundesliga Meister, mit nur 13 eingesetzten Spielern stellen sie einen Rekord für die Ewigkeit auf. Danach werden sie zum dritten Mal in vier Jahren Pokalsieger, Neudecker lobt 10 000 DM pro Kopf aus, was er sich erst vom DFB genehmigen lassen muss. Fußballer in den Sechzigern dürfen nicht mehr verdienen, als der Verband erlaubt. Im Endspiel von Frankfurt schlagen sie Schalke mit 2:1, überflüssig zu erwähnen ist der Name des Doppel-Torschützen. »Ich gratuliere meinem Kollegen Branko Zebec, dass er das große Glück hat, einen Gerd Müller zu besitzen«, seufzt Schalke-Trainer Rudi Gutendorf, nachdem er Müllers Gegenspieler Klaus Senger zur Schnecke gemacht hat. Der sitzt wie ein Häuflein Elend in der Kabine, es geht ihm wie schon vielen Müller-Opfern. »Er ist doch kein einziges Mal an mir vorbeigekommen. Ich habe ihn doch klar beherrscht. Und trotzdem hat er zwei Dinger gemacht! Ich gäbe viel darum, wenn ich wüsste, wie er das macht.« Dann kullern die Tränen. Auf der Tribüne sitzt der große Fritz Walter, der so viel erlebt hat und doch aus dem Staunen nicht herauskommt: »Es ist unfassbar. Mit einer Torchance macht der Gerd zwei Tore.« Fahrudin Jusufi, jugoslawischer Legionär von Eintracht Frankfurt, verkündet: »Das Spiel endete 2:1 für Müller, denn er allein hat gewonnen.« Daraus machen Zeitungen die Schlagzeile »Müller gewann Endspiel 2:1«.

München feiert seine »Double-Helden« auch bei strömendem Regen. Und während die Meisterfeier eine Woche zuvor noch buchstäblich ins Wasser gefallen war, weshalb die Helden dem Volk aus dem Omnibus zujubeln mussten, lacht jetzt die Sonne über München. 10 000 kommen zum Marienplatz, mehr passen nicht drauf. Gerd Müller erhält nicht nur einen neuen Vertrag (bis 1973), sondern am 12. August 1969 »seine« Trophäen wieder, an die er sich so gewöhnt hat: die Torjäger-Kanone (für 30 Treffer), die er diesmal ganz allein bekommt, und den Goldenen Ball für den Fußballer des Jahres. Mit einem nie da gewesenen Vorsprung von 357 Stimmen auf den Zweiten, Franz Beckenbauer. Über 70 Prozent der Teilnehmer an der Wahl votieren für Müller, der frohlockt: »Ich bin sehr glücklich, denn es ist eine große Ehre.« Im Moewig-Verlag erscheint prompt das nächste Buch über ihn. Es heißt: *Gerd Müller – Der Bomber aus München, Deutschlands Torjäger Nr. 1*. Diesmal ist er nicht mal zum Schein der Autor, der heißt Tony Schwaegerl.

Der Goldene Ball wandert nun wieder von Solln acht Kilometer südlich nach Straßlach, wo er in der Ludwig-Thoma-Straße 12 mit offenen Armen empfangen wird. »Das ist für mich persönlich mehr wert als die Meisterschaft«, sagt Müller ungestraft. Fußballer in den Sechzigern dürfen so etwas sagen, noch ist der Star nicht die Mannschaft.

4

Bomber der Nation

Auf dem Weg nach Mexiko – alles Müller, oder was?

Dass Gerd Müller Fußballer des Jahres 1969 geworden ist, verdankt er nicht nur seinen Toren für den FC Bayern. Nach Uwe Seelers überraschendem Rücktritt im Frühjahr 1968, den er Helmut Schön am Telefon mitteilt, ist im deutschen Sturm wieder ein Platz frei geworden. Müller erobert ihn sich im zweiten Anlauf auf äußerst eindrucksvolle Weise. Die Nationalmannschaft, die mit einem blamablen 0:0 in Albanien Ende 1967 die Teilnahme an der EM verspielt hat, muss nun um jeden Preis die WM in Mexiko erreichen. Sonst endet die Ära Schön jäh. Erneut hat sie allerdings erhebliche Mühe in der Qualifikation, und ohne Gerd Müller wäre sie wohl niemals zur WM geflogen. Er trifft in jedem der sechs Spiele und kultiviert die Rolle des Retters in der Not. In Wien trifft er beim 2:0 einmal, auf Zypern gelingt ihm, als alle schon resignieren, das 1:0 in der 92. Minute. Beim Nürnberger Rückspiel gegen die Österreicher köpft er in der 88. Minute wieder das einzige Tor des Tages nach Selbst-Vorlage per Hacke, und die Wiener Zeitung *Die Presse* schreibt: »Das alles entscheidende Tor von Gerd Müller schockierte. Es schockierten der Zeitpunkt, die Art und der Schütze.« Seine Frau gesteht bei ihrem ersten Stadionbesuch: »Mein Mann wird mir langsam unheimlich.« Er sagt: »Ich glaube immer bis zuletzt an den Sieg.« Kurz zuvor hat Müller im Testspiel gegen die Waliser zehn Sekunden vor Schluss den 1:1-Ausgleich erzielt, und auch für das einzige Tor beim Remis in

Glasgow, wo es wieder um EM-Punkte geht, zeichnet er verantwortlich. Späte Tore, erlösende Tore. Gerd Müller wird zum Retter der Nation.

ZDF-Reporter Helmuth Bendt sagt: »Seit Gerhard Müller in der Nationalmannschaft spielt, wird bestätigt, was Sepp Herberger zu predigen pflegte und was von Besserwissern als Phrase abgetan wurde: Ein Spiel dauert 90 Minuten, manchmal sogar 92.«

Und er verändert die deutsche Sprache. »Müller müllert uns nach Mexiko!«, titelt die *Bild*-Zeitung am 11. Mai 1969 voreilig. Von »seelern« oder »waltern« hat das Blatt nie geschrieben. Doch für Müller zieht der Boulevard alle Register und vergisst die goldene Journalisten-Regel »no jokes with names«. Müllers Name wird so zu einem geläufigen Verb, und es steht für Müllers Spezialität: Tore schießen. Man kennt es heute noch.

Gerd Müller ist konkurrenzlos im Frühjahr 1969. Showmaster Peter Frankenfeld empfiehlt: »Die deutschen Schlachtenbummler sollen nur tüchtig ›Gerd, Gerd‹ schreien – dann wird's schon hinhauen.« »Es ist allmählich an der Zeit, dass nicht hinter allen Toren unserer Nationalelf als Schütze der Name Müller aufgeführt werden muss«, warnt dagegen Karl-Heinz Heimann, der Chefredakteur des *Kicker* vor dem Heimspiel gegen die Zyprioten in Essen. In diesem Fall wird er sogar erhört. Denn der Fußball-Zwerg ist fernab seiner Mittelmeerinsel so schwach, dass Müllers vier Tore nur ein Drittel der Gesamtausbeute des Tages ausmachen. Auch nach dem 12:0 aber ist das Mexiko-Ticket nicht gebucht, es fehlt noch ein Sieg. Zum entscheidenden Spiel kommen am 22. Oktober 1969 die Schotten nach Hamburg.

In den Schaufenstern der Buchhandlungen liegen zwar noch die druckfrischen Werke über die erste Mondlandung, aber in Deutschland gibt es nur ein Gesprächsthema: das Spiel gegen Schottland. »Dieses Länderspiel sprengt alle Maßstäbe«, verlautet es aus der DFB-Zentrale, von über 300 000 Kartenanfragen können nur 72 000 befriedigt werden.

Seit 18 Tagen schon liegt Nebel über der Elb-Metropole und mit ihm ein Spielausfall in der diesigen Luft. Erst kurz vor Anpfiff kommt das Signal, dass die Partie stattfinden kann. Es wird ein Fußballkampf, ein Spiel ist es nur pro forma. Blut fließt, und ohne blaue Flecken kommt keiner in die Kabine. Im *Spiegel* liest sich das so: »Fußball-Germanen und Kicker-Kelten bekämpften sich wie in frühgeschichtlicher Zeit vorwiegend Mann gegen Mann mit Fäusten und Füßen.«

Am Ende steht ein 3:2 für Deutschland. Seeler geht leer aus, aber er bereitet das obligatorische Müller-Tor vor. In die Heldenrolle aber schlüpft diesmal ein anderer: Der Schalker Reinhard Libuda erzielt das Siegtor, und die Reporter nutzen die seltene Gelegenheit, einmal einen anderen zu preisen. Im *Kicker* erscheint daraufhin ein Leserbrief, in dem der Verfasser bekräftigt, dass Gerd Müller überhaupt erst der ausschlaggebende Grund dafür gewesen sei, dass Deutschland an der WM 1970 hatte teilnehmen können.

Derartigen Flankenschutz benötigt Gerd Müller in diesen Tagen eigentlich nicht. Denn über mangelnde Beachtung kann er sich nicht beklagen. Im Fernsehen läuft ein Werbespot für den Schokoriegel Mars. Müller läuft darin scheinbar erschöpft an den Spielfeldrand, beißt kräftig hinein, kommt wie verwandelt zurück und schießt sein Tor. Das bringt ihm laut *Münchner Abendzeitung* rund 20 000 DM. Im August eröffnet er mit Peter Sorg, der ihn einst in Mutters Wohnzimmer zum FC Bayern gelockt hat, eine Versicherungsagentur in Nördlingen. Das heißt: Er gibt seinen Namen dafür her. Sorgs Sohn Robert, der die Agentur nach dem Ausscheiden des Vaters 1993 noch heute weiterführt, sagt: »Es war eher eine Absicherung für die Zeit nach dem Fußball. Man konnte ja nicht wissen, wie die Karriere verläuft. Er hat es dann nicht mehr nötig gehabt. Er hat nie eine Versicherung verkauft.«

Im November nimmt er seine zweite Schallplatte auf (»Dann macht es bumm«), im Dezember gibt es ihn als lebensgroße Pappfigur. Man sieht den Müller-Starschnitt in deutschen Stadien, vor Hofeinfahrten oder auf verlassenen Dorfplätzen.

Sein zweites Buch mit dem Titel *Goldene Beine* schafft es ins Weihnachtsgeschäft 1969. Es ist eine Art Manifest und enthält interessante Ansichten über einen jungen Mann, der plötzlich weiß, was er will. Manche sagen auch, Uschi lässt ihn wissen, was er zu wollen habe. Viel Geld will er verdienen, die Rede ist mehrfach von »der erträumten Million«, seiner Uschi will er nach der Karriere die Welt zeigen, weil sie doch so wenig von ihm habe. Bis dahin aber wolle er Werbung machen, sich »so teuer verkaufen, wie es geht ... Der Rubel rollt für den Fußballsport, warum soll er nicht auch zu einem gewissen Teil in meine Tasche rollen?«

Eine neue Zeit bricht an, die Siebziger stehen vor der Tür und mit ihnen die Popkultur. Und Fußballer wollen oder sollen auch Popstars sein, die einen eignen sich allerdings mehr dafür, die anderen weniger. Gerd Müller lässt sich vom Friseur einen »Pilzkopf« schneiden, ein Beatle wird er trotzdem nicht.

»Dass seine Schallplatte ein großer Erfolg wird, das hat ja keiner geglaubt«, sagt Dieter Brenninger 2015 leicht amüsiert. Aber auf den Versuch kommt es an. Uschi erklärt ihn 1973 für beendet, »weil's ein Blödsinn ist und kein Geld bringt«. Die Frau, die so gerne Pelze trägt und von »einem Wohnblock in der Schweiz« als Geldanlage träumt, denkt ziemlich oft an Geld. Irgendwer muss es ja tun, ohne sie hätte der auf seine Fußballwelt fixierte Gemahl außer Gehalt und Prämien wohl keine zusätzliche Mark verdient.

Und wie erklärt sich Müller seinen Erfolg? »Ich bin auf jeden Fall alles andere als ein Phantom im Strafraum und noch lange keine Wunderwaffe des deutschen Fußballsports. Ich habe vielmehr einen gesunden Körper, einen ganz gesunden, natürlichen Instinkt, nun ja, aber auch einen ganz ordentlichen Schuss. Es stinkt mir allerdings auch, wenn man mich auspfeift, wie es schon oft der Fall war, weil die Leute nur Tore und immer nur Tore von mir sehen wollen. Aber so einfach ist es nun auch wieder nicht.«

Aber keiner kann es besser. Auch nicht der, der es vor ihm am besten konnte. Doch nun macht der alte Platzhirsch aus dem Norden Müller das Revier wieder streitig.

Der Konflikt mit Seeler – Uwe oder ich

Das neue Jahrzehnt beginnt vielversprechend: Zwischen dem 27. September 1969 und 5. März 1970 erzielt Gerd Müller in 16 aufeinanderfolgenden Punktspielen jeweils mindestens ein Tor. Eine Rekordserie, die auch nach 58 Bundesliga-Jahren noch Bestand hat. Am 24. Februar 1970 löst er mit seinem 116. Treffer Lothar Emmerich als Rekordtorjäger der Bundesliga ab, auch an diesem Status hat sich bis heute nichts geändert. Mit 38 Saisontoren stellt er einen Rekord auf, den nur er noch brechen kann – und wird. Gegen Oberhausen schafft er einen Hattrick nach nur zehn Minuten, auch ein Rekord.

Von seinen Toren profitiert ab der Rückrunde auch die Deutsche Sporthilfe; ein Uhrenhersteller, für den Müller nun wirbt, spendiert pro Treffer 1000 DM. Dass die Bayern wieder mal ein Jahr ohne Titel erleben, ist zuallerletzt Müllers Schuld.

Ende März wird Zebec nach Kompetenzstreitigkeiten mit Robert Schwan entlassen, zum Saisonende hat er ohnehin gehen wollen. Er wird vom erst 35-jährigen DFB-Trainer Udo Lattek abgelöst, den Beckenbauer persönlich empfohlen hat und der die Elf auf den zweiten Platz führt. Damals ist das noch kein Grund für Krisensitzungen beim FC Bayern, die wunderbare Mönchengladbacher »Fohlenelf« hat es allemal verdient. So ist der allgemeine Tenor, selbst in München. Außerdem sind die Löwen abgestiegen. Die Frage nach der Nummer eins in der Stadt stellt sich nicht mehr. Eine andere Frage stellt sich schon – eine von nationaler Bedeutung. Die nach dem Mittelstürmer der Nation.

Gerd Müllers Problem in den ersten Monaten des neuen Jahrzehnts besteht aus drei Buchstaben. Sein Kontrahent ist so bekannt, dass niemand seinen Nachnamen mehr hören muss. Selbst die nüchternen Fernsehreporter der Sechziger kommentieren Ballstaffagen bei Länderspielen so: »Schulz, Beckenbauer, Haller, Uwe – schieß!« Als die Vize-Weltmeister 1966 am Frankfurter Römer gefeiert werden, wird nur ein Name skandiert: Uwe! Die Hamburger sprechen, liebevoll besitzergreifend, von »uns Uwe«.

Uwe Seeler ist ein Idol. Er hat weder Deutschland noch Hamburg je verlassen, ihm ist das Trikot heilig, das er trägt. Ein fairer, untadeliger Sportsmann, wie er im Buche steht. 1969 ist er schon längst legendär, als er auf Drängen Schöns mit 32 noch einmal in die Nationalmannschaft zurückkehrt.

Keiner hat für sie bis dahin mehr Tore als er erzielt, auch wenn ihm dieser nahezu baugleiche schwarzhaarige »Bomber« aus München gefährlich nahe gekommen ist. Zwischen ihnen entsteht eine Rivalität, die keiner gewollt hat, sich aber zwangsläufig ergibt. Spielen die Bayern in Hamburg, muss Müller mit Uwe-Rufen leben. Auch in anderen Stadien kommt das vor, »immer dann, wenn ich nicht gleich Tore schoss«, ärgert er sich.

Es erscheint schwer vorstellbar, wie diese beiden so ähnlichen Strafraumspieler im DFB-Dress harmonieren sollen. »Dabei habe ich nie daran gedacht, Gerd den Posten wegzunehmen. Neid und Missgunst sind mir fremd«, versichert Seeler noch 45 Jahre später. »Helmut Schön hat mich gefragt, ob ich als zweite Spitze hinter Gerd spielen will, und da ich immer gern gelaufen bin, habe ich zugesagt. Vorne drin gab es ja immer nur auf die Knochen«, sieht Seeler durchaus Vorteile in der Lösung, ihn als »hängende Spitze«, wie man heute sagt, einzusetzen.

Gerd Müller sieht sie jedoch nicht. Er schiebt die konfliktreiche Debatte im April 1969 selbst an, als Seelers Rückkehr schon im Schwange ist. Nach dem Länderspiel in Glasgow sagt er offen: »Wir brauchen Uwe Seeler nicht auf dem Weg nach Mexiko, denn dort spielt er ja sowieso nicht.« Eigentlich will er nicht provozieren, es ist auch kein Wink mit dem Zaunpfahl, es ist seine Meinung. Fußballer in den Sechzigern dürfen ihre eigene Meinung noch sagen, weil ihnen keine PR-Abteilung vorkaut, was sie besser nicht sagen sollten. Sie trifft auf ein lautes Echo.

Kicker-Redakteur Karl-Heinz Jens versucht zu deeskalieren und kommentiert im Juni ganz im Sinne Helmut Schöns: »Uns kann doch gar nichts Besseres widerfahren, als uns abwechselnd an Toren Seelers und Müllers zu erfreuen.« Doch in den ersten vier Spielen mit dem Nord-Süd-Sturm fallen nur Müller-Tore, und es zeigt sich, dass Müller und Seeler keinen Doppelpass spielen, weil der Münchner keinen Ball zurückgibt. Kann er nicht oder will er nicht? Müller beschwichtigt nach Seelers Comeback nach 17 Monaten Pause im September 1969: »Wenn wir öfters zusammen spielen, wird es auch zwischen uns beiden wieder besser klappen. Für die Zukunft kann man sich von dem Gespann Seeler-Müller wieder etwas erhoffen.« Und doch: Es knirscht. Seeler hat seine alte Rückennummer – die Neun – bekommen, die in der Zwischenzeit Müller geerbt hat. Es ist die Nummer des Mittelstürmers. Wer sie trägt, darf Ansprüche erheben.

Am 11. Februar 1970 dann verliert die Nationalelf in Sevilla gegen Spanien nach enttäuschender Leistung mit 0:2, und Helmut Schön hat plötzlich zwei neue Baustellen. Spielmacher Günter Netzer erklärt, über Schöns öffentliche Kritik erbost, seinen Rücktritt, und Gerd Müller lässt noch auf dem Rückflug im Gespräch mit Journalisten Luft ab: »Herr Schön muss sich nun mal entscheiden – Uwe Seeler oder ich!«

Die Fußballwelt ist in Aufruhr. Die hungrige Medien-Meute stürzt sich auf die Brocken, die ihnen zwei populäre Fußballer vor die Füße werfen. Die *Bild*-Zeitung geht am plakativsten vor: »Bomber Müller: Uwe oder ich!«, titelt sie auf Seite eins am 13. Februar 1970. Im *Hamburger Abendblatt* heißt es über Müller, Seelers Name laste »wie ein Alptraum auf seiner Tormacher-Seele«. Der *Kicker* fragt besorgt:

»Müller? Wird er falsch beraten? Erliegt er Einflüsterungen von außen, die ihn hemmen?« Seeler, mit der Gelassenheit des neun Jahre Älteren, findet, sie könnten sehr wohl »jederzeit zusammenspielen«, es sei alles eine Frage der Absprache. Müller aber vermisst Klartext von Schön und geht drei Tage später wieder in die Offensive: »Ich muss nicht unbedingt mit zur WM. Ich kann auch zu Hause bleiben und nur für Bayern München meine Tore schießen!« Sein Vorstoß, das ist ihm wichtig, richte sich nicht gegen Uwe Seeler: »Ich kenne und respektiere ihn als Spieler. Aber weder ihm noch mir ist damit gedient, wenn man nur um den heißen Brei herumredet. Ich muss einfach meine Meinung sagen!« Uwe Seeler tut es nun auch und nennt Müllers Äußerungen »Kinderkram«.

Die Aussprache erfolgt bei einem rein zufälligen Treffen im März auf der ISPO in München, wo Seeler auch öffentlich deutlich wird und an die Hausordnung erinnert: »Es kann nicht jeder einzelne Spieler eine Nationalmannschaft aufstellen. Das ist ganz allein Sache des Bundestrainers.«

Der Bundestrainer, ein Mann des Ausgleichs, ist nicht zu beneiden im Frühjahr 1970. Am Telefon fängt Schön Günter Netzer alsbald wieder ein, für Müller überlegt er sich etwas anderes: Im April spricht er ihn vor versammelter Mannschaft in der Frankfurter DFB-Zentrale an. Bewusst wählt Schön plötzlich das distanzierende Sie und sagt zu Müller: »Gerd, Sie sprechen immer von ›Uwe Seeler oder ich!‹. Sie wissen doch gar nicht, ob Sie selber dabei sind. Das wird sich erst noch entscheiden. Ich würde solche Äußerungen nicht machen.«

Lässt Schön etwa den Torschützenkönig zu Hause? Dass der Bundestrainer den Spieß umdreht, hat Müller nicht erwartet. Er schweigt betreten. Nach der Besprechung setzt sich Schön allein zu ihm, und nun sind sie wieder beim Du: »Gerd, hast du mich verstanden?«

Müllers Antwort kommt förmlich aus ihm herausgeschossen: »Ich hab'n Fehler gemacht!«

Schön klopft ihm auf die Schulter und sagt zufrieden: »Gerd, so ist es richtig!« In seinen Memoiren charakterisiert er seinen Stürmer treffend: »Seine Antworten kamen, wie er spielte: aus der Pistole geschossen, manchmal auch, ohne vorher zu überlegen. Er war so, wie er spielte, und er spielte, wie er war.«

Am 19. Mai 1970 besteigt die deutsche Nationalmannschaft am Frankfurter Flughafen um 9:22 Uhr die Lufthansa-Maschine nach Mexiko. Mit dabei sind Uwe und Gerd.

Traumhaftes Mexiko – Spiele und Tore für die Ewigkeit

Jupp Derwall hat einen Auftrag bekommen. Kurz vor dem Abflug nach Mexiko, er packt gerade in der Sportschule Barsinghausen die Materialkoffer, sucht ihn Helmut Schön auf. Er möge doch bitte die Zimmerbelegung für Mexiko aufstellen. Er habe das für Sepp Herberger auch immer machen müssen, »und jetzt mach du das mal schön«. Der Co-Trainer ist nicht begeistert über die verantwortungsvolle Aufgabe, schließlich weiß er, dass solche Entscheidungen für Konfliktpotenzial sorgen können und wohlüberdacht sein müssen. Zwei Menschen vier Wochen unter einem Dach, da ist schon viel kaputtgegangen, was einmal heile war. Derwall führt Gespräche, notiert Wünsche, schlägt sich zwei Tage und zwei Nächte um die Ohren und verbraucht Unmengen Papier. Die wichtigste Frage, die er sich stellt: wohin mit Uwe Seeler und Gerd Müller, den Kontrahenten, die auch nach seinem Eindruck »bis zuletzt offenbar Schwierigkeiten hatten, sich privat, aber auch im Spiel zu finden«? Würde eine übliche Zusammenlegung mit einem Klubkameraden nicht automatisch zu einer Lagerbildung führen? Hier die Uwe-Fans, da die Gerd-Fans? Dann kommt Derwall der geniale Einfall – »der Morgen graute bereits, als ich die Dusche betrat« –, sie zusammenzulegen. Zunächst geht er zu Seeler und fragt ihn, »ob es nicht möglich wäre, wenn du und der Gerd in einem dieser Parterre-Bungalows zusammenwohnen würdet«. Seeler soll gegrinst haben bei seiner Antwort: »Also wenn der Gerd das möchte, dann wäre ich sofort dabei.« Das ist schon mal mehr als die halbe Bungalow-Miete. Derwall hastet nun in Müllers Zimmer und erwischt den »Bomber« beim Kofferpacken, spricht mit ihm über Gott und die Welt, die Höhe und die Hitze in Mexiko, den langen Flug. Müller sagt fast nichts, zuweilen murmelt er etwas. Derwall spürt: Er muss zum Punkt kommen. Dreist behauptet er unvermittelt, Seeler wolle mit ihm auf ein Zimmer. Derwall erinnert sich in seinen Memoiren so an Müllers Reaktion: »Er sprang sofort auf, lief einige Schritte hin und her, drehte sich um und sagte ungläubig: ›Ist das wahr, ist das wirklich wahr?‹ Ich konnte das nur bestätigen und fügte hinzu, dass Uwe das nur machen würde, wenn auch er, Gerd Müller, damit einverstanden wäre.« Es fallen aus Müllers Mund laut Derwall angeblich Worte wie »einmalig«, »wunderbar« und »toll«, und wieder fragt er, »ob der Uwe das auch wolle und so tatsächlich gesagt hätte«. Nun ja ...

Jupp Derwall, der spätere Bundestrainer, hat dem Glück etwas nachgeholfen. Müller und Seeler finden auf jeden Fall in Zimmer 15 im paradiesischen »Hotel Balneario de Comanjilla«, einem beliebten Urlaubsdomizil für Mexikos Millionäre nahe des Vorrunden-Spielorts León, auch privat zusammen. Ein jeder im Glauben, der andere wolle das so. Seeler erfährt das erst 2015 und muss herzlich lachen. Doch es tut seinen Erinnerungen an vier wunderbare Wochen »und eine dolle Zeit« keinen Abbruch. Die Betten stehen zwei Meter auseinander, sie haben einen Blick ins Grüne und »keine Zeit für Langeweile«. Auch wenn Seeler Müllers größtes Hobby nicht teilen kann, »ich bin kein Kartenspieler«.

Müller erzählt 1975: »Was wir allein im stillen Kämmerlein einander sagten, für die Zukunft planten! Das alles gab mir Werte, die mein Leben für die Zukunft bestimmen sollten.« Konkret ist er leider nicht geworden, man hätte es gern gewusst. Nicht zuletzt die Harmonie auf Zimmer 15 trägt allerdings dazu bei, dass jeder, der Gerd Müller je zu seinen WM-Turnieren befragt hat, stets zur Antwort erhalten hat: »Mexiko war die schönere WM.«

Unter der sengenden Sonne von Mexiko wird die deutsche Fußballgeschichte um einige Mythen bereichert und Gerd Müller zum »Bomber der Nation«. Nach einem Rumpelstart gegen Marokko, in dem das neue Traumpaar mit je einem Tor für einen schmeichelhaften 2:1-Sieg sorgt, richtet der *Kicker* noch hart: »Mit dem Bundesliga-Torjäger ist zur Zeit kein Staat zu machen ... erschreckend die Mängel an Ballbeherrschung und Beweglichkeit.« Aber dann beginnen die Müller-Festspiele. Er zelebriert sie mit Rückennummer 13. Schön nimmt nun den Schalker Flanken-Gott »Stan« Libuda ins Team, und der serviert Müller Vorlagen wie am Fließband. Der »Bomber« sieht sich bestätigt: »Ich hab immer dafür plädiert: Wir müssen mit echten Flügeln spielen!« Sowohl beim 5:2 gegen Bulgarien als auch beim 3:1 gegen Peru trifft Müller dreimal, gegen die Peruaner innerhalb von 19 Minuten – es ist der bis dahin schnellste WM-Hattrick aller Zeiten. »Müller knallt jetzt alle um«, wechselt auch das

Fachblatt *Kicker* in den Boulevard-Jargon. Niemand fragt mehr, wie das mit Seeler und Müller gehen soll, denn es funktioniert viel besser als gedacht. Seeler erklärt das Thema endlich für beendet: »Es gibt kein Problem Seeler-Müller, heute weniger denn je.« Wie zum Beweis sieht man sie in León Arm in Arm vom Feld gehen. Die Fakten sprechen für sich: Müller hat nach der Vorrunde die meisten Tore bei dieser WM erzielt, und Seeler bekommt ein Sonderlob von Schön: »Ich möchte einem Spieler besonders danken, es ist einer unserer älteren, Uwe Seeler. Er hat in Abwehr und Angriff Großartiges geleistet.« Gladbachs Meistertrainer Hennes Weisweiler analysiert: »Der unermüdliche Uwe Seeler wurde zum Ballschlepper im Mittelfeld und gab damit Gerd Müller freien Raum. Fast zwangsläufig schoss der Münchner die meisten Tore der Vorrunde.« Seeler sagt den im DFB-Quartier wohnenden Reportern, die Schön hinter einer »gedachten Linie« auf Abstand hält: »Die Rolle gefällt mir, da kann ich mich austoben. Wer die Tore schießt, ist doch letztlich egal.« Müller ist das nie egal, also sagt er es auch nicht. Sagen soll er trotzdem viel, auch gegenüber der Auslandspresse. Gerd Müller, der nicht mal ein Wort Englisch spricht, schickt da lieber seinen Namensvetter von der *Bild*-Zeitung vor, dem er vertraut. Klaus Müller erinnert sich: »Er hat mich autorisiert, in seinem Namen zu sprechen. ›Mach du des‹, hat er gesagt. Das ging nur, weil wir uns wirklich verstanden. Ich habe gewusst, wie er gedacht hat.«

Erstmals gewinnt Deutschland bei einer WM alle Vorrunden-Spiele, Schön erlaubt ein Glas Sekt zum Abendessen, und zum Dank werfen ihn die Bremer Horst-Dieter Höttges und Max Lorenz in den Swimmingpool. Gerd Müller würde so etwas nie tun, Streiche sucht man in seiner Vita vergeblich, und auch Uwe Seeler vermag sich nicht zu erinnern, je von ihm geärgert worden zu sein. Beliebt ist Müller trotzdem. Das Herz der Mannschaft schlägt auf Zimmer 15. Allabendlich treffen sich Spielergruppen auf der Terrasse des »Bomber-Bungalows« und diskutieren Erlebtes und Kommendes. »Bei Gerd Müller war die Schaltzentrale«, erinnert sich Willi Schulz, der Ausputzer der Nation.

Müllers Streiche auf dem Spielfeld hingegen werden registriert, die Welt wird aufmerksam. Vor dem Viertelfinale gegen den alten Rivalen England sagt der große Bobby Charlton: »Dass die Deutschen in Müller einen derart außergewöhnlichen Torjäger haben, ist mir erst hier in Mexiko klar geworden.«

Als sich Müller an einer harten Brotkruste verbeißt und ein Stück vom Zahn verliert, muss er nach León zum Zahnarzt. Dr. Gustavo Rodriguez fühlt sich dermaßen geehrt, dass er von ihm partout kein Geld annimmt. Die Deutschen genießen in Mexiko allgemein hohe Sympathien. Und die Heimat fiebert sowieso mit, stärker denn je. Mexiko sieht die ersten »richtigen« Fernsehspiele, denn man sieht die Kicker jetzt nicht mehr nur live, sondern auch in Farbe. Dem Fernsehen zuliebe finden die Spiele zur Mittagszeit statt, in Europa haben die Menschen da Feierabend. Gegen England erfolgt der Anpfiff um zwölf Uhr mittags, und vielleicht hat Gerd Müller an einen seiner geliebten Western mit Gary Cooper und Grace Kelly gedacht. In *12 Uhr mittags* siegt der Gute, wie wird es in León sein? Wer bleibt auf der Strecke in dem Duell um Leben und Tod bei dieser WM? Lange sieht es nach den Deutschen aus. Kurz nach der Pause führt der amtierende Weltmeister England mit 2:0, es scheint nichts zu werden mit der Revanche für das verlorene Finale in Wembley, die Seeler im Kabinengang Bobby Moore noch androht (»today is our Wembley!«).

Müller hat wieder einen resignativen Moment, als er während einer Unterbrechung neben Beckenbauer steht: »Franz, jetzt können wir die Koffer packen und am Mittwoch heimfliegen.« Die englische Mannschaft hat in fast 90 Jahren noch kein Spiel nach 2:0-Führung verloren, außerdem ist es heiß, die Beine sind schwer, und Müller macht keinen Stich gegen die hochgewachsenen Verteidiger.

Franz Beckenbauer aber vertreibt die bösen Geister, sein Anschlusstreffer aus 20 Metern Entfernung wirkt auf das Team wie eine Vitaminspritze. Der Mythos von der Turniermannschaft Deutschland, die nie aufgibt, erhält an diesem glühend heißen Sonntag neue Nahrung. Uwe Seeler köpft sein berühmtestes Tor, mit dem Hinterkopf und ohne Absicht. Verlängerung. In der kurzen Pause, erinnert sich Helmut Schön, schreit Müller »mit irrem Blick: ›Die packen wir!‹«

Dabei können sie alle nicht mehr, aber sie müssen noch mal 30 Minuten gehen. Die Ärzte verabreichen Salztabletten gegen den Substanzverlust. Müller nimmt trotzdem neun Pfund ab, aber sein Tor-Konto wächst wieder an. Nur das zählt. In der 108. Minute ist er zur Stelle, als der Kölner Johannes Löhr den Ball in den Fünf-Meter-Raum köpft. Der Mann, der als Kind in Turnen immer eine Eins mit nach Hause gebracht hat, reißt das rechte Bein blitzschnell hoch, es bildet mit dem linken einen rechten Winkel. Beide Beine schweben über dem Boden. Seine Mimik zeigt Entschlossenheit. Das Foto, das in diesem Moment entsteht, gehört zu den bekanntesten von Gerd Müller. Ästhetik und Ausdruck spielen einen Doppelpass. Es ist wieder so ein Bild zum Einrahmen. Auch weil es sein 25. Länderspiel-Tor dokumentiert. Müller sagt: »So ein Jubiläumstor muss man einfach als das schönste seiner Laufbahn bezeichnen.« Noch an seinem 60. Geburtstag findet er, dies sei »mit mein schönstes Tor« gewesen. Und mit sein wichtigstes im Nationaltrikot. »Ich hab's gewusst, ich hab's gewusst«, brüllt er wie von Sinnen.

Zwölf Minuten später pfeift der Schiedsrichter ab, Deutschland ist im Halbfinale, und Müller hat es möglich gemacht. Wer sonst?

Eine englische Zeitung schildert das Tor so: »... und da war dann der »Bomber«, der schreckliche Müller, genau an der richtigen Stelle, um den Ball an Bonetti vorbeizuknallen.« Helmut Schön spricht von einem »der größten Spiele der deutschen Nationalmannschaft überhaupt«, die Weltpresse überschlägt sich, vom »Spiel des Jahrhunderts« ist gar die Rede. Aber das kommt erst noch.

Nach vier siegreichen Spielen muss der DFB-Tross sein lieb gewonnenes León verlassen, um in Mexico City das Halbfinale mit Italien zu bestreiten. Die Italiener haben einen Tag länger Pause gehabt, und reisen müssen sie auch nicht. Sie sind klar im Vorteil, auch wenn sie das ganze Stadion gegen sich haben. Ihr Verbrechen: Sie haben Mexiko aus dem Turnier geschossen. Und ihr unattraktiver Stil. Normal reicht ihnen ein Tor, um zu gewinnen. Die Vorrunde beenden sie mit dem Torverhältnis von 1:0. Ihr defensives Spielsystem, der Catenaccio, verhilft italienischen Klubmannschaften zu internationalen Erfolgen und der Squadra Azzurra zum EM-Titel 1968. Als sie im Halbfinale schon nach acht Minuten in Führung gehen, richten sich die Zuschauer auf ein Spiel ohne viele Höhepunkte ein. Normal schaukeln Italiener so etwas über die Zeit. An diesem 17. Juni 1970, in Deutschland ist Feiertag, ist jedoch nichts normal. Auch wenn es lange danach aussieht. Deutschland stürmt, Italien verteidigt, der Schiedsrichter Yamasaki aus Peru übersieht die klarsten Fouls an den Schön-Schützlingen – und ahndet die Schauspielleistungen des Gegners nicht. »Burgnich ist soeben verstorben, sehe ich. Nein, er steht wieder auf«, lästert Radio-Reporter Kurt Brumme.

Helmut Schön gibt einem Agentur-Journalisten bereits ein Interview, als in der Nachspielzeit eine letzte Flanke von Jürgen Grabowski in den Strafraum fliegt.

Karl-Heinz Schnellinger, der in Mailand spielt, wirft sich mit langem Bein voraus in die Flugbahn und trifft. Er hat noch nie ein Tor geschossen und wird es auch nie wieder tun. »Ausgerechnet Schnellinger, werden die Italiener sagen«, jauchzt ARD-Reporter Ernst Huberty. Verlängerung. In Deutschland ist es 0:45 Uhr. Bühne frei für das größte WM-Spiel aller Zeiten, jedenfalls wird man es 1999 offiziell durch eine FIFA-Jury dazu küren. Fünf Minuten sind wieder gespielt, dann schlägt Müller endlich zu. Ein Italiener versucht eine Rückgabe mit der Brust, doch sie misslingt. Müller spritzt dazwischen und mogelt den Ball über die Linie. Mit maximal zwei Stundenkilometern trudelt er ins Tor, er verendet schier auf dem Weg und schafft es nicht mal bis ins Netz. Nicht minder berühmt als dieses Tor ist Hubertys trockener Kommentar: »Meine Damen und Herren, wenn Sie jemals ein Müller-Tor gesehen haben, dann jetzt.« Gerd Müller hat es nach eigenen Angaben selbst nie mehr gesehen: »Immer wenn das Spiel noch mal im Fernsehen kommt, dann mach ich aus!« Aus Ärger über das, was noch kommt. Weil Siggi Held, Stürmer wie er, vier Minuten später im eigenen Strafraum herumspringt und einen fatalen technischen Fehler macht, der Italien zum Ausgleich verhilft. Es ist die Schlüsselszene des Spiels. Der so friedliebende Müller hat bei jeder Gelegenheit betont, dass er es Held regelrecht verübelt hat. »Wenn ich daran zurückdenke, könnte ich dem Siggi noch immer in den Hintern treten«, gesteht er 2003. Weil das Spiel nun wieder in die andere Richtung kippt: Italien führt nach einem Fernschuss von Luigi Riva nach 104 Minuten 3:2. Und die Deutschen sind quasi in Unterzahl, Beckenbauer schleppt sich nur noch übers Feld, den Arm in der Schlinge. Noch einmal raffen sie sich auf. Uwe Seeler legt nach einer Ecke per Kopf auf für Müller, und der wischt den Ball mehr, als er ihn drückt, mit den Haaren ins Tor. 3:3. Das Publikum rast. Wer sich nun in der Heimat ein Bier aus dem Kühlschrank holt, verpasst die Entscheidung: Denn 14 Sekunden später drückt Gianni Rivera den Ball flach zum vierten Mal ins deutsche Tor ein. Und nun kommen sie nicht mehr zurück. Abpfiff.

Im ersten Moment ist es kein Trost, Großes geleistet zu haben. Sieger und Verlierer fallen ermattet zu Boden. Overath und Vogts weinen, Grabowski muss gestützt werden, Müller schimpft: »Der Schiedsrichter hat uns das Spiel verloren!« Eine Ansicht, die die Deutschen auch frisch geduscht noch vertreten. Der Traum vom WM-Titel ist aus, aber die Heimat trotzdem stolz, und sie erfüllt den Wunsch der *Bild*-Zeitung:

»Empfangt sie wie Weltmeister!« Dabei sind sie »nur« Dritter. Beim 1:0 gegen Uruguay geht Gerd Müller zum einzigen Mal leer aus. Einerlei, er wird mit zehn Toren WM-Torschützenkönig und erhält eine goldene Uhr im Wert von 2000 Mark.

Die Mailänder Zeitung *Forza Milan* kommentiert: »Der junge Gerd hat sich die Haare lang wachsen lassen und sein Ränzlein reduziert; man erkennt ihn kaum wieder, aus ihm ist ein wahrer Satan geworden. Nicht mehr zu vergleichen mit dem vernebelten Büffel aus den beiden Europacup-Spielen gegen Milan.«

Lob aus der Fremde, aber zu Hause hat er immer noch Kritiker. Doch auf einen Schmähbrief in der *Sport-Illustrierten*, in dem Müller als Kreisklassen-Kicker abqualifiziert wird, der selbst nicht wisse, warum er so oft treffe, folgt der Abdruck einer Replik, die von sechs Männern unterzeichnet ist. Müller sei ein »Goldjunge«, der Brief habe ihnen den ganzen Urlaub verdorben. Im Sommer 1970, so viel ist sicher, sind die Müller-Freunde in großer Überzahl. Nach der Landung werden die Nationalspieler im offenen Wagen durch Frankfurt gefahren, 60 000 Menschen säumen ihren Weg. Müllers Beisitzer heißen Schön und Seeler. Ein letztes Mal demonstrieren sie Einigkeit, und es ist keine Komödie. »Dass Seeler und Müller an einem Strick zogen, darf man wohl als ein Meisterstück von Schön bezeichnen«, erkennt auch Frankreichs Sportblatt *L'Equipe*. Und zum ersten Mal steht Müller auf dem Rathaus-Balkon des Frankfurter Römers, wo er nun auch von Menschen gefeiert wird, die nicht unbedingt Fans von Bayern München sind. Sie feiern ihn, weil er jetzt der »Bomber der Nation« ist. Vor ihm war das Uwe Seeler, den die *Bild*-Zeitung schon im Juni 1968 so titulierte. In Bezug auf Müller wird die Bezeichnung nachweislich schon vor der WM in Mexiko von *Bild* gebraucht, so am 26. Februar 1970. Urlaub macht Müller trotzdem in einem anderen Land – Italien. In Riccione, wie immer, seit Uschi ihm sagt, wo es langgeht.

5

Glory Days – in die Goldenen Siebziger

Jedem seinen Skandal

Was er in Mexiko geleistet hat, wird Müller gewiss erst in den nächsten Wochen bewusst. In Nördlingen wird die ganze Bayern-Mannschaft, die danach vier Kilometer entfernt in Pflaumloch ein Spiel absolviert, im Rathaus empfangen, und sogar Mutter Karoline erhält Applaus von den Spalier stehenden Bürgern.

Adidas bringt einen »Gerd-Müller-Schuh« auf den Markt, in der *Kicker*-Rangliste schafft er es im Sommer 1970 erstmals in die Rubrik »Weltklasse«. Ende Juli erhält er zum dritten Mal die Torjägerkanone, er könne bald »ein Armee-Museum aufmachen«, witzelt der *Kicker*. Und vom FC Bayern gibt es einen Weinkrug.

In der Bundesliga wird er jetzt besonders hart rangenommen, und in Liverpool wird ihm ein Zahn ausgeschlagen. Präsident Wilhelm Neudecker appelliert: »Es darf nicht so weit gehen, dass man Müller zum Freiwild erklärt.« Fünf Stunden Spielzeit vergehen bis zu seinem ersten Saisontor, die Mannschaft und ihr neuer Trainer müssen sich erst finden. Mit Paul Breitner und Uli Hoeneß sind gleich zwei Studenten neu zum Team gestoßen, die sogar in einer neumodischen Lebensform namens WG zusammenwohnen. Auch Charly Mrosko und Edgar Schneider haben Abitur, Rainer Zobel macht es gerade. Nicht nur Gerd Müller wundert sich über den intellektuellen

Schub im Kader, Fußballer in den Siebzigern haben eigentlich kein Abitur. Hauptsache, sie können Schafkopf spielen. Nur bitte nicht so gut wie er.

Im September erhält Müller den Goldenen Schuh für Europas besten Torjäger in allen ersten Ligen des Kontinents, den Uschi für den da gerade verletzten Gatten in Paris abholt. Im Oktober bekommen die Mexiko-Fahrer das Silberne Lorbeerblatt, und Gerd Müller schüttelt Bundeskanzler Willy Brandt die Hand. Bei der Wahl zum Sportler des Jahres kurz vor Weihnachten wird er Fünfter. Ganz vorne steht diesmal ein Schwimmer, Hans Faßnacht. Am Jahresende dann wird er von 30 internationalen Journalisten als erster Deutscher zu Europas Fußballer des Jahres gekürt. 78 Punkte erhält er, Bobby Moore (69) und Gianni Riva (65) schaffen es noch aufs Podium. Dann erst kommt der »Kaiser« (32).

Es ist eine Auszeichnung, auf die Müller unsagbar stolz ist. Nur in Deutschland wählen sie einen anderen Fußballer: Uwe Seeler. Das ist aber mehr eine Würdigung für dessen Opferbereitschaft am Abend der Karriere. Was der Hamburger in Mexikos Hitze mit 33 geleistet hat, nötigt allen Respekt ab.

Gerd Müller wird Zweiter und fühlt sich dabei als erster Verlierer. Er knurrt *Kicker*-Redakteur Walter Setzepfandt an: »Ihr habt mich betrogen!« Er findet, mehr als WM- und Bundesliga-Torschützenkönig ginge doch nicht. Eine nachvollziehbare Haltung für jemanden, dem es immer nur um eins geht: Tore schießen.

In der Hinsicht kann Gerd Müller in der Nach-WM-Saison jedoch nicht zufrieden sein. Er erzielt nur 22 Tore und wird auch hier Zweiter – hinter dem Oberhausener Mittelfeldspieler Lothar Kobluhn. Es ist eine von vielen Merkwürdigkeiten der Spielzeit 1970/71, die eine ganz besondere in der Bundesliga-Historie wird. Denn sie endet im Skandal, und die Liga verliert ihre Unschuld. Im Abstiegskampf werden Spiele verschoben und Meineide geschworen, es gibt Sperren, Punktabzüge, Lizenzentzüge und einen Zwangsabsteiger. Der DFB und ordentliche Gerichte brauchen letztlich sieben Jahre, um jeden Fall abzuschließen, was nicht immer mit »klären« gleichzusetzen ist. Manches wird wohl nie herauskommen. Weil auch RW Oberhausen aktiv in die Manipulationen eingreift, wird Kobluhn die »Kanone« nicht ausgehändigt. Und Gerd Müller straft ihn mit Nichtachtung, »der hat mich nicht mal angeguckt«, erinnert sich der zu Unrecht ins Zwielicht geratene Sieger.

Dabei versichert Kobluhn: »Ich habe mir nie eingebildet, Deutschlands Torjäger Nummer eins zu sein. Der heißt auch für mich immer noch Müller.«

Auch im Titelkampf geht es nicht ganz reibungslos zu. In Mönchengladbach bricht im April ein Torpfosten, was die Borussia zwei Punkte kostet, obwohl es bei Spielabbruch gegen Werder Bremen 1:1 steht. Aber es bringt sie nicht um die Meisterschaft, denn die verteidigt sie am letzten Spieltag, vor dem die Bayern noch Tabellenführer sind. Denen fehlt jedoch im entscheidenden Spiel in Duisburg ausgerechnet Gerd Müller. Denn die Bayern haben 1971 ihren eigenen Skandal fernab aller Mauscheleien um Punkte.

Er beginnt am 7. Januar 1971 im fernen Lima, wohin es den »Zirkus Schwan« in der Winterpause verschlagen hat. Bundesliga-Fußballer haben damals keine Winterpause, nicht, solange die Vereinskasse nicht voll ist.

An diesem Tag also spielen die Bayern gegen Universitario de Deportes aus Lima. Vor 40 000 Zuschauern. Die lokalen Zeitungen sind voll, von der »Rache für León« ist die Rede. Bei der WM hat Müller gegen Peru alle Tore geschossen, nun wollen sie noch etwas Genugtuung. Daher geht es hoch her auf dem Platz, ein Peruaner verpasst Zobel eine »Rechte«, Müller schubst den Täter weg. Wie heftig und wie schmerzhaft, das wird nie geklärt. Jedenfalls sieht Beschützer Müller Rot, wenig später auch Mrosko. So steht es im Schiedsrichterbericht und in den Zeitungen. Die Bayern jedoch bringen aus Angst vor einer Sperre für ihre Stürmer eine andere Wahrheit in Umlauf. Manager Schwan bestreitet die Platzverweise und lässt wissen, Lattek habe die vermeintlichen Täter ausgewechselt, »um die Begegnung zu entschärfen«. Präsident Neudecker versichert, bei Abpfiff hätten elf Bayern auf dem Platz gestanden. Was man halt so versucht in Zeiten, da es noch nicht von jedem Test-Kick TV-Bilder gibt.

Das Problem ist, dass der DFB durch den Wirbel und die widersprüchlichen Aussagen aufmerksam wird und den Schiedsrichterbericht vom Verband anfordert. Er muss das nicht tun, denn Platzverweise in internationalen Testspielen gelten oft lediglich als Kavaliersdelikt. Für Günter Netzer hatte es nicht mal nach einem Länderspiel in Chile Folgen. Und Perus Verbandspräsident Valdiva signalisiert: »An den Platzverweisen gibt es keine Zweifel, aber wir werden dem DFB keine Meldung machen, es war ja ein Freundschaftsspiel, und den Deutschen soll daraus kein Schaden entstehen.«

Der entsteht dann aber dennoch. Bei Müller und Mrosko ermittelt der DFB gnadenlos, von Bayern-Bonus keine Spur. Es wird eine Posse, die sich vier Monate hinzieht. Warten auf den Bericht aus Peru, Warten auf den Schiedsrichter Labo, der als Zeuge geladen ist und doch nicht kommt. Die Post landet mittlerweile an der Säbener Straße, wo der FC Bayern im Mai 1971 sein neues Vereinsheim samt Geschäftsstelle beziehen kann. Bisher haben sie dort nur trainiert. Die Zeit der »Holzhäusel« ist vorbei, der FC Bayern kommt in der Moderne an.

Wer nicht ankommt, ist Herr Labo aus Peru. Die Verhandlungstermine in der Causa Lima werden immer wieder verschoben, dann, am 24. Mai 1971, nach dem 32. Spieltag, kommt endlich das Urteil: acht Wochen Sperre für Müller, drei für Mrosko. Der Verein legt ein Gnadengesuch ein. Müller verleiht dem auf seine Weise Nachdruck und droht in erster Erregung seinen Rücktritt aus der Nationalelf an, die er im Frühjahr 1971 in Tirana und Istanbul noch zum Sieg geschossen hat.

Und siehe da: Die Sperre wird halbiert und endet am Tag vor dem Pokalfinale, in dem er wieder mitwirken kann. Aber die Meisterschaft ist futsch, denn im letzten Spiel in Duisburg sitzt Müller in Zivil auf der Bank und hört im Radio, wie Gladbach am FC Bayern vorbeizieht. Den Pokal aber gewinnen sie, beinahe wie immer seit dem Aufstieg. Beim 2:1 gegen Köln geht Müller zwar leer aus, aber zuvor, im Achtelfinale gegen Kaiserslautern, schießt er alle Tore zum 5:0. Und die Freude über seinen größten Treffer im Leben überdeckt ohnehin alles. Am 22. Mai kommt Tochter Nicole zur Welt, während der Papa in Bremen arbeiten muss. Die Bayern gewinnen nicht, trotzdem gibt es auf dem Rückflug Sekt. »Gesund ist sie und fast sechs Pfund schwer«, lässt Müller die Reisegesellschaft wissen und spendiert eine Runde.

Bald kauft er sich ein neues Auto, einen roten Mercedes 350 SL, denn »da haben drei Personen besser Platz«. Es ist sein viertes Gefährt, begonnen hat es mit einem VW. Uschi fährt einen Fiat 128.

Ein sportlich turbulentes, eher durchwachsenes Jahr endet privat äußerst glücklich. Das macht milde. Natürlich spielt er weiter für Deutschland. Zum Glück.

Lange Haare, kurze Leitung – Rekorde für die Ewigkeit

Mit einem Schnurrbart, langen Haaren und 72 Kilo geht Gerd Müller in seine Rekordsaison. Er wird seinen Western-Helden immer ähnlicher. Auch ballert er wie nie zuvor. Der leichteste Müller aller Zeiten schießt 1971/72 so viele Tore wie kein anderer in der Liga-Historie – 40! Dabei verschießt er in der Vorrunde noch drei Elfmeter und erklärt seinen Rücktritt als Elfmeterschütze. Vorläufig. Als Fans ihn ermutigen, lässt er sich schließlich erweichen und trifft im Europacup gegen Pilsen. Den nächsten Elfer verschießt er dann wieder. Der Mann der unmöglichen Tore hat offenbar plötzlich Probleme mit den vermeintlich leichten. Doch es ist der einzige sportliche Misston einer Super-Saison.

Sind es die verlorenen Pfunde oder ist es das private Glück, das ihn beflügelt? Oder – nicht ganz von der Hand zu weisen – sind es seine prächtigen Mitspieler? Die Mannschaft des FC Bayern begeistert auf ihrer Abschiedstournee an der Grünwalder Straße die Massen. Am Saisonende erfolgt dann der Umzug ins Olympiastadion. Man spricht jetzt nicht mehr nur von der »Achse« Maier-Beckenbauer-Müller, neue Sterne gehen auf. Vorstopper Hans-Georg Schwarzenbeck, den alle »Katsche« nennen, obwohl keiner den Grund weiß, etabliert sich als »Putzer des Kaisers« auch in der Nationalmannschaft. Der vielseitige Linksverteidiger Paul Breitner und der offensive, pfeilschnelle Mittelfeldspieler Uli Hoeneß werden in jener Saison ebenfalls Nationalspieler. Aus sechs Spielern besteht der Münchner Block jener Tage, Verein und Nation kommt die Glanzform dieses Sextetts zugute. Mit 101 Toren knackt der FC Bayern eine magische Marke – noch immer unerreicht, während Müllers 40 Treffer erst im Mai 2021 von Robert Lewandowski um einen übertroffen wurde. An Müllers Leistung erinnert das Vereinsmuseum, die Erlebniswelt, noch im Sommer 2015 in Form von 101 Bällen, die an der Decke hängen. 40 davon sind rot-weiß und symbolisieren Müllers Anteil am Torfestival.

Gegen Borussia Dortmund feiert die Mannschaft am 27. November 1971 den höchsten Bundesliga-Sieg der Klub-Geschichte: 11:1! Müller trifft viermal, heftig bejubelt unter anderem vom Nördlinger Helmut Wurm, der es auch bei diesem Spiel wieder auf die Ersatzbank der Bayern geschafft hat. In Hamburg bringt Müller die Uwe-Schreier mit einem Hattrick binnen elf Minuten zum Schweigen, und gegen Oberhausen (7:0) schnürt er seinen ersten Fünferpack. Sein Kommentar: »Heute muss ich mich einmal selbst loben.« Beim 6:3 gegen Frankfurt passiert er die 40-Tore-Marke, und Gäste-Trainer Erich Ribbeck sagt: »Ich würde zwei Beckenbauer gegen einen Müller tauschen.« Beckenbauer meint: »Wir sind froh, dass wir ihn haben. Es gibt keinen gefährlicheren Stürmer auf der Welt.« Auch »Tschik« Čajkovski stimmt als Tribünengast in die Lobgesänge ein, da stößt ihn Walter Fembeck von der Seite an: »Weißt du noch, was du damals gesagt hast? ›Diese junge Mann hat dicke Beine, unmöglich!‹«

Das letzte Saisonspiel ist dann die Bundesligapremiere im Olympiastadion, und es ist zufällig auch ein Finale um den Titel. 80 000 Zuschauer sind Augenzeuge beim Duell Erster gegen Zweiter, auch wenn den Bayern gegen den vom Skandal geschüttelten, aber nicht erschütterten Verfolger Schalke 04 ein Punkt reicht. Sie gewinnen aber sicherheitshalber 5:1, und alle Welt wundert sich, wie das möglich gewesen sein kann ohne ein Müller-Tor. Gerd Müller aber hat in dieser Saison seine Pflicht längst übererfüllt.

Denkmalschutz für den Europameister

Für Deutschland erzielt er 1971/72 in neun Spielen 14 Tore. Drei beim 5:0 gegen Mexiko, zwei beim 3:1 in der EM-Qualifikation in Polen, als der *Kicker* titelt: »Wenn der Müller nicht wär ...«

Ende April 1972 trifft er beim legendären ersten deutschen Sieg in Wembley gegen die Engländer zum entscheidenden 3:1, was die Teilnahme an der EM-Endrunde sichert. Ein Glanzstück ist sein Viererpack bei der Einweihung des Olympiastadions am 26. Mai gegen die UdSSR (4:1), als er Uwe Seeler als Rekordtorjäger der Nation ablöst. Auch gegen Uli Hoeneß, der ihm ein Tor streitig machen will, setzt er sich durch. Stadionregie und Zeitungen melden Hoeneß, Gerd aber insistiert, und die TV-Aufnahmen beweisen, dass er im Recht ist. Das Mitleid für den nassforschen Hoeneß hält sich in Grenzen.

In Belgien sieht die Welt im Juni die vielleicht beste deutsche Nationalmannschaft aller Zeiten – und einen sagenhaften Müller. Mit zwei Toren gegen die Gastgeber schießt er die DFB-Elf allein ins Finale. »Die Beine von Müller sollte man vergolden, was der alles für Tore schießt!«, sagt Belgiens Trainer Raymond Goethals. Die *Bild*-Zeitung ist derart begeistert, dass sie Müller am 16. Juni 1972 eine Sonderseite widmet. Sie verspricht »alles über Gerhard Müller, genannt Bomber der Nation«. Die in der Eile zusammengeschusterten Artikel stiften jedoch Verwirrung bei Müller-Forschern, denn sämtliche Zahlen und diverse Fakten zu seiner Vita sind falsch. Journalisten in den Siebzigern haben eben noch kein Internet, aber Leser auch nicht. Die einen können schreiben, was sie wollen, die anderen müssen es glauben. Eine Behauptung aber stimmt: OB Hermann Keßler will Müller tatsächlich ein Denkmal errichten, auf dem Hof der neuen Grundschule »soll eine Statue eines Sportlers entstehen. Sie soll nach Gerd Müller stilisiert werden.« Aber Müller ist davon nicht begeistert und legt sein Veto ein. Ein Denkmal für einen 26-Jährigen – das kollidiert frontal mit seiner Bescheidenheit.

Und doch tut er weiterhin alles für seinen Nachruhm. Am 18. Juni 1972 stößt Deutschlands Fußball vor der Kulisse des Brüsseler Atomiums in eine neue Galaxie vor. Von »Fußball 2000« ist die Rede in der Weltpresse. Das Finale gegen die chancenlosen Russen gerät zur Demonstration spielerischer Extraklasse, zelebriert vor allem von Beckenbauer und Netzer. Ohne Müllers Tore wäre allerdings alles brotlose Kunst gewesen, aber er trifft, wie er will, im Superjahr 1972. Zwei Mal auch beim 3:0 gegen Russland, und sein Torhunger ist so groß, dass er dem braven Katsche Schwarzenbeck bei einem seiner seltenen Vorstöße den Ball im Fünf-Meter-Raum abnimmt und ihm ein Tor klaut.

Das Spiel endet im Chaos, alkoholisierte oder sonst wie berauschte deutsche Fans stehen zu Hunderten am Seitenrand, einige stürmen sogar das Feld. Es droht der Abbruch, Sepp Maier schleift einen Übermütigen am Kragen vom Feld. Mit Abpfiff fliehen die Spieler hinter die Absperrungen für die Siegerehrung, der große Moment wird erheblich getrübt. Die Empörung über das Verhalten deutscher Fans ist allgemein groß, nur nicht bei Müller: »Wenn die schon so weit mit den Bussen herfahren, zehn, zwölf Stunden, dann muss man ihnen auch mal was verzeihen.« Eine pädagogisch bedingt wertvolle Ansicht, die seiner Popularität jedoch keinen Abbruch tut. Zu steigern ist die ohnehin kaum. Am Jahresende wählen ihn die Leser der *Sport-Illustrierten* zum populärsten deutschen Sportler, und er wundert sich: »Die Leut kennen mich doch nur samstags, wer weiß schon, wie ich wirklich bin?«

Der Fußballer jedenfalls ist einmalig. Er hat nun als Erster die 50-Tore-Marke in Länderspielen passiert. Inklusive Freundschaftsspielen, Einsätzen in der Weltauswahl und der Halle kommt Müller 1971/72 bei 100 Einsätzen auf 151 Tore. Einmalig, selbst für ihn. Zum dritten Mal in Folge stuft ihn der *Kicker* daher in der Weltklasse ein. In Europas ersten Ligen hat niemand mehr Tore erzielt. Gerd Müller ist auf dem Gipfel seiner Leistungsfähigkeit. Und er ist begehrt.

Fluchtpläne – der »Bomber« wird zum Rebellen

Robert Schwan hat einen Korb bekommen. Seit 1966 bereits vertritt der Bayern-Manager in einer heiklen Doppelrolle auch Superstar Franz Beckenbauer in geschäftlichen Dingen, sprich, er verschafft ihm einträgliche Werbeauftritte. Da nun mit Gerd Müller ein zweiter Fixstern am Münchner Fußballhimmel leuchtet, bietet Schwan auch ihm seine Dienste an. Die Antwort aus dem Hause Müller klingt fast kriegerisch: »Wir sind nicht angewiesen darauf, von den Krümeln zu leben, die von Beckenbauers Tisch fallen.« Vor der WM 1970 tun sie es dennoch, als an Beckenbauer das Angebot ergeht, sich für ein Männermagazin neben einer Nackten ablichten zu lassen. Schwan fordert 5000 DM, das Magazin lehnt ab und fragt stattdessen im Hause Müller an. Uschi schlägt schon bei 3500 DM ein, und es entsteht – wenn man so will – das einzige Skandalfoto im Leben des Gerd Müller. Gerd nur in Turnhose und mit unbewegter Miene neben einem blonden Oben-ohne-Modell, das sich an ihn schmiegt. Zwei Stunden dauern die Aufnahmen im Studio. Als Alt-Weltmeister Hans Schäfer, einer der Helden von Bern, das Foto sieht, greift er zur Feder und schreibt an das Magazin *M*: »Diese Art von Publicity schadet dem Fußball und tut vor allem Gerd Müller Abbruch. Immerhin sollte er sich bewusst sein, dass er Vorbild für Millionen Jugendlicher ist.«

War es das wert? Für einen Dumpingpreis die Hüter der alten Werte gegen sich aufzubringen?

»Die Zusammenarbeit mit Schwan abzulehnen war einer seiner größten Fehler«, sagt *Bild*-Reporter Klaus Müller heute noch. Aber die Absage kommt nicht von Gerd selbst. Er würde auch den Vergleich mit den Krümeln, die vom Tisch fallen, nie treffen. Denn Beckenbauer ist sein Zimmer- und Doppelpasspartner. Gesagt haben soll es die Dame des Hauses. Die ja ohnehin das Sagen hat, nicht nur in geschäftlichen Dingen. In seinem Buch *Goldene Beine* gesteht Müller 1969: »Meine Frau Uschi kann übrigens auch ganz schön ›kühl‹ sein. Wenn es um finanzielle Dinge geht, dann ist die Uschi ›da‹, dann wacht sie über mich und das Geld, und das ist mehr als gut so.«

Es darf munter spekuliert werden, wer nun die treibende Kraft der merkwürdigen Wesensveränderungen bei Gerd Müller war. Die Uschi, der bayerische Finanzminister Ludwig Huber, der sich plötzlich in seinem Licht sonnt und in Straßlach ein und aus geht, oder der suspekte selbst ernannte Spielerberater Erwin Nehl, ein Sachse, der in Hubers Ministerium Sportbeauftragter war. Uschi, berichtet der *Spiegel* 1973, heuert den Sachsen auf jeden Fall an. Er gründet sogleich die »Werbe-Agentur Gerd Müller«. Zu seinen Ideen gehört die Herausgabe eines Stadionheftes, zu Bayern-Heimspielen erschien fortan *1:0 – Gerd Müllers Stadionkurier*. Nehls Ziel: Müllers »Image vom kleinen Provinzler abbauen«. Das nährt noch vor der WM 1974 der Düsseldorfer Werbefotograf Charles Wilp, der die Vermarktbarkeit der deutschen Fußballstars untersucht und über Müller sagt, er wirke naiv, brav und ehrlich und eigne sich am besten – laut *Spiegel* – »für Produkte der Ordnung und Sauberkeit im trauten Heim«. Daraufhin verpflichtet ihn der Hersteller des Haushaltsreinigers Dor für 100 000 DM.

Das leise belächelte Image bleibt: Müller haben alle lieb, aber so unbedarft wie er möchte keiner sein. Welcher Fußballprofi käme wohl auf die Idee zu sagen: »Was ich verdiene, reicht mir«? Müller sagt es im Januar 1971 öffentlich.

Als eine Illustrierte während der WM in Mexiko Uschi für ein paar traute Fotos mit dem Ehemann einfliegen will, fordert die Gemahlin 15 000 DM. Der Deal scheitert dann jedoch an Müller, dem etwas anderes wichtiger zu sein scheint: »Bleib zu Hause und fahr den Porsche ein.«

So wird das nichts mit der genauso öffentlich »erträumten Million«. Erwin Nehl soll das ändern und versucht, gewiss nicht ganz uneigennützig, aus allem Kapital zu schlagen. So versteigert er regelrecht die Nachricht von Müllers Wadenbeinbruch in

Berlin im Februar 1973, den der Klub vertuschen will. Dass ein solches Vorgehen gerade bei den Münchner Medien nicht auf Begeisterung stößt, liegt auf der Hand. Ein Sieger, der dafür zahlen muss, und lauter beleidigte Verlierer – sauer sind sie alle. »Der Erwin Nehl war sein Untergang. Statt mit den Medien zu kooperieren, wie es die Aufgabe von Managern ist, hat er das nie getan«, sagt der frühere *Bild*-Reporter Raimund Hinko, der Müller seine ganze Karriere lang begleitet hat. Untergang ist vielleicht ein wenig übertrieben, Gerd Müller geht ja nicht unter. Nur an die Decke – vor Wut und Unzufriedenheit, wie es scheint. Sein Image ändert sich Anfang der Siebziger etwas zu seinem Nachteil, und der *Kicker* fragt 1973 besorgt: »Wer schiebt Müller an?«

Schon im April 1971 lässt er die Muskeln spielen und droht im Verbund mit dem »Kaiser« mit seinem Abgang, wenn Bayern Linksaußen Dieter Brenninger nicht halten würde. Spontan wettet er mit einem Journalisten um 1000 DM, dass Brenninger nun bleiben würde. Das können die Fans noch verstehen, es ist ein Thema, das sich durch die ganze Müller-Ära zieht: Bayern München hat keine Flügelstürmer von internationalem Niveau. Sie heißen Krauthausen, Hadewicz, Sühnholz oder Hoffmann und kommen nie auch nur in die Nähe der Nationalmannschaft. Uli Hoeneß hat das Niveau, aber der kommt oft aus dem Mittelfeld. Mittelstürmer aber leben von Flanken, Müllers Anliegen ist also fachlich nachvollziehbar. Dass er dabei solchen Druck ausübt, verwundert jedoch. Brenninger geht trotzdem, weil er es will. Dafür kommt Franz Krauthausen aus Oberhausen. Müller bleibt. Und es bleibt noch etwas zurück. Groll.

Seine torreichste wird auch seine rebellischste Saison. Schon im Sommerurlaub 1971, zum fünften Mal in Folge in Italien, nun aber in Laigueglia an der Riviera, sagt er Reportern, wie sehr er es bedauere, dass Italien die Ausländersperre noch nicht aufgehoben habe. Nach dem äußerst peinlichen 0:1 gegen Nordkorea nach der WM 1966 musste Italiens Regierung eine parlamentarische Anfrage der Opposition erdulden, wie das habe passieren können, und auf die Spieler flogen bei der Landung Tomaten. Das schrie nach Konsequenzen. Also erkannte der Verband nun das Übel im Legionärswesen der Liga und schloss die Tore für Ausländer – für 18 Jahre.

Auch zum Leidwesen von Franz Beckenbauer. Gerd Müller würde schon gerne mal, sagt er, »zu AC oder Inter Mailand« gehen. Die Angebote aus Belgien und den Niederlanden, die ihm vorlägen, interessierten ihn nicht.

In München ist man irritiert, immerhin hat Müller noch einen Vertrag bis 1973. Und Fußballer in den Siebzigern erfüllen ihre Verträge – eigentlich.

Im September plaudert dann Präsident Wilhelm Neudecker aus: »Leute außerhalb des Vereins haben Müller erzählt, was Beckenbauer angeblich bei uns verdient. Gegenüber diesen Summen fühlt er sich jetzt benachteiligt, sie haben ihm den Kopf verdreht.« Es sei aber alles falsch, Maier, Beckenbauer und Müller lägen finanziell »auf einer Ebene«. Präsidenten sagen auch nicht immer die Wahrheit, wenn's ums Geld geht. Müller ist jedenfalls nicht besänftigt und erzählt überall herum, er habe ein Traumangebot vorliegen, das wiederum präzisiert Neudecker: »Es handelt sich um Hertha BSC.« Unter zwei Millionen DM bräuchten die Berliner aber gar nicht erst anzufragen. Die Hertha dreht den Spieß um und teilt mit: »Müller hat sich bei uns angeboten.« Man will es sogar glauben, selbiges hat Nürnbergs Trainer Max Merkel schon drei Jahre zuvor behauptet, damals habe Gerd unbedingt zu seinem Herzens-Klub gewollt.

Müller tut nichts, um seinen Wunsch nach Luftveränderung zu verheimlichen. Im Gegenteil.

Müllers Form leidet nun selbst in seiner Rekordsaison sichtlich. Helmut Schön nimmt ihn daher ins Gebet und rät ihm, zumindest nicht dauernd öffentlich über einen Wechsel zu reden. »Seit er in Gedanken nicht mehr für seinen nächsten Verein spielt, sondern mit ganzem Herzen wieder für die Bayern, ist er wieder der alte ...«, analysiert der *Kicker* im November. Eindeutig zu früh.

In derselben Zeitschrift stellt sich Müller im Januar 1972 in der Rubrik »Sportstars im Kreuzverhör« einer Leserbefragung. Die dreiteilige Serie ist ein einziges Plädoyer für die Daseinsberechtigung von Kommunikationsabteilungen in Profivereinen, so sehr sie auch bei Journalisten heute verhasst sind. Denn Müller sagt, was er denkt, und alle können es lesen.

»Mit achtzigprozentiger Sicherheit werde ich den FC Bayern verlassen.«

»Wenn ich es mir raussuchen könnte, ginge ich am liebsten zu Borussia Mönchengladbach.«

»Selbstverständlich würde ich, wenn ich ein gutes Angebot bekäme, auch zum VfB Stuttgart gehen.«

»Ich gehe auch ins Ausland, wenn der Vertrag sehr gut ist.«

Keine Chance auf Veröffentlichung hätte heute auch dieses Bekenntnis: »Selbstverständlich trinke ich zum Essen gern ein Bier.«

Im Februar spielen die Bayern in Braunschweig. Jochen Döring, Sportredakteur der *Braunschweiger Zeitung*, ruft kurz vorher einfach mal im Hause Müller an und erhält Druckreifes: »Ich werde im November 27 Jahre. Ich glaube, es ist für mich deshalb im Sommer der beste Zeitpunkt für einen Wechsel. Vor Mai soll die Öffentlichkeit über meine weiteren Pläne nicht unterrichtet werden. Aber ich werde Bayern München auf jeden Fall verlassen.«

Das Interview sorgt für viel Wirbel. Franz Beckenbauer springt ihm zur Seite: »Wenn er jedoch viel Geld bekommen kann, muss ich sagen: Tu's! Er muss die Chance wahrnehmen, er spielt doch nicht mehr zehn oder 15 Jahre.«

Udo Lattek plant für die neue Saison bereits mit Hoeneß als Mittelstürmer und sagt: »Die ganze Spielanlage würde sich ändern.« Der FC Bayern senkt nun die Ablösesumme für Müller auf 1,5 Millionen DM, was allerdings immer noch zu hoch ist für die meisten Top-Klubs in den Siebzigern. Der berüchtigte Spielerberater Dr. Otto Ratz sagt pathetisch: »Es gibt viele schöne Sachen im Leben, die man nicht kaufen kann. Dazu gehört Müller!«

Feyenoord Rotterdam nimmt sich der Sache Müller trotzdem an. Der Umworbene reist am 21. Februar 1972 in die Niederlanden und verhandelt mit dem Europapokalsieger von 1970. Niederländische Klubs sind in dieser Zeit en vogue, sie gewinnen vier Mal in Folge den Landesmeister-Pokal. Den ganzen März über schwelt das Thema an der Säbener Straße, die *Bild*-Zeitung startet sogar eine Kampagne, um den »Bomber« in der Heimat zu halten. Von Beckenbauer über Maier und den treuen Katsche bis zu Uli Hoeneß beklagen alle den drohenden Abschied. Hoeneß, sonst so eloquent: »Diesen Verlust kann man in Worten gar nicht ausdrücken.« Bulle Roth bangt auch um einen Schafskopfpartner und fordert: »Der Vorstand muss alles tun, den Gerd zu halten.«

Und tatsächlich hält er ihn. Was er dafür genau tut, bleibt allerdings geheim. »Da haben wir Stillschweigen vereinbart«, beteuert Müller nach der Vertragsverlängerung in München am 31. März 1972. Am Ende seiner Karriere soll er monatlich 40 000 DM verdient haben. Auf dem Gipfel werden es kaum weniger gewesen sein, auch wenn die wirtschaftlich goldenen Jahre der Bayern erst mit dem Einzug ins Olympiastadion kommen.

Müller wird diesen Moment miterleben, er hat sich um weitere zwei Jahre, bis 1975, gebunden und gelernt, dass es sich im Leben lohnen kann, die Muskeln spielen zu lassen. Wenn man stark genug ist. Er bleibt also, wo er ist, und baut sein Haus in Straßlach aus. Der Keller erhält eine Sauna und einen Partyraum. Der Garten bekommt einen Pool, und er packt selbst mit an.

Präsident Neudecker atmet auf: »Ohne Müller im Olympiastadion, das wäre hart gewesen.« Sie haben Gerd Müller wieder eingefangen, und plötzlich verspürt er »im Innersten meines Herzens eine gewisse Dankbarkeit. Ich bin beim FC Bayern groß geworden und habe hier meine Freunde.«

Aber er hat in München auch falsche Freunde. Der Friede wird nicht von Dauer sein.

Doppelte Titelverteidigung

Die längste Sommerpause in der Geschichte der Bundesliga, die wegen der Olympischen Spiele in München 1972 erst im September anfängt, verbringt Gerd Müller nahezu vollständig in der Heimat. Aus Riccione reist er schon nach vier Tagen wieder ab, auch in Bella Italia kann es mal regnen. Grund zur Freude bereitet ihm die Rangliste des *Kicker*, darin ist er, wenngleich wenig überraschend, als einziger Stürmer in der Rubrik »Weltklasse« aufgeführt. Fußballer des Jahres wird er jedoch nicht, aber mit Platz zwei hinter Günter Netzer kann er diesmal leben. Immerhin hat er 25 Stimmen mehr als der »Kaiser« bekommen. Auch bei der Wahl zum Sportler des Jahres landet er vor Beckenbauer und hinter Netzer auf Platz acht. Im Olympiajahr aber gewinnt ein Speerwerfer. In Europa wiederum setzt sich Beckenbauer durch, mit zwei Stimmen vor Müller und Netzer. Es ist das Jahr der Deutschen.

In Paris darf sich Müller wieder mal den »Goldenen Schuh« als Europas bester Torjäger 1971/72 abholen, auf dem Terrain sind weder der »Kaiser« noch Netzer Konkurrenten.

Und er bombt immer weiter. Im Derby in dem eigens zur Überbrückung der spielfreien Zeit eingeführten Liga-Pokal gegen die zweitklassigen Löwen, das nun erstmals im Olympiastadion stattfindet, trifft er vor 80 000 (!) Zuschauern im August zweifach. Die *Bild*-Zeitung kommentiert verblüfft: »Es waren nicht allein die beiden Tore, die die Zuschauer in Begeisterung versetzten, es war die Art, wie er rackerte und kämpfte, als ginge es noch einmal um die Europameisterschaft.« Gerd Müller kann die Verwunderung gar nicht verstehen, denn »gegen die Sechziger durften wir doch einfach nicht verlieren«. Für ihn hat es nie unwichtige Freundschaftsspiele gegeben, das ist ein Geheimnis seines Erfolgs. Als die Löwen im August den Bayern im Rückspiel ein zweites Mal zum Fraß vorgeworfen werden, steht es schon zur Pause 5:0 für den Meister – dreimal steht der Name Müller auf der Anzeigetafel. Die Mitspieler sind nicht annähernd so engagiert in dem bedeutungslosen Wettbewerb, so beschließen sie – diskret natürlich –, das entscheidende Spiel um den Gruppensieg gegen Bayern Hof zu verlieren. Nur Gerd Müller ist das nicht zu vermitteln, wie der bekannte TV-Reporter Uli Köhler aus Hintergrundgesprächen in ebenso prominenter wie launiger Runde erfahren hat: »Alle Spieler wussten Bescheid, nur der Gerd nicht. Das Problem war, dass man ihm so etwas auch nicht hätte sagen können vorher. Er hätte das nicht verstanden und akzeptiert. Gerd war ja schon jedes Mal stinksauer, wenn er im Training ein Spiel verloren hat.«

Müller sabotiert den Plan, von dem er nichts weiß, so gut es geht, und schießt drei Tore. Sie verhindern die 4:5-Niederlage und die damit verbundene gewonnene Freizeit der Kollegen jedoch nicht. Aber Müller braucht keine Freizeit und schon gar keine Pausen. Im September bricht er sich in Istanbul eine Rippe und spielt doch weiter. Udo Lattek erläutert: »Ein Müller, der mit Schmerzen zwei Tore macht, ist mir auf alle Fälle lieber als ein gesunder Spieler, der keine Tore schießt.« Er scheint es allen, die ihm einen Abschwung prophezeit hatten, weil es doch kaum höher gehen kann, zeigen zu wollen. Und es gilt zu beweisen, dass er sich nach dem gewonnenen Vertragspoker nicht vorzeitig zur Ruhe zu setzen gedenkt.

Nach Olympia, wo sich Sportfan Müller nichts entgehen lässt und »von morgens bis nachts alles mitbekommen« haben will, geht sie weiter, die wilde Tor-Hatz. Das erste von 36 Saisontoren schießt er schon nach 150 Sekunden in Oberhausen, wo die Bayern mit einem 5:0-Sieg sogleich die Tabellenführung übernehmen und auch nicht mehr abgeben. Im Oktober passiert er als erster Mensch die 200-Tore-Marke in der Bundesliga, und der *Kicker* kommentiert: »Wahrscheinlich wird Gerd Müller eher sein 300. Tor geschossen haben als ein Verfolger das 200. Tor.« Der FC Bayern marschiert 1972/73 mühelos wie noch kein Bundesliga-Meister zuvor zum Titel. So beliebt wie die Gladbacher sind sie allerdings nicht, im Gegenteil. Weil sie durch das Olympiastadion plötzlich reich sind, der Umsatz verdoppelt sich binnen eines Jahres von 4,4 Millionen DM (1971) auf 9,1 Millionen (1972). Als arrogant gelten sie auch. Schwans Sprüche, Breitners Ansichten, Beckenbauers Gesten – und überhaupt, sie stammen aus Bayern. In den Siebzigern kommt es daher regelmäßig zu Eskalationen bei Auswärtsspielen. In Oberhausen und Bremen prügeln sich die Spieler mit gegnerischen Fans, die den Bus belagern, beim Pokalspiel in Köln scheidet Sühnholz mit Schienbeinbruch aus, Krauthausen verliert Zähne durch Gegenspieler Heinz Flohe, in Essen fliegt sogar ein Messer auf Sepp Maier, und in Ludwigshafen, wo Kaiserslautern 1973 seine Heimspiele austrägt, läuft Beckenbauer gar mit Polizeieskorte ein, weil es eine Morddrohung gegeben hat.

Gerd Müller stellt beim Blick aus den Bus oft beängstigt fest, dass die Menschen im Westen »alle ganz besonders böse Augen haben«. Doch selbst der Hass kann sie 1973 nicht bremsen. Zwar verlieren sie da, wo sie immer verlieren – in Frankfurt, am Betzenberg und in Duisburg –, aber es gibt keine Verfolger, die diese Ausrutscher ausnutzen können. Selbst die Gladbacher werden insgesamt mit 6:0 abgefertigt. Zu Hause geben die Bayern erst im letzten Spiel einen Punkt ab. Schon am 30. Spieltag ist der Sack zu und die Schale drin. Bezeichnend für den Saisonverlauf ist das entscheidende Spiel: Sie schlagen Kaiserslautern mit 6:0, der alte und neue Torschützenkönig Gerd Müller schießt zum zweiten Mal in seiner Karriere fünf Liga-Tore, und all das interessiert in München nur noch 28 000 Zuschauer.

Ausgerechnet in einer Saison, in der der Skandal und mancherorts auch die Umbauarbeiten für die WM die Stadien ohnehin leer fegen, mangelt es völlig an Spannung. Lattek muss sich daher von Präsident Wilhelm Neudecker halb im Spaß, halb im Ernst anhören: »Wollen Sie uns mit den dauernden Siegen das ganze Geschäft kaputtmachen?«

National haben sie keine Gegner, aber international stoßen sie noch an Grenzen. Die Meisterschaft bleibt der einzige Titel der Münchner, die im Europapokal der

Landesmeister im März bei Ajax Amsterdam eine 0:4-Packung quittieren müssen. Sepp Maier wirft daraufhin seine Ausrüstung in den Kanal vor dem Hotel, und Gerd Müller zieht seine Schlüsse: »Wir sind keine europäische Spitzenmannschaft.«

Sein Verdruss steigt noch, als er erfährt, dass Neudecker in Amsterdam seine Auswechslung gefordert hat. »Da hält man seine kaputten Knochen hin und hat keinen Dank.« Er hat mit gebrochenem Wadenbein gespielt, ein Andenken an den Berliner Luggi Müller. Den Namensvetter fürchtet er fast ebenso wie den Duisburger Detlev Pirsig, den Kaiserslauterner Ernst Diehl, den Bremer Horst-Dieter Höttges. Das darf ruhig jeder wissen, regelmäßig klagt er seine Peiniger öffentlich an. »Duisburg, Kaiserslautern, Werder Bremen – das sind seine Lieblingsplätze gewesen«, sagt »Bulle« Roth noch im Juli 2015 augenzwinkernd.

Langweilige Bundesliga, Titel werden zur Routine, Pfiffe und Tritte in fremden Stadien und sogar bei Länderspielen – und international chancenlos. Seit 1967, gleich bei der Europacup-Premiere, hat Bayern kein Finale mehr erreicht. In Müller arbeitet es und bei denen, die für ihn arbeiten, sowieso. Erwin Nehl fliegt im März nach Spanien, um Kontakte zu knüpfen. Im Juli 1973 besucht er Müller an dessen Urlaubsort Rimini. Man sieht die beiden in Badehose am Strand palavern. Das Ergebnis der Sandkastenspiele: Als Müller zurückkehrt, hat er Fluchtpläne im Kopf.

Eine spanische Komödie – zwischen allen Stühlen

Im selben Monat noch wird Müller im Örtchen Neukeferloh bei München in einem Gasthof mit Vertretern des FC Barcelona gesehen. Seine Vertreter sind Erwin Nehl und Uschi, und als er unter dem Tisch einen Tritt ans Schienbein spürt, mag der Begriff Vertreter für Müller eine ganz neue Bedeutung bekommen haben. Der zehn Jahre ältere Nehl, so schildert es der *Spiegel* am 6. August 1973 genüsslich, soll dem »Bomber der Nation« auf diese Weise bedeutet haben zu schweigen. Allzu schnell habe Müller nämlich dem Angebot der Spanier zugestimmt. Das Ganze ist der Auftakt zu einer Komödie, die manchem Beobachter spanisch vorgekommen sein muss. Der DFB, obwohl nicht Vertragspartner von Müller, sperrt sich im Vorfeld der WM im eigenen Land gegen alle weiteren Versuche seiner Nationalspieler, das Land zu verlassen, und verweigert kategorisch die Freigabe. Günter Netzer ist Wochen zuvor mit seinem Wechsel nach Madrid als Letztem die »Flucht« gelungen. Wer es nun noch tun will, der würde ein Jahr gesperrt werden. Das besagen die FIFA-Regeln, wenn der Landesverband die Freigabe verweigert. Fußballer in den Siebzigern kommen noch nicht auf die Idee, vor EU-Gerichte zu ziehen, um die freie Wahl des Arbeitsplatzes einzuklagen. Trotzdem ist alles immer auch eine Frage des Geldes, und davon können die Bayern nicht genug bekommen in jenen Tagen, da sie die teuerste Mannschaft des Landes finanzieren müssen. Neudecker sagt: »Wir wollen Gerd keine Steine in den Weg legen.« Und Udo Lattek teilt am 13. Juli 1973 mit: »Zu 90 Prozent geht Gerd Müller zum FC Barcelona.«

Doch wenn der »Bomber der Nation« selbiger abhandenzukommen droht, ist das sogar ein Fall für die Politik. Ludwig Huber, Bayerns Finanzminister und Müllers »Freund«, kann ihn gemeinsam mit Neudecker zum Verbleib bewegen. Gleichfalls an besagtem 13. Juli. Zu welchem Preis, fragt sich da so mancher brave Bürger – und was wohl kann ein Finanzminister einem prominenten Steuerzahler bieten? Im Ministerium klingelt den ganzen Tag das Telefon, hat dieser Deal nicht etwas von einer »Amigo-Affäre«?

Der *Kicker* referiert die Stellungnahme des Ministers: »Herr Huber habe seine Hilfe nicht als Finanzminister angeboten, sondern als Freund und ohne jeglichen politischen Hintergrund.« Das Blatt folgert: »Vielleicht versprach sich der Minister davon ein bisschen mehr Zuneigung und Stimmen bei der nächsten Wahl, ein für einen Politiker durchaus nicht unbilliger Beweggrund.« Als der ZDF-Reporter Michael Palme im Frühjahr 1979 die Müllers auf diesen Vorgang anspricht und wissen will, ob man sich von Huber habe instrumentalisieren lassen, weist Gerd das spontan von der Hand. Uschi dagegen schweigt beredt und stellt dann eine bezeichnende Gegenfrage: »Muss ma diese Frage stellen?«

In München fallen derweil tausendfach Felsbrocken von den Fan-Herzen, denn der »Bomber« bleibt und verzichtet auch noch auf viel Geld. 4,5 Millionen DM brutto hätte er angeblich in drei Jahren verdienen können, und die Bayern hätten 2,5 Millionen DM Ablöse erhalten. Rekord-Ablösesummen in den Siebzigern sind für Normalbürger auch schon utopisch, haben aber noch die eine oder andere Null weniger als heute. Und das Problem mit dem DFB? Hätten sie schon irgendwie gelöst, Wilhelm Neudecker sitzt ja im Liga-Ausschuss. Nun gibt es aber keins mehr, und Bundestrainer Helmut Schön bedankt sich noch an jenem 13. Juli telefonisch bei seinem Tor-Garanten, auch dafür, »dass Sie mich direkt informiert haben«.

Der Öffentlichkeit gibt Gerd Müller zu verstehen: »Unsere Tochter Nicole ist jetzt zwei Jahre alt und soll nicht in einem fremden Land aufwachsen, wo wir die Landessprache nicht verstehen. Wenn ich Junggeselle gewesen wäre, hätte ich das Angebot angenommen. Aber für meine Familie ist es besser, in München zu bleiben, wo wir viele Freunde haben.« Erleichtert stößt er am nächsten Vormittag mit Uschi im »Alpenblick« zu Straßlach mit einem Slivovitz an und seufzt: »Gut, dass wir das hinter uns haben.« Er habe ja eigentlich sowieso nie weggewollt, wie Müller-Kenner Raimund Hinko noch heute beteuert. Erwin Nehl versichert: »Der FC Barcelona und Gerd Müller haben sich gegenseitig alles Gute gewünscht und die Gespräche damit für endgültig beendet erklärt.« Damit wäre der Fall erledigt gewesen, Happy End. Soll doch Lästermaul Max Merkel ruhig schimpfen: »Der Müller muss entweder geisteskrank sein, oder er ist kein richtiger Berufsspieler.« Kaum weniger entsetzt als der Meistertrainer aus Wien ist der Meisterdirigent aus Madrid. »Mein Gott, hoffentlich weiß der Gerd, was er da gemacht hat. Ich kann die Entscheidung nicht verstehen«, sagt Günter Netzer.

Keiner kann es verstehen, dass da einer auf das dreifache Gehalt verzichtet – so sehr sich auch die meisten Menschen freuen, dass Gerd Müller der Nation erhalten bleibt.

Dann aber kommt die nächste Wendung: Irgendwer in Müllers Umfeld muss in einer stillen Minute festgestellt haben, dass das Ergebnis der Affäre in der Tat ziemlich unbefriedigend gewesen ist. Hätte Bayern nicht wenigstens das Gehalt von angeblich 45 000 DM brutto erhöhen müssen? Anstandshalber, als Geste?

Zwei Tage später kommt plötzlich die Meldung auf, Barcelona habe das Angebot noch einmal erhöht. Und dann ergibt sich sogar noch ein drittes Angebot, Müller plaudert es gern aus: »Im Laufe der letzten Verhandlungen erhöhten die Spanier allein das Handgeld für mich auf 1,5 Millionen netto.« Dessen ungeachtet schreiben die Agenturen sogar von »drei Millionen DM netto zuzüglich Gehalt und Prämien«. Keiner scheint mehr den Überblick zu haben in diesem Millionenspiel – aber jeder tut so als ob.

Dann kommt der 21. Juli. Tochter Nicole ist immer noch zwei Jahre alt, und Spanien bleibt ein fremdes Land, aber Uschi bittet Wilhelm Neudecker schon am Morgen telefonisch um die Freigabe. Zum zweiten Mal. Der Bayern-Präsident weicht aus und informiert den DFB, im Wissen darum, dass der Verband seine Nationalspieler nicht freistellen will. Da hätte die Bayern-Freigabe nichts genutzt. Als dann beim Testspiel am Abend in Hagenau im Elsass auch Erwin Nehl auftaucht und mit Müller, der nur eine Halbzeit spielt, gemeinsam abrauscht, ist wieder Alarm beim FC Bayern. Uli Hoeneß, damals erst 21, spricht wie ein altgedienter Szenekenner: »Das kann man sich an den fünf Fingern abzählen, warum der Nehl da ist. Für mich ist der Gerd nun endgültig weg von Bayern.« Udo Lattek hat zwar noch Restzweifel, aber keine Geduld mehr: »Der Gerd muss sich nun endgültig entscheiden. Mit dieser Unruhe in der Mannschaft kann man ja nicht richtig arbeiten.« Und Robert Schwan wirkt hilflos wie selten: »Wir wären sehr glücklich, wenn der Gerd bei uns bleiben würde. Aber das ist allein seine Entscheidung. Wir wollen jedenfalls nur zufriedene Spieler.«

Nehl lässt die Reporter wissen, er habe mit Müller »morgen Früh einen wichtigen Termin«. Die Mutmaßung »Mit oder wegen Barcelona?« tut er ab: »Ach was, eine andere Sache. Barcelona, das ist doch Schnee vom alten Jahr.« Konter eines Reporters: »Sie werden ja ganz rot im Gesicht.« Nehl: »Quatsch, ich werde schon lange nicht mehr rot.« Weil Lügen zu seinem Geschäft gehört? Tatsächlich haben die Spanier eine Charter-Maschine für ihn und das Ehepaar Müller bereitgestellt. Doch der Flieger hebt ohne seine wertvolle Fracht ab.

Die verhinderten Fluggäste halten in Müllers Bungalow am 22. Juli eine Krisensitzung ab, Uschi bereitet ein Sonntagsmahl. Naheliegende Erklärung: Sie sparen sich den Flug, weil der DFB bei seiner harten Linie bleibt. Nehl erfährt es telefonisch aus erster Hand von DFB-Präsident Hermann Neuberger, der auch öffentlich sagt: »Gerd Müller bekommt von uns keine Freigabe! Wir müssen das einmal mit allen Konsequenzen durchfechten. Wenn Müller will, kann er ja den DFB verklagen.« Das will Müller aber nicht, stattdessen zeigt er sich beeindruckt von der Drohung und lässt am 22. Juli um 15:35 Uhr verlauten: »Ich will endlich zur Ruhe kommen. Ich bleibe bei Bayern München.« Und dann folgt eine offizielle Erklärung: »Die Sperre durch den DFB kam für mich ganz überraschend. Aber ich beuge mich diesem Beschluss im

Interesse des deutschen Fußballs und im Hinblick auf die deutsche Nationalmannschaft im Weltmeisterschaftsjahr. Gleichzeitig aber möchte ich auf das Grundgesetz hinweisen, wo jedem Menschen das Recht auf freie Berufswahl garantiert wird.«

In der Redaktion der *Bild*-Zeitung müssen sie nicht lange überlegen, was am nächsten Tag die beste Schlagzeile sein wird. Zwar liegt DDR-Staatsratsvorsitzender Walter Ulbricht im Sterben, und in Dubai sind 140 japanische Fluggäste seit drei Tagen in der Gewalt von Terroristen, doch die Nachricht des Tages lautet: »Bomber Müller bleibt! 7 Millionen ausgeschlagen!!!« Darin ist auch die Ablöseforderung der Bayern enthalten, von daher eine etwas zugespitzte Rechnung.

Gerd Müllers zitierte Erklärung klingt überhaupt nicht nach Gerd Müller, schon eher das, was er am 24. Juli in *Bild* sagt: »Der Kampf um den Ball rangiert immer noch vor dem Kampf um viel Geld.« Er beichtet Reporter Raimund Hinko, er habe sich »vor lauter Grübelei gar nicht mehr konzentrieren« können. Endlich schlafe er wieder gut.

Auch aus Barcelona kommt alsbald eine Stellungnahme, die ein neues Angebot ins Reich der Fabel verweist. »Alle Gerüchte, die jeglichen Fundaments entbehren, kamen aus München und sind auf das professionelle Bestreben des Herrn Nehl zurückzuführen, die Angelegenheit zu seinem Nutzen einzusetzen.« Es ist der Versuch, eine Niederlage zu vertuschen. Fakt ist, dass Nehl am 20. und am 22. Juli 1973 wieder am Telefon gehangen hat – also neun Tage nach den von beiden Seiten für beendet erklärten Verhandlungen. Aber die Initiative geht nicht von ihm aus. Der in Spanien lebende deutsche Spielervermittler Manfred Wengert, der bereits beim Netzer-Transfer zu Real die Finger im Spiel gehabt hat, hat Nehl im Auftrag von Barcelona tatsächlich ein neues Angebot übermittelt. Nehl aber akzeptiert den dubiosen Standeskollegen nicht und verhandelt lieber mit Barcelonas Geschäftsführer Armando Caraben. Das Telefonat vom 22. Juli wird der *Bild*-Zeitung eine Woche später zugespielt. Das Blatt veröffentlicht es am 30. Juli und enthüllt, dass Müller mit den von Barcelona gebotenen 400 000 DM Handgeld nicht zufrieden ist. Nehl: »Nein, Herr Caraben. Wir waren ja am Freitag, als ich mit Ihnen sprach, bei 500 000 und wie ich Ihnen sagte, will Herr Müller 550 000 haben.« Die großen Scheine dafür, dass er überhaupt kommt, die kleinen dafür, dass er bleibt – die Müller-Seite fordert noch ein Monatsgehalt von 5000 DM netto. Vor allem aber enthüllt das Telefonat, dass der angeblich so selbstlos handelnde Nehl 100 000 DM als Provision einstreichen will. Barcelona wird wohl das Gesamtpaket zu teuer. Der Transfer kommt daher und auch wegen der harten DFB-Haltung nicht zustande. Die Enthüllungen über Nehls Versuch, vom Transfer-Batzen ein so großes Stück abhaben zu wollen, sind mutmaßlich der Anfang vom Ende der Allianz Müller-Nehl. Uschi kümmert sich schon bald wieder selbst um Gerds Belange, wobei ein derartiges Angebot nie mehr kommen wird. Vorgänger Nehl, der bei den Bayern Hausverbot erhält, macht noch Karriere als Lotto-Direktor, nachdem er als Politiker Schiffbruch erleidet – bei Stadtratswahlen in München soll er fünf Mal vergebens kandidiert haben.

Zu Müllers Glück konzentriert sich die Kritik auf seinen dubiosen Berater, dem unterstellt wird, in erster Linie Müllers Werbewert gesteigert haben zu wollen. Ulfert Schröder schreibt in der *Sport-Illustrierten*: »Erwin Nehl hat mit den Spaniern seine Spielchen getrieben und seine Schäfchen im Trockenen. Was er erwartet, sagt er unverblümt: ›Ich hoffe, dass die deutsche Industrie Gerd Müllers Verzicht anerkennt und entsprechend honoriert.‹«

Immerhin steht ja eine WM an. Im eigenen Land. Die »Komödie um Müller« hat vor allem eines in Erinnerung gerufen: seinen Ruf als Mann, der eigentlich nur Fußball spielen kann – und will.

6

Von Hattrick zu Hattrick

Die Müller-Debatte – allerlei Attacken

Hans Fiederer hat genug gesehen. Der Chefkommentator des *Kicker* sitzt mit 45 000 Zuschauern am ersten Spieltag der WM-Saison im Münchner Olympiastadion und sieht einen Gerd Müller, der beim 3:1 der Bayern gegen Fortuna Düsseldorf leer ausgeht. Fiederer, sechsmaliger Nationalspieler in der goldenen Zeit der Spielvereinigung Fürth, hat unter den Journalisten einen Ikonenstatus und ist für seine deutliche Sprache bekannt. Trennung von Bericht und Kommentar kann man dem 53-Jährigen nicht mehr eintrichtern, er schreibt, was er denkt. Am 14. August 1973 liest sich das so: »Noch ein Wort zu Gerd Müller. Hier hat sich nichts geändert. Der ›Bomber der Nation‹, wie er oft genannt wird, probiert das gleiche Spielchen wie im letzten Jahr. Er beharrt auf seinem Platz in der Mitte, obwohl er stets von zwei Abwehrriesen eingerahmt ist. Kein Zurückweichen, ohne Anbieten ... Wer bringt bloß dem Mittelstürmer bei, sich zu bewegen? ... Es ist trostlos!« Und die Überschrift ist gnadenlos: »Müller steht nur herum.« Der Artikel provoziert eine Serie von Leserbriefen, Pro und Kontra halten sich die Waage.

Da tobt sie wieder, die Müller-Debatte. Während seiner ganzen Karriere muss er sich in regelmäßigen Abständen anhören, er sei fußballerisch limitiert und lauffaul, nur am Toreschießen interessiert. Weil es immer mal Beispiele für diese These gibt. Schon »Tschik« Čajkovski hatte ihm eingetrichtert: »Nur Tore machen wollen ist schwer, musst du mitspielen!«

Es gibt aber auch Gegenbeispiele und konträre Ansichten, die sein Spielverständnis und besonders seine Doppelpässe mit Beckenbauer loben. Bleiben die Tore jedoch aus, kommen die Kritiker aus ihren Löchern. Davor schützen ihn auch nicht der zweite Platz in der Konkurrenz »Europas Torjäger des Jahres 1973« und das Zitat des Siegers Eusebio von Benfica Lissabon: »Gerd Müller bleibt trotzdem der gefährlichste Torjäger der Welt.«

Zunächst deutet nicht viel darauf hin, dass Müller 1973/74 vor der erfolgreichsten Saison seines Lebens steht. »Der Gerd ist im Moment nicht in der besten Verfassung. Uns fehlen seine Tore, die man schon bald als selbstverständlich voraussetzt«, sagt Trainer Udo Lattek. Sind dies noch die Nachwehen der spanischen Komödie? Darauf angesprochen, sagt Müller nur: »Das Kapitel ist zugeschlagen. Ich bereue nichts.«

Die Bayern sind ebenso aus dem Takt geraten wie er. Mit Maier, Beckenbauer, Schwarzenbeck und Breitner ist fast die komplette Abwehr der Nationalmannschaft in München versammelt, mit Rekordeinkauf Jupp Kapellmann, für 804 000 DM aus Köln gekommen, ackert ein weiterer Nationalspieler im defensiven Mittelfeld – und doch bekommen sie Woche für Woche die Bude voll. In Schalke spielen sie 5:5, nur vier Müller-Tore verhindern Schlimmeres. In Köln verlieren sie 3:4, beim späteren Absteiger Hannover 96 1:3, und dann kommt er, der 20. Oktober 1973: Das Spiel in Kaiserslautern wird 2013 von der Zeitschrift *Sport Bild* zum besten in der 50-jährigen Bundesliga-Historie gewählt werden. Dabei ist es voller Fehler und Unzulänglichkeiten, die das Spektakel erst möglich machen. Nach 57 Minuten erzielt Gerd Müller das 4:1 für die Bayern, nach 90 Minuten steht es 7:4 für Kaiserslautern. Sepp Maier steht in der Schießbude der Nation und verliert sogar seinen Platz im deutschen Tor an Mönchengladbachs Wolfgang Kleff.

Mit zwei Gegentoren pro Spiel gehen die Bayern in die Winterpause – mehr als der Letzte, MSV Duisburg, und doch als Herbst-Meister. Denn im letzten Punktspiel 1973 schlagen sie Gladbach furios mit 4:3. 80 000 Zuschauer sind berauscht, Alt-Bundestrainer Sepp Herberger und sein Nachfolger Helmut Schön überlegen angestrengt auf der Tribüne, ob sie je ein besseres Spiel gesehen haben. Spitzenspiele in den Siebzigern sind wie das Jahrzehnt – wild, anarchisch, zügellos. Wie die Frisuren. Die Jugend trägt lange Haare, auch Gerd Müller. Zum Leidwesen seiner Mutter, die in den Sonntags-Telefonaten beklagt, sie müsse sich ja vor den Nachbarn schämen. Kein Hauch von Woodstock in Nördlingen.

Am Abend des Gipfeltreffens müssen die Bayern dann alle ins Kino, der Beckenbauer-Film *Libero* hat Premiere und floppt kolossal.

Einen Müller-Film wird es nie geben, aber im Vorfeld der WM im eigenen Land gibt es immerhin einen Müller-Kugelschreiber und ein Müller-T-Shirt. Und jede Menge Autogrammwünsche. Bis zu 600 Briefe am Tag schleppt der Postbote 1973 in die Ludwig-Thoma-Straße 12 nach Straßlach, Hans Fiederers Anklage zum Trotz. Denn die Tormaschine läuft schon bald wieder auf Hochtouren. Dank Müller überstehen die Bayern das erste deutsch-deutsche Duell im Europapokal der Meister. Gegen Dynamo Dresden spielen sie zu Hause nur 4:3, ein beruhigendes Polster ist etwas anderes. Vor der Partie lädt Präsident Neudecker die Mannschaft in sein Anwesen am Tegernsee und schärft ihr ein, worum es für den Verein gehe. Um Prestige und viel Geld. Sepp Maier lässt er für den Fall des Ausscheidens wissen: »Mit Ihrem Darlehen für den Tennis-Park wird's dann eher nichts.« Dass Maier dann doch schon bald in Anzing einen Tennis-Park errichtet, verdankt er – dem »Bomber«.

Im Rückspiel sind sie trotz einer 2:0-Führung durch den nicht zu bremsenden Uli Hoeneß für fünf Minuten schon ausgeschieden, da glückt Müller das erlösende 3:3. Fast genauso wichtig wie das Weiterkommen ist ihnen aber das Zurückkommen – bei bester Gesundheit. Die Bayern hegen schlimmste Befürchtungen vor der Reise in die DDR und machen sich wenig Freunde, als sie in der Nacht vor dem Spiel an der Grenze in Hof Quartier beziehen. Manager Robert Schwan schwindelt: »400 Meter Höhenunterschied zwischen München und Dresden bringen gewisse Akklimatisierungsschwierigkeiten. Sie allein haben wir umgehen wollen.« In Wahrheit fürchten sie vergiftetes Essen und die Stasi. Wie nach der Wende herauskommt, ist das Personal im Hotel »Newa« in jenen Novembertagen tatsächlich ausgetauscht und mit Stasi-Mitarbeitern besetzt worden. Und im Sitzungssaal der Bayern – »Puschkin« – kleben die Wanzen unter den Tapeten. Kalter Krieg, auch im Fußball.

Gefährlicher wird es dann im eigenen Land, wo die Bayern im Dezember nach einem Sieg im DFB-Pokal in Bremen von Werder-Fans an der Abfahrt gehindert werden. Busblockaden sind in den Siebzigern noch eine Rarität, vielleicht werden sie an diesem Tag erfunden. Nicht die Regel ist auch die Reaktion der Bayern. Weil sie den Flieger zu verpassen drohen, räumen sich die Spieler den Weg selbst frei. Sepp Maier schildert das in seinem Buch *Ich bin doch kein Tor* so: »Wir waren müde und gereizt. Ich sagte zum Fahrer: ›Wir zählen bis drei, dann machst du die Türe auf‹ ... Bulle, Franz, Gerd und ich sprangen raus in den Schnee. Der Bulle schlug zweien von den Schreiern die Nase krumm, ich griff mir den Besoffenen, rieb ihm mit einer gehörigen Portion Schnee den Alkohol aus dem Gehirn, Franz und Gerd besorgten draußen den Rest.« Den Anführer nehmen sie sogar in Geiselhaft und lassen ihn im Bus ein Stück mitfahren. »Bulle« Roth bestätigt den Vorgang noch im Juli 2015, beteuert aber, dass alle Spieler sich in die Schlacht geworfen hätten. »Der, der sich gedrückt hätte, der hätt's dann verschissen gehabt.«

Es ist die einzig bekannte Episode, in der Gerd Müller einmal tätlich geworden ist. Zornig aber ist er oft, besonders auf dem Platz. Wie auch an diesem Tag in Bremen, als er nach Reklamation von Schiedsrichter Biwersi verwarnt wird, aber nicht ablässt und dicht vor einem Platzverweis steht. Lattek erklärt: »So ist das mit dem Gerd. Wenn er nicht zum Zuge kommt, wird er leicht hitzig. Sonst ist er der verträglichste Mensch weit und breit.«

Die nun folgende kurze Winterpause tut allen gut. Der »Zirkus Schwan« bleibt diesmal auch im Lande.

Meister und Europacup-Sieger – mit Bayern auf dem Gipfel

Das Jahr 1974 beginnt für Müller mit einer guten Nachricht. Die *Kicker*-Leser, dazu aufgefordert, Bundestrainer zu spielen, stellen einen WM-Kader zusammen. Die meisten Stimmen entfallen dabei auf Müller, vor Shootingstar Uli Hoeneß. Es ist zwar nur eine Spielerei, aber Müller legt Wert auf so etwas. Bei der Wahl zu Europas Fußballer des Jahres wird er Dritter und bester Deutscher, hinter dem niederländischen Dirigenten Johan Cruyff und Italiens Torwart Dino Zoff.

Am 5. Januar 1974 zieht der Schöneberger Sängerknabe Detlef Lange in Frankfurt vor einem Millionenpublikum die Lose für die WM im Sommer. Deutschland spielt gegen Chile, Australien und – das andere Deutschland. Trotz aller Brisanz ob des ersten Länderspiels gegen die DDR, rein sportlich gesehen ist es ein Glückslos. Zum guten Ton gehört es aber, von Gegnern zu sprechen, die man nicht unterschätzen dürfe. Ganz so, wie es Sepp Herberger gelehrt hat: Das nächste Spiel ist immer das schwerste. Gerd Müller sagt: »Jetzt werden wir Weltmeister!«

Nur wer ihn nicht kennt, regt sich darüber auf – wie der frühere Löwen-Stürmer Timo Konietzka, 1974 Trainer in Zürich: »Beckenbauer ist da viel diplomatischer. Aber nach Gerd Müllers Ausspruch hieß es hier wieder gleich: die überheblichen Deutschen.« An der Grenze zum Leichtsinn ist auch der Kommentar des australischen Trainers Rale Rasic, der findet: »Was Müller betrifft, so ist er doch nur ein reiner Abstauber und müsste verhältnismäßig leicht zu stoppen sein.« Nationaltrainer in den Siebzigern haben eher selten Gelegenheit festzustellen, was auf anderen Kontinenten so los ist.

Gerd Müller jedenfalls ist auch im ersten Halbjahr 1974 nicht zu stoppen. Im Februar passiert er die 250-Tore-Marke in der Bundesliga und die 50-Tore-Marke im DFB-Pokal. Einsam steht er auf den Gipfeln, die vor ihm noch keiner erstürmt hat. Gegen Hannover 96 schießt er alle Tore zum 3:2-Sieg, und 96-Trainer Hannes Baldauf seufzt: »Müller ist 50 Prozent des FC Bayern München. Kann man ihn nicht ausschalten, kann man auch nicht gewinnen.« Das kommt der Wahrheit schon sehr nah.

Nur die Elfmeter-Phobie will nicht schwinden, beim 0:1 in Spanien scheitert er auch im DFB-Trikot. Zwei Wochen später passiert es im Europapokal gegen den Armeeklub Sofia wieder, er trifft nicht mal das Tor und wird zu seiner Erleichterung abgelöst. Es ist schon kurios, der Mann, der in der Bundesliga-Historie die meisten Tore erzielt hat, hat auch die meisten Elfmeter (12) verschossen.

Aber die typischen Müller-Tore, die Flachschüsse aus der Drehung, die Abstauber, die unspektakulären Roller im Liegen oder Sitzen – sie fallen weiterhin. Weshalb die Bayern heilfroh sind, als er im März seinen Vertrag bis 1979 verlängert, ebenso wie Franz Beckenbauer. Der Verein kann sie bezahlen, der Umsatz steigt erstmals auf über zehn Millionen DM. Seit April haben zudem auch die Bayern einen Brustsponsor (adidas), die Pioniertat des Braunschweiger Mäzens Günter Mast tut der ganzen Bundesliga gut. Natürlich verdankt der Klub auch dem Olympiastadion den Aufschwung – und den Matadoren, die es füllen.

30 Müller-Tore sind es am Ende der Bundesligasaison 1973/74, zum letzten Mal in seiner Karriere wird er diese Marke erreichen. Das 30. Tor erbringt die dritte deutsche Meisterschaft in Folge. Gegen Kickers Offenbach ist es am 33. Spieltag fast so wie einst in Mexiko gegen Italien; der Ball kriecht über die Linie. Jetzt aber ist es der Sieg und der erste Titel-Hattrick in der deutschen Fußballhistorie.

Für Müller gibt es einen doppelten Hattrick, denn er wird zum dritten Mal in Folge und zum sechsten Mal insgesamt in neun Bundesliga-Jahren Torschützenkönig. In Europa reicht es in diesem Jahr zum »Bronzenen Schuh«.

Wie 1967 muss er allerdings den Ruhm teilen, diesmal mit Gladbachs Jupp Heynckes. Und wie 1967 hat es ein »Gschmäckle«. Denn Müller und seine Bayern sind am 34. Spieltag in quasi wehrlosem Zustand, da sie kurz zuvor wieder etwas zu feiern haben. Einen Europapokalsieg!

Vier Tage nach der vorzeitig gewonnenen Meisterschaft steht der FC Bayern erstmals im Europacup-Finale der Landesmeister. In Brüssel wartet Atlético Madrid. Wieder bildet das Atomium hinter dem Heysel-Stadion die Kulisse, vor der deutsche Fußballer Geschichte schreiben. Zwei Jahre nach dem ersten EM-Sieg kommt der erste Landesmeister-Pokal ins Land. Bloß ist er um einiges mühsamer zu gewinnen. Ohne Tore gehen sie an diesem 15. Mai in die Verlängerung, dann schlägt ein Freistoß in Sepp Maiers Tor ein. Sechs Minuten haben sie noch, und als sie um sind und Gerd Müller sein Tor immer noch nicht gemacht hat, kommt der Retter aus dem Nichts: Vorstopper Katsche Schwarzenbeck, dem die Mitspieler eigentlich bei Strafe verboten haben, die Mittellinie zu überschreiten, strebt mit Riesenschritten dem Atlético-Tor entgegen, und als er nicht weiterweiß, zieht er einfach mal ab. Aus 25 Metern. Es wird das berühmteste Tor eines Spielers, der keine berühmten Tore schießen will. Verzweifelt ruft er angesichts des Walds von Mikrofonen aus: »Mei, hätt doch bloß der Gerd das Tor gemacht.« Der Gerd wird zwei Tage später, beim Wiederholungsspiel, seiner Rolle gerecht. Es ist ein Freitag, Samstag müssen sie Bundesliga in Gladbach spielen. Nur gut, dass die Bayern schon Meister sind. Nun werden sie auch »Europameister« – der Vereine. Im vielleicht besten Europacup-Spiel der Klub-Geschichte spielen die Bayern die entkräfteten und demoralisierten Spanier an die Wand. Uli Hoeneß macht schon wieder das Spiel seines Lebens, erzielt das erste und das vierte Tor, die beiden dazwischen glücken Gerd Müller. Sein Schuss aus spitzem Winkel nach Kapellmanns Flanke wird erst 1988 vom Niederländer Marco van Basten im EM-Finale wieder aufgeführt. Auch der Lupfer zum 3:0 von der Strafraum-Grenze ist regelrecht untypisch, viel zu weit eigentlich.

Das ist neu: Gerd Müller kann auch Traumtore, und sie passen zu dem Traumspiel. Die Helden feiern die Nacht durch und kommen noch berauscht mit dem Bus am Bökelberg an. Vizemeister Borussia steht artig Spalier bei der Meisterehrung vor Anpfiff, nimmt aber wenig Rücksicht auf die Befindlichkeiten des Rivalen und fegt ihn 5:0 weg. Lattek spricht amüsiert von einer »Alkohol-Verdunstungs-Stunde«, Gerd Müller bettelt ausnahmsweise schon zur Pause um seine Auswechslung. Von der Bank muss er dann mitansehen, wie Jupp Heynckes ihn nach Toren noch einholt. Sein Groll hält sich jedoch in Grenzen, Arm in Arm gehen die Stürmer vom Platz, Müller in Zivil. Sie haben ja schließlich noch ein gemeinsames Ziel im Sommer 1974.

Von Malente bis München – Abgang als Weltmeister

Nachdem sie sich von 50 000 Münchnern an den Straßen und auf dem Marienplatz haben feiern lassen, geht für sieben Bayern-Spieler die Titeljagd weiter. Die sechs Europameister und Zugang Jupp Kapellmann haben es ins deutsche WM-Aufgebot geschafft. Ein Kurzurlaub ist allerdings noch drin, Müller verbringt ihn in Italien, nun in Abano bei Venedig. Jeden Abend trainiert er dort beim lokalen Fußballverein eine Stunde mit, bei 34 Grad. »Ich habe geschwitzt wie ein Postgaul.« Urlaub geht eigentlich anders, aber um seine Fitness muss sich niemand sorgen, als der DFB-Kader am 29. Mai in der Sportschule des Schleswig-Holsteinischen Fußball-Verbandes zusammengezogen wird. Malente! Sieben Buchstaben, die für vieles stehen, was Fußballer fürchten: Einöde, Langeweile, spartanische Doppelzimmer, keine Besuchserlaubnis, ein Telefon für alle, Kasernierung. GSG-9-Beamte bewachen die Spieler auf Schritt und Tritt, selbst zum Gottesdienst gelangen sie nur mit einer Eskorte. Es sind schließlich Tage des Terrors, die RAF schreckt das Land. Und mit noch einem Blutbad wie 1972 im Olympischen Dorf, von palästinensischen Terroristen an israelischen Sportlern verübt, will Gastgeber Bundesrepublik Deutschland nicht in Verbindung gebracht werden. Franz Beckenbauer und Gerd Müller, die Leitfiguren, beziehen ein Doppelzimmer, Beckenbauer hat sogar eine Pistole dabei – unter dem Kopfkissen. Sicher ist sicher.

Obwohl nichts passiert, was Leib und Leben der Spieler gefährdet, verlaufen die Tage von Malente turbulenter als gedacht. Und Gerd Müllers Ansicht zur Stimmung – »Ich glaube, sie ist noch besser als in Mexiko« – trifft nicht zu. Bei Weitem nicht. Denn Geld zerstört nicht nur Freundschaften, es belastet auch das Betriebsklima in einer Leistungsgemeinschaft. Die Teilnahme an einer WM allein ist in den Siebzigern schon lange kein ausreichender Lohn mehr, es geht auch um angemessene Prämien. Schließlich haben nicht alle solche Werbeeinnahmen wie die Top-Stars. Auch bei Müller rollt der Rubel, nicht zuletzt dank Beckenbauer. Der hat bereits einen gut dotierten Vertrag mit dem Mineralölkonzern Aral, da kann er nicht noch bei Esso tanken. Also reicht er das Angebot an Müller, Overath und einige andere weiter. Und plötzlich bückt sich der »Bomber« doch wieder nach den Krümeln, die vom Tisch des »Kaisers« fallen; immerhin sind es 35 000. Von solchen Arrangements träumen aber Hinterbänkler wie Helmut Kremers oder Dieter Herzog nur, da soll sie wenigstens die Prämie entschädigen für den entgangenen Sommerurlaub.

Sepp Herbergers Weltmeister hatten 20 Jahre zuvor noch gar keine ausgehandelt und gaben sich mit 2200 DM und einer Waschmaschine zufrieden. Die Generation Hoeneß aber, deren Protagonist vor dem Turnier darüber schwadroniert, »wenn wir Weltmeister werden, haben wir für unseren Lebtag ausgesorgt«, will ihren Ruhm vergolden. 30 000 DM bietet der DFB für den Titel, genauso viel wie 1970 in Mexiko und wie die Bayern ihren Champions für den Europapokal. Die Nationalspieler, denen die Summen der anderen Länder zugetragen werden – Italien etwa lockt mit umgerechnet 120 000 DM pro Nase –, fühlen sich veräppelt. Macht der DFB nicht auch dank ihnen in diesem Sommer das ganz große Geschäft? Am 3. Juni beginnen die Debatten mit den DFB-Vertretern in Malente, die sich nicht zuständig fühlen und stets in der Zentrale in Frankfurt anrufen müssen. Präsident Hermann Neuberger bietet zunächst 50 000 DM, was glattweg abgelehnt wird. Die Spieler drohen mit Abreise, am nachdrücklichsten Paul Breitner, der schon die Koffer packt. Doch Gerd Müller alarmiert Beckenbauer, und gemeinsam halten sie ihn davon ab. »Ihr Verhalten ist schändlich für deutsche Sportsmänner«, schäumt derweil DFB-Delegationsleiter Hans Deckert. Als Neuberger auf 60 000 DM erhöht, endet die Spielerabstimmung mit einem Patt – 11:11. Dann kippt Günter Netzer um, auf Drängen Beckenbauers, der deutlich macht, dass mehr einfach nicht drin sei. Unabhängig vom Erfolg erstreiten sie zudem eine Garantiesumme von 15 000 DM allein für die Teilnahme. Welche Rolle Gerd Müller in dem Gezänk spielt, das sogleich in allen Einzelheiten durch die Presse geht, ist nicht bekannt. Wie in Mexiko ist sein Doppelzimmer die Schaltzentrale, was kein Wunder ist: Denn wieder logiert er mit dem Kapitän zusammen. Zu den vier Verhandlungsführern gehört er aber nicht, sie heißen Beckenbauer, Netzer, Overath und Höttges. Jupp Heynckes erläutert: »Gerd war bei dieser Diskussion eher zurückhaltend. Ihm war es nicht so wichtig, ob er nun 10 000 oder 20 000 Mark mehr an Prämien bekommt. Für Gerd stand der sportliche Erfolg über allem. Gerd war nicht der Wortführer, das war Kapitän Franz Beckenbauer.«

Da Müller stark unter dem Einfluss des »Kaisers« steht, zu dem er bewundernd aufblickt, und auch sonst loyal zu den Bayern-Spielern ist, darf angenommen werden, dass er mit allem einverstanden gewesen ist, was »der Franz« am Telefon ausgemacht hat. Für Gerd Müller ist die WM nicht mehr das große Geschäft. Beckenbauer, Breitner und Hoeneß (Letztere gemeinsam) lassen WM-Bücher schreiben und telefonieren täglich Berichte durch. Von Gerd Müller verlangt das niemand. Er ist schon auf dem Rückzug, es weiß nur noch keiner. Wichtiger als Nebengeschäfte ist es ihm, Franz Beckenbauer im Tipp-Kick zu schlagen und – vor allem – wie schon in Mexiko und Belgien das Tischtennisturnier zu gewinnen. Weil Bernd Hölzenbein, der zu Müllers Ärger noch besser ist als er, auf die Teilnahme verzichtet, erreicht er sein Ziel dann auch. Seine »Opfer« sind Busfahrer Walter Kohr (2:1 Sätze), Herbert Wimmer (2:0), Günter Netzer (2:1), Rainer Bonhof (2:1) und, im Finale, Ersatz-Torwart Norbert Nigbur (2:0).

Das andere, große nationale Ziel erreichen alle gemeinsam. Müller spielt dabei nicht ganz die Rolle wie in Mexiko, obwohl er öffentlich träumt: »Wieder WM-Torschützenkönig, das wär schon großartig. Bisher hat es nämlich noch niemand geschafft, bei zwei Weltmeisterschaften jeweils die meisten Tore zu schießen.« Dafür beschwört er die alten Geister, reklamiert wieder die Nummer 13 und rasiert noch am ersten Abend in Malente den Schnauzbart ab. Aber nach der Vorrunde steht diesmal nur ein Müller-Tor zu Buche, ein eher bedeutungsloses zudem beim 3:0 gegen Australien.

Der *Kicker* stellt nach dem 1:0 gegen Chile fest, was oft festgestellt wird: »Wenn er keine Tore schießt, fällt sein Spiel nicht auf.« Es läuft offenbar noch nicht wirklich beim WM-Gastgeber und seinem »Bomber«. Das 0:1 gegen die DDR in Hamburg löst die zweite lange Nacht von Malente aus. Sie endet mit einem geglückten Ausbruchsversuch von Sepp Maier und Uli Hoeneß, die ihre Frauen in Hamburg besuchen – mit dem Wagen eines Polizisten. Begonnen hat sie mit einer ungeplanten, aber überfälligen Aussprache ohne Trainer. Dass Franz Beckenbauer mit seiner Brandrede in der Küche von Malentes Sportschule in Rotwein geschwängerter Luft die Elf aufgerüttelt und umgekrempelt hat, ist längst Legendenschatz des deutschen Fußballs. Gerd Müller aber hätte bezeugen können, was er nie getan hat: dass Bundestrainer Helmut Schön den »Kaiser« bei seinem abendlichen Besuch in dessen Zimmer regelgerecht aufgefordert hat, Klartext zu sprechen.

Mindestens so wichtig wie die drei Umstellungen, die sich nach der DDR-Pleite ergeben, ist der Umzug. In der Zwischenrunde bezieht die deutsche Elf in der Sportschule Kaiserau bei Unna in Westfalen Quartier. Auch hier atmen sie Landluft, aber sie sehen neue Landschaften und Gesichter. Endlich. »In Malente wirst du wahnsinnig«, ruft Beckenbauer der unschuldigen Sportschule nach 26 Tagen Aufenthalt nach. In Kaiserau wirst du Weltmeister, lässt sich im Rückblick sagen.

Mit nur noch fünf Bayern und vorerst ohne Hoeneß, den das reinigende Gewitter für ein Spiel aus der Elf gefegt hat, macht sich der Europameister daran, auch Weltmeister zu werden. Fortan gibt es nur noch Siege, und auf die Pfiffe von Berlin und Hamburg folgt prasselnder Beifall in Düsseldorf und Frankfurt. Der Regen prasselt auch. Noch nicht beim 2:0 gegen die Jugoslawen, wo Müller sein zweites WM-Tor erzielt und nachweist, dass er ein guter Bodenturner gewesen sein muss. Es ist wieder eines dieser unnachahmlichen Tore, im Liegen, im Krabbeln, im Nachschuss, aus dem Nichts. »Sein Tor versöhnte«, schreibt der *Kicker*. Dann kommen sie, die Regenspiele. Die WM 2006 wird ein Sommermärchen, die WM 1974 ist ein großes Wasser-Fest. Am Rande der Durchführbarkeit ist schon das 4:2 gegen die

Schweden in Düsseldorf, wo man kein Müller-Tor sieht, was ihn selbst am meisten fuchst (»Zwei Tore hätte ich unbedingt machen müssen«). Aber er ist an allen Toren beteiligt und gefällt sich in dieser neuen Rolle: »Ich werde von nun an immer den Kameraden die Möglichkeit geben, selbst einzuschießen.« Wichtiger als die Frage, in welcher Rolle er besser aufgehoben ist, erscheint die Message, dass da endlich ein Team auf dem Platz steht. Bis auf den Rechtsaußen ist die Weltmeister-Elf gefunden, Jürgen Grabowski erkämpft sich im Duell mit Dieter Herzog den letzten Platz durch sein Joker-Tor. Auf Linksaußen hat sich Grabowskis Frankfurter Klubkamerad Bernd Hölzenbein etabliert, zur Freude von Gerd Müller. Dessen Einsatz hat er in seiner Unbedarftheit gefordert, so, wie er auch zuvor auf jede Personalie eingeht: Netzer oder Overath? Ihm sei Netzer lieber. Maier oder Kleff? Natürlich der Sepp. Schon vor der WM hieß es: Schwarzenbeck oder der Kölner Weber? Nicht für Müller, natürlich plädiert er für den Klub-Kameraden. Auch gegen die Rückkehr von Uli Hoeneß hat er nichts, genauso wie er zunächst dessen Verbannung begrüßt hat: »Der Uli braucht den Schuss vor den Bug.« Längere Sätze bekommt man nicht von Gerd Müller, Klartext immer.

Am 3. Juli steht die Elf des kommenden Weltmeisters in Frankfurt schon auf dem Platz. Ihre Gegner: Polen – und der Regen. Das für die WM aufgemotzte Waldstadion hat alles, nur keine Drainage, was sich rächt. Der stundenlange Regen macht den Rasen unbespielbar. Eigentlich. Die Zuschauer harren aus in Friesennerzen und mit Regenschirmen und beobachten amüsiert, wie die örtliche Feuerwehr das Wasser abzusaugen versucht. Barfüßige Ordner schieben Walzen über den Platz. Schiedsrichter Erich Linemayr aus Österreich weiß: Wenn er nicht anpfeift, gerät der Turnierplan aus den Fugen. Das Finale fände dann an einem Montag statt – undenkbar.

Also pfeift er an, aber mit 40-minütiger Verspätung. Das irregulärste WM-Spiel aller Zeiten, auf einer grün-braunen Seenplatte, wird zum Klassiker. Sepp Maier macht das Spiel seines Lebens, entschieden wird es durch ein Tor von Gerd Müller – 1:0. Frei stehend nimmt er einen unkontrollierten polnischen Pass auf und drückt flach links unten ein. Unhaltbar. Das verwundert niemanden, außer ihn selbst: »Ich bin überglücklich und weiß nicht, woher ich die Ruhe genommen habe, um kalt meine Torchance zu nutzen.« Es ist, als fragte ein Stararchitekt nach Fertigstellung eines Hauses, wie ihm der Balkon in der obersten Etage habe gelingen können.

Am Abend erfahren sie ihren Endspielgegner: die Niederlande.

Am nächsten Tag, es ist der 4. Juli 1974, ein Donnerstag, lüftet Gerd Müller dann sein Geheimnis. Ein klein bisschen. Er geht zu Helmut Schön und lässt ihn wissen, dass er nicht mehr für Deutschland spielen wolle – nach dem Finale. Auch Wolfgang Overath unternimmt diesen Schritt. Beim sensiblen Kölner, der wegen schlechter Kritiken schon auf die WM hat verzichten wollen und der bald 31 wird, kann Schön es verstehen. Bei Müller, erst 28, nicht. Daher hält er es wie damals bei Uwe Seeler. Er nimmt es hin, aber nicht ernst.

Müller aber hat sich den Schritt wohlüberlegt. All die Reisen, so selten ist er zu Hause, die Tochter sage ja schon Onkel zu ihm. Er ahnt natürlich, dass die Nation aufschreien wird. Unruhe plagt ihn in den Tagen bis zum Finale, das am 7. Juli in München stattfindet. Nun sind sie in der Sportschule Grünwald einquartiert, wo er einst schon unter Trainer Čajkovski schwitzte. Wenn er wollte, könnte er nach Hause laufen zu seiner Uschi und der kleinen »Nicki«. In Gedanken ist er sowieso bei ihnen. Gerd Müller macht in der Nacht vor seinem größten Spiel kein Auge zu, während Zimmerpartner Franz Beckenbauer den Schlaf des Genialen schläft. Müller hört sogar leise Radio, eine Wahrsagerin prophezeit einen 2:1-Sieg der Niederländer.

Das Frühstück wird aufgelockert durch ein Ständchen für Geburtstagskind Jürgen Grabowski, der am Spieltag 30 wird und auch nicht mehr spielen will. Bloß hat es der Frankfurter noch keinem gesagt. Dann schlagen sie die Zeit bis zum Anpfiff um 16 Uhr tot. Auf der Fahrt ins Stadion fragt Helmut Schön noch mal in die Runde: »Habt ihr alle eure Schuhe dabei?« Man mag heute darüber lachen, aber 1970 in Mexiko hatte Willi Schulz seine vergessen, weshalb er im Spiel um Platz drei zwar auf der Bank saß, aber nicht eingesetzt werden konnte. Schön ist ein gebranntes Kind.

Auch diesmal gibt es Kratzer an der viel gerühmten deutschen Perfektion, die Eckfahnen fehlen, als der Schiedsrichter anpfeifen will. Schon eine Minute nach dem Anpfiff stehen auch die Deutschen am Anstoßkreis, denn ohne dass sie den Ball berührt haben, liegen sie bereits zurück. Johan Cruyff, der Superstar der WM, hat einen Elfmeter herausgeholt, der von Fieber geplagte Uli Hoeneß hat ihn verschuldet. Als Bernd Hölzenbein nach 23 Minuten ebenfalls einen Elfmeter schindet, wird ein Schütze gesucht. Hoeneß hat gegen Polen verschossen, Müller ist vorgesehen und winkt ebenso ab wie Overath. So schnappt sich der 22-jährige Paul Breitner den Ball – und verwandelt eiskalt. Müllers Stunde kommt dann noch. Man schreibt die 44. Minute, als Grabowski auf rechts Bonhof bedient, der scharf flach nach innen flankt. Müller kommt an den Ball, obwohl von drei Niederländern umringt. Zwar verspringt er ihm bei der Annahme mit links, aber das überrascht seine Bewacher nicht minder. Noch ist der Ball in Reichweite, aus der Drehung kommt er mit rechts zum Schuss. Flach, fast in Zeitlupe, zischt er links unten ins Eck. Torwart Jan Jongbloed, einer der letzten seines Standes, der keine Handschuhe trägt, wirft sich gar nicht erst. 2:1! Es ist Müllers 68. und letztes Tor im DFB-Trikot, sein 14. bei einer WM, und es gehört zu seinen wichtigsten.

»Tore, wie sie Müller macht. Wie sie nur Müller macht, weil er die kürzesten Reflexe hat«, erklärt ARD-Reporter Rudi Michel der TV-Gemeinde erfreut. Ein weiteres Müller-Tor wird zu Unrecht wegen Abseits aberkannt, so bleibt es bis zuletzt spannend. Als das dramatische Spiel, das nach der Pause zur deutschen Abwehrschlacht wird, zu Ende ist, wirft sich Müller zu Boden und scheint dem lieben Gott zu danken. Die Hände zum Himmel.

Nun sagt Rudi Michel: »So, und jetzt, meine Herren, können Sie langsam die Sachen entkorken, die besseren Sachen. Und Sie, meine Damen, können mittrinken.«

Fußball in den Siebzigern ist noch reine Männersache, Frauen sind nur Staffage und werden bestenfalls geduldet, wie sich auch in München schon bald zeigen wird. Auf dem Sieger-Bankett im »Hilton« ist nämlich kein Einlass für die Spielerfrauen, Susi Hoeneß gelingt es trotzdem irgendwie. Ein Ober bittet sie im DFB-Auftrag, zu gehen, Tränen fließen, raue Worte folgen. Der mühsam erkaufte Burgfriede zwischen Spielern und Verband ist dahin, Beckenbauer beschimpft die DFB-Vertreter als »Feierabend-Funktionäre«.

Dann platzt die Bombe. Müller steht zu fortgeschrittener Stunde plötzlich von der Tafel auf und ruft laut genug, dass es die Journalisten am Nebentisch hören können: »Das war mein vorletztes, vielleicht sogar schon mein letztes Spiel in der Nationalelf.« Er schwadroniert noch darüber, dass er »am 4. September gegen die

Schweiz in Basel gern meinen Abschied geben« möchte. Bestürzt fragen sie ihn nach dem Warum, die Traube um Müller wird immer größer. Da steht er nun mit gelöster Krawatte und einer Zigarre im Mund und kehrt sein Innerstes nach außen. »Ich habe mich seit einem Vierteljahr mit dem Gedanken beschäftigt. Ich will endlich einmal Zeit für meine Familie haben.« Journalisten, die seinen Entschluss anzweifeln, bietet er spontan eine 1000-DM-Wette an. Wieder mal.

Der renommierte Sport-Autor Ulfert Schröder ist unter den Augenzeugen dieses denkwürdigen Moments und schreibt: »Ein halbes Dutzend Mal musste der Münchner Toreschießer seine Erklärung wiederholen.« Offenbar noch zu wenig, denn der Rücktritt wird bis in die Gegenwart im Zusammenhang mit dem Bankettеklat um die Frauen gesehen. Ebenso wie bei Overath und Grabowski. Auch Franz Beckenbauer hat diese Legende immer weitertransportiert, und dem »Kaiser« widerspricht man bekanntlich nicht. Gerd Müllers Klarstellungen werden über Jahrzehnte hin dagegen kaum beachtet. Auch die Aussage in der *Münchner Abendzeitung* im Mai 2005: »Das wird seit 31 Jahren falsch erzählt. Es war ganz anders. Schon am Donnerstag, drei Tage vor dem Endspiel, sind Overath, Grabowski und ich zu Helmut Schön gegangen und haben ihm gesagt, dass das Finale unser letztes Spiel im Nationaltrikot sein wird. Ich wollte einfach nur noch für die Bayern spielen und mehr Zeit für die Familie haben. Schön hat gesagt: ›Gut, aber sagt der Presse erst nach dem Finale etwas, sonst gibt es ein Durcheinander.‹ Und so haben wir es dann auch gemacht. Dass die Frauen nicht zum Bankett durften, wussten wir schon lange vorher.«

Es ist ein geplanter Rücktritt, keiner im Affekt. Das liest sich nur besser.

Kein Rücktritt vom Rücktritt – mit Bayern in die Krise

Die Zeitungen sind voll nach dem deutschen WM-Triumph. Allerdings nicht voll des Lobes, das ist keine deutsche Stärke. Voll der Wut über den antiquierten DFB, der eigentlich nur gemacht hat, was die FIFA noch bei jeder WM vorgegeben hat: Spielerfrauen müssen draußen bleiben beim Bankett. Nun aber sieht es so aus, als wäre der »Bomber der Nation« wegen einer solchen Stillosigkeit zurückgetreten.

Zumal er das Thema ebenfalls befeuert hat in jener Nacht: »Was man mit unseren Frauen gemacht hat, geht über die Hutschnur.«

Weshalb jedoch auch allseits Hoffnung besteht, das würde sich wieder legen. Helmut Schön kündigt an, mit dem Chef im Hause Müller, also mit der Ehefrau, darüber zu reden. Dann erklärt er den Zuhörern: »Der Gerd sagt oft etwas aus der ersten Erregung heraus. Ich glaube nicht, dass er das Nationaltrikot auszieht. Dafür ist er viel zu ehrgeizig. Und wenn er aus dem Urlaub zurückkommt, schaut sicher vieles anders aus.«

Gerd Müller kommt aus dem Italien-Urlaub zurück und schaut wirklich anders aus, er trägt nun Vollbart. Aber er bleibt bei seinem Rücktritt. »Ich wollte ja schon Monate vor der letzten WM aufhören, von gewisser Seite im DFB wurde ich arg enttäuscht«, sagt er etwas kryptisch. Vermutlich spielt er auf die verweigerte Freigabe im Sommer 1973 an, als ihn und vor allem sein Umfeld Barcelona gereizt hat. »Und dann zog es mich ganz einfach zu Frau und Kind zurück. Ich wollte wieder ganz Mensch sein, nicht mehr so stark angebunden sein. Kann man das nicht verstehen?«

Später, viel später erst wird Müller sagen: »Die Entscheidung würde ich heute nicht mehr so treffen. Ich hätte gern noch bei der EM 1976 gespielt. Ein Hilferuf – und ich wäre sofort dabei gewesen.« Nachzulesen am 12. September 2012 in *Bild*.

Doch als Helmut Schön im November 1974 sagt: »Die Tür für Gerd Müller ist weit offen, doch er ist am Zug«, da reagiert er nicht. Die Journalisten, die sofort in Straßlach anrufen, erhalten zur Antwort: »Es bleibt dabei, an eine Rückkehr ist nicht gedacht.«

Der WM-Triumph führt Gerd Müller wieder einmal nach Nördlingen. Der OB will es sich nicht nehmen lassen, dem ersten Weltmeister der Stadt die Goldene Bürgermedaille zu verleihen. Müller trägt ein helles Sakko und sieht mit Vollbart und langen Haaren wie ein angesagter Lead-Sänger aus. Vielleicht fühlt er sich an jenem Septembertag 1974 auch so, denn vor dem Rathaus umjubeln ihn 1000 Fans. Die Medaille nimmt er lächelnd entgegen, ebenso wie den selbst gebackenen Kuchen von Mutter Karoline. Die sagt der *Bild*: »Er war schon als Kind immer der Bravste, nur beim Fußball war er frech.« Noch am selben Tag reist er wieder ab. Termine.

Als die Weltmeister Ende September in Bonn von Bundespräsident Walter Scheel das Silberne Lorbeerblatt in Bonn empfangen, fehlt Müller. Angeblich wegen einer Infektion. Als sie am Jahresende in Baden-Baden als Mannschaft des Jahres ausgezeichnet werden, fehlt er nicht. Dafür fällt er auf. Während alle den DFB-Ausgehanzug (mit heller Hose) tragen, setzt Müller einen Kontrapunkt und kommt in dunkler Hose. Auf dem Foto wirkt das peinlich, aber sein Signal ist deutlich: Ich gehöre nicht mehr dazu.

Dass er sportlich unbedingt noch dazugehören sollte, wird in der Saison 1974/75 weniger deutlich. Es wird die bis dahin schlimmste in der Bundesliga-Historie des FC Bayern. Die WM, an der auch Stürmer Conny Torstensson (für Schweden) teilgenommen hat, fordert ihren Tribut. Der »Zirkus Schwan«, der nun quasi den Weltmeister im Programm hat, kann Rekordgagen aufrufen und gibt so viele Aufführungen wie nie. Nicht nur in der Vorbereitung, auch während der Saison tingeln sie durch Europa. Doch die Spieler sind am Limit, und sie haben ein Motivationsproblem nach all den Siegen und Triumphen. Es kommt so, wie der im Zorn zu Real Madrid gewechselte Paul Breitner sagt: »Diese Mannschaft ist satt und braucht vom Zeugwart bis zum Schuhputzer eine neue Motivation.« Die Prämien (500 DM pro Punkt) sind allerdings keine mehr für die Jungmillionäre.

Die Gegner haben jedoch keinerlei Motivationsprobleme. Im Gegenteil. Zum Auftakt verliert der Meister 0:6 bei Kickers Offenbach, im September kassiert er gegen Schalke nach vier Jahren und 73 Spielen wieder eine Heimniederlage, sie verlieren sogar bei Schlusslicht Wuppertaler SV und beenden die Vorrunde als 14.! Udo Lattek muss nach einem Zerwürfnis mit Neudecker und Kabbeleien mit dem »Kaiser« gehen, und Gerd Müller, inzwischen stellvertretender Spielführer, hat einen Tennispartner weniger. Immerhin hat er seit Sommer einen neuen Sturmpartner, der das Zeug hat, ihm Tore aufzulegen: Karl-Heinz Rummenigge. Der 19-jährige Blondschopf aus Lippstadt erstarrt neben dem Platz noch in Ehrfurcht vor all den Weltstars um ihn herum und muss mit spöttischen Kosenamen wie »Rotbäckchen« und »Rummelfliege« leben. Als er ein neues Auto braucht, wird er an Müller verwiesen, der habe Beziehungen. Rummenigge, heute Vorstandschef der Fußball AG des FC Bayern, nähert sich ihm demütig: »Herr Müller, darf ich Sie mal sprechen?« Müller: »Warum sagst du Sie zu mir? Du kannst schon einen BMW haben. Aber nur, wenn du Du zu mir sagst.« Rummenigge: »Klar, Herr Müller.« Müller winkt mit der rechten Hand ärgerlich ab: »Das heißt du, verstanden?«

Auch der Weltmeistertitel hat den Menschen Müller nicht verändert. Bei anderen gibt es da gewisse Zweifel. Uli Hoeneß zum Beispiel schwänzt sogar ein Training, um in Frankfurt eine gut dotierte Autogrammstunde zu geben. Doch es kommt heraus, sogar in Zeiten ohne Smartphones. Nur etwas langsamer. Ein hessischer Bayern-Fan denunziert ihn per Brief an den Vorstand, Hoeneß muss in der Folge zum Rapport und eine Geldstrafe entrichten. Dass die Saison ohne diese Episode wesentlich anders verlaufen wäre, ist nicht anzunehmen. Aber sie passt ins Bild von der satten Mannschaft.

Willkommen in der Krise. Der Vorstand senkt die Eintrittspreise um bis zu 70 Prozent, streicht freie Tage und präsentiert zur Rückrunde einen neuen Trainer. Globetrotter Dettmar Cramer hat den Ruf eines Fußballprofessors und quält Spieler und Reporter mit langatmigen Vorträgen. Selbst Präsident Neudecker stöhnt: »Bald sind wir abgestiegen, aber alle haben Abitur.« Die Bayern verlieren nämlich immer weiter und ernten kübelweise Spott. Und Beachtung der anderen Art, zum Training kommen plötzlich 500 Zuschauer. Es ist die schaurige Lust daran, einen Giganten fallen zu sehen. Und wie er fällt. Selbst Franz Beckenbauer schießt, an zwei Wintertagen in Folge, Eigentore, und Sepp Maier fragt in der nächsten Teamsitzung den Trainer: »Ja, und wer deckt denn jetzt den Franz?«

Nach einem vogelwilden 5:6 in Düsseldorf, wo Müller binnen vier Minuten drei Tore erzielt, stellt der »Bomber« ungewohnt ironisch fest: »Wir werden immer beliebter im Westen!« Nur der außerordentlichen Schwäche der neuen Konkurrenz – der am anderen Ende der Tabelle – verdanken sie es, dass sie die miserable Saison ohne große Abstiegsängste überstehen. Platz zehn ist dennoch weit hinter den Ansprüchen, die immer noch zu Recht bestehen, wie sie gelegentlich nachweisen. Zu den Merkwürdigkeiten der Saison 1974/75 zählt, dass die Bayern zwar plötzlich jederzeit und überall im eigenen Land schlagbar sind, aber wieder den Europapokal der Meister gewinnen. Wozu man 1975 nur sieben Spiele braucht, dank eines Freiloses in Runde eins. Europapokalspiele in den Siebzigern sind noch eine einfache Angelegenheit. Man spielt zu Hause und auswärts gegen einen Gegner, wer mehr Tore hat, kommt weiter. Sind es gleich viele, zählen die Auswärtstore doppelt. Keine Tabellen, kein direkter Vergleich, keine UEFA-Koeffizienten. Und im Stadion herrscht angespannte Ruhe. Kein Vorprogramm, keine Hymnen, keine Ultras. Für viele ist es die schönere Zeit.

Müller, der in der Liga mit 23 Toren immer noch drittbester Schütze ist, steuert zum Titelgewinn fünf Tore bei. Die wichtigsten fallen im Treffen mit dem DDR-Meister, dem 1. FC Magdeburg, das Müllers Doppelschlag im Rückspiel (2:1) entscheidet. Er trifft sogar mit gebrochenem Zeh. Ohne Müller können und wollen sie immer noch nicht spielen, er hat keine Konkurrenten. Als er vor dem Heimspiel gegen Fortuna Düsseldorf eine Grippe hat, schickt ihm Lattek den Klub-Arzt nach Hause. Müllers Namensvetter Richard »Ritschie« bleibt den ganzen Tag an seinem Bett und gibt ihm offenbar die richtige Medizin. Am nächsten Tag spielt der »Bomber«, mit Rollkragenpulli unter dem Trikot, und schießt zwei Tore.

Wie in Magdeburg. Auch diesmal ist das deutsch-deutsche Duell nicht frei von Misstönen. Jetzt bringen die Bayern sogar ihr eigenes Essen mit, aus dem Feinschmecker-Lokal »Käfer«, das sie vor dem Hotel vor Hunderten Zuschauern im Bus einnehmen. Die Ober im Hotel vergießen derweil bittere Tränen, zu gern hätten sie doch Gerd Müller eine Suppe serviert. Wieder ernten die Bayern Kritik für ihre Stillosigkeit. Auch für die Verlegung der Teamsitzung in den Park aus Angst vor Wanzen.

Über Ararat Jerewan und den AS St.-Étienne erreichen die Bayern das am 28. Mai im Pariser Prinzenpark stattfindende Finale gegen den englischen Meister Leeds United. Dort sind sie aufgrund ihrer schwachen Form krasser Außenseiter, aber in Finals scheint das keine Rolle zu spielen. Mit Gerd Müller hat der FC Bayern noch nie ein Endspiel verloren, und so wird es auch nach seinem siebten bleiben. Selten erhält zwar ein Sieger weniger Lob als 1975 die Bayern, die ihr Heil in der Defensive suchen, in einem der hässlichsten Finals aller Zeiten. Es geht brutal zu, auf dem Rasen und auf den Rängen, von wo nach der Pause Sitzschalen aus dem Pulk der Leeds-Fans aufs Feld fliegen. »Bulle« Roth kann das nicht schocken. Wie 1967 gegen Glasgow erzielt der Mittelfeld-Renner das 1:0, und für die Entscheidung sorgt natürlich – Müller. Wieder verfolgt er sein Tor aus der Froschperspektive, er rutscht in Kapellmanns Flanke und der Ball ins Tor. Es sind auch Tore der

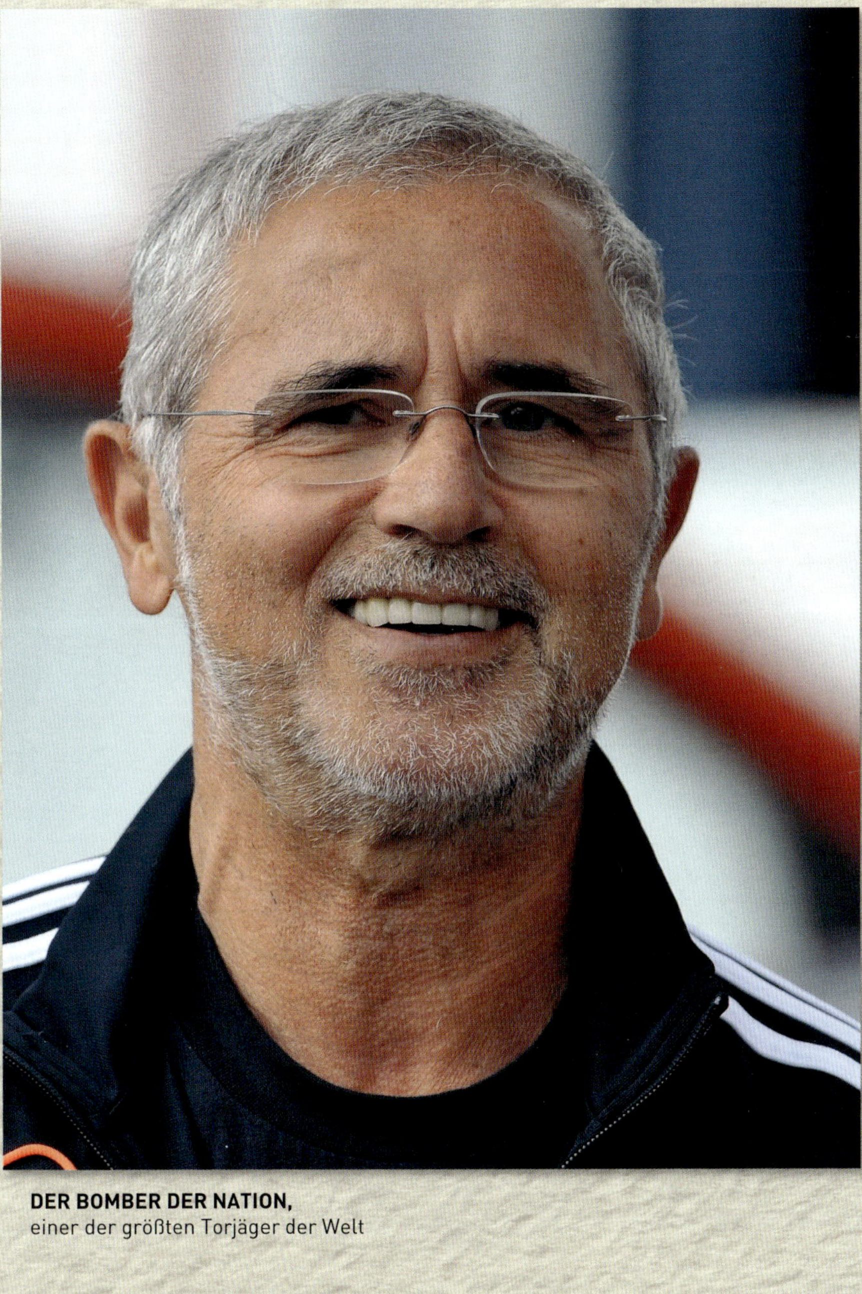

DER BOMBER DER NATION,
einer der größten Torjäger der Welt

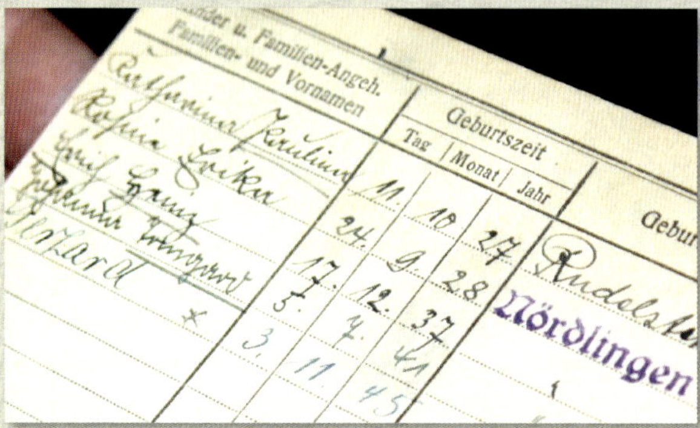

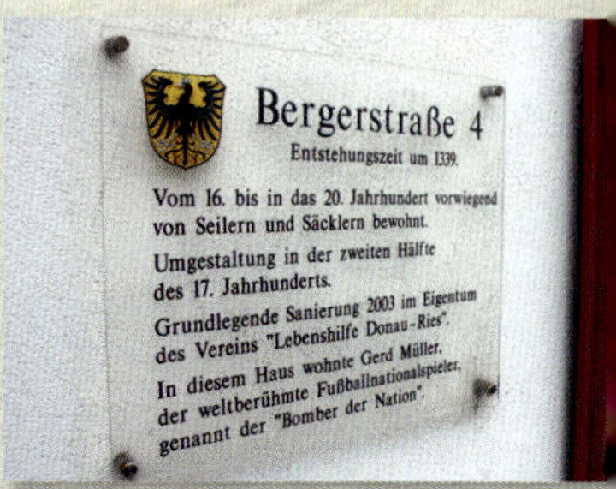

1967

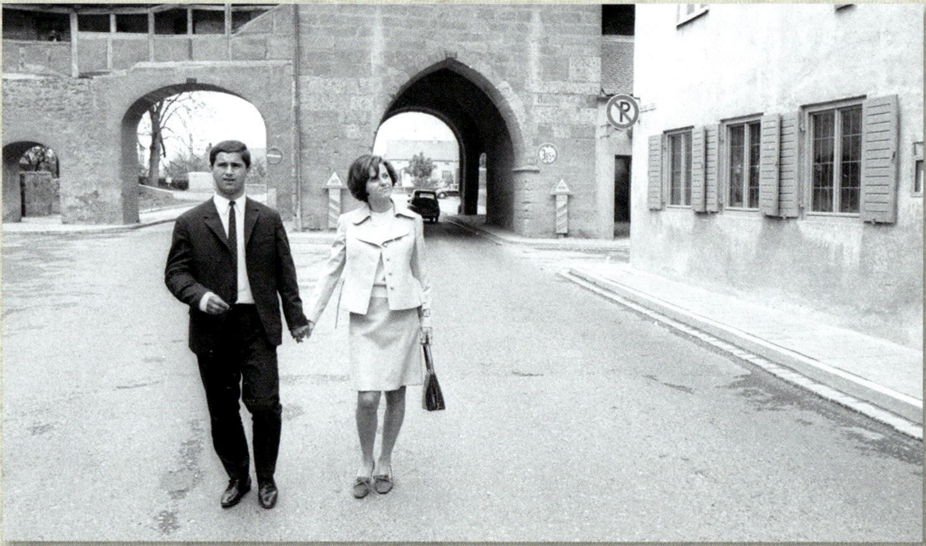

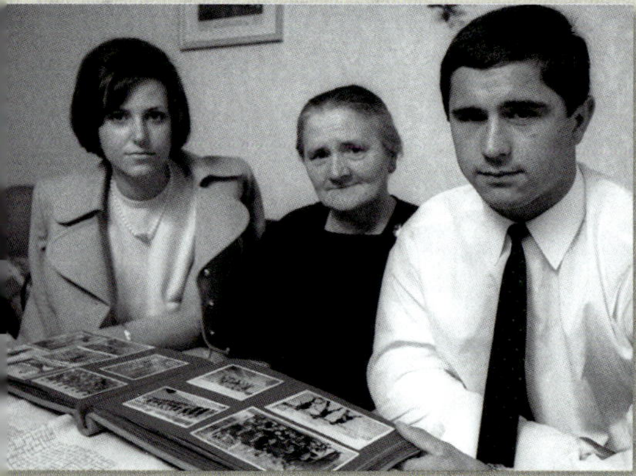

OBEN LINKS
Verzeichnis der Geschwister in Meldekarte, an fünfter Stelle Gerhard Müller

MITTE
Heimatbesuch: Mit Braut Uschi in Nördlingen

OBEN RECHTS
Gedenktafel am Wohnhaus Bergerstraße 4

UNTEN LINKS
Stöbern im Familienalbum: Mit Uschi und Mutter Karoline

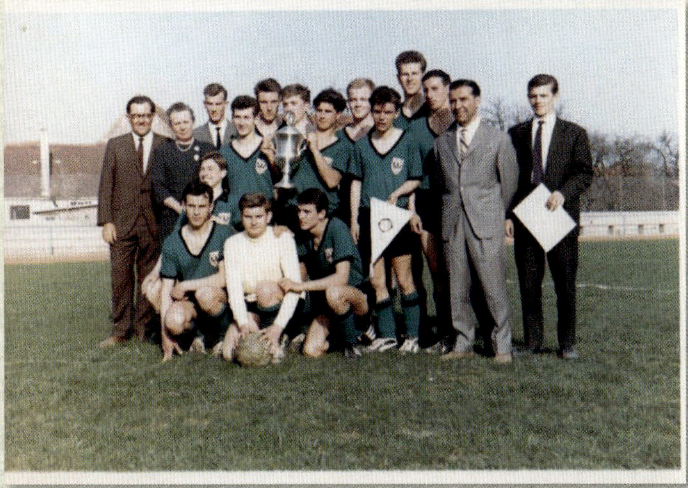

1962

Jugend-Pokalmeister TSV Nördlingen. Mit Pokal: Müller

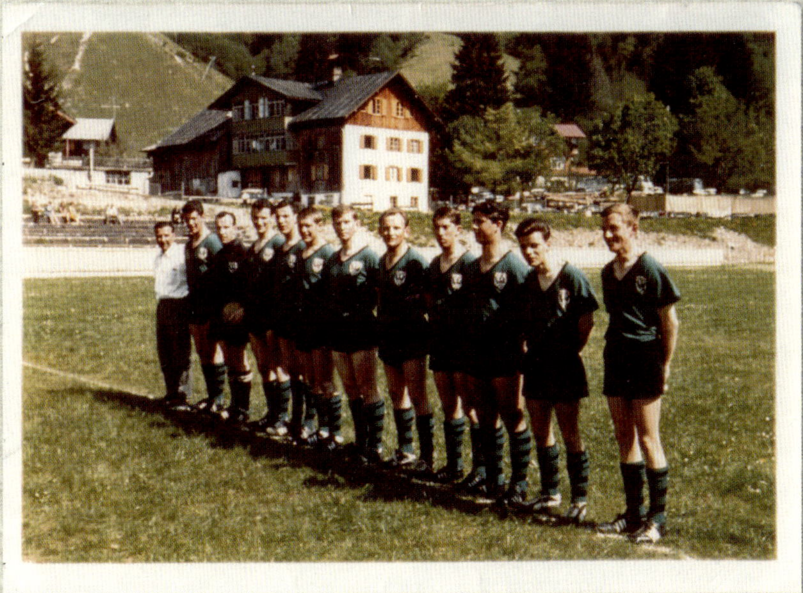

1964

Pfingst-Turnier in Oberstdorf, Müller (3. v. r.) in der 1. Mannschaft

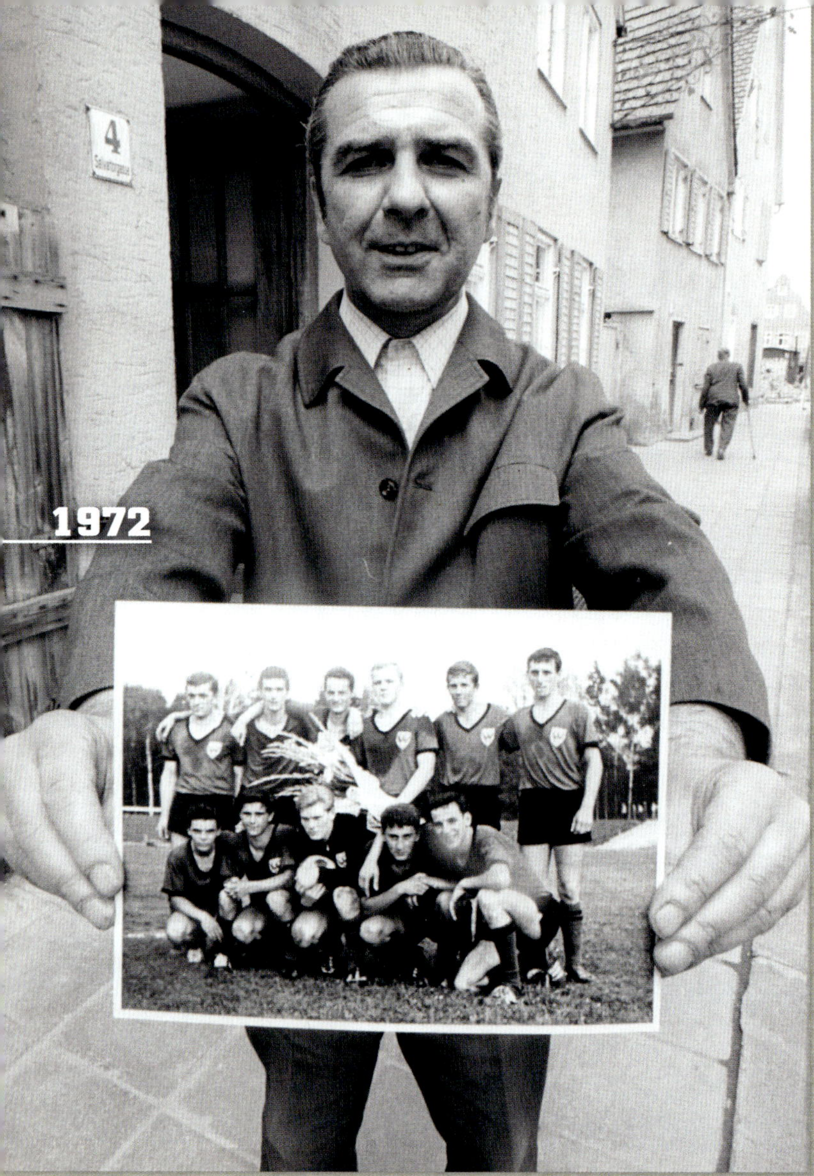

OBEN
Jugendleiter und Entdecker Georg Münzinger mit Mannschaftsfoto vor Müllers Wohnhaus

UNTEN LINKS
Müller-Trikots im Bayern-Museum Erlebniswelt

UNTEN RECHTS
Gerd-Müller-Stadion in Nördlingen (umbenannt 2008

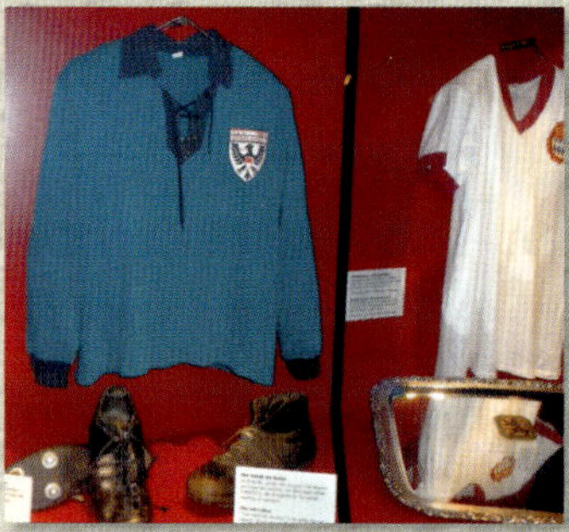

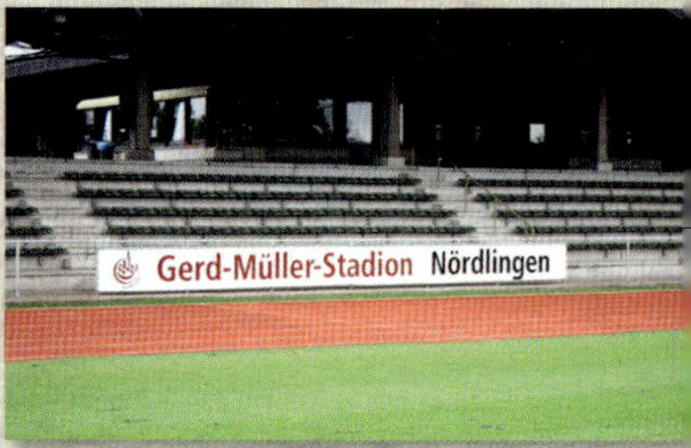

OBEN
Ablösevereinbarung zwischen dem TSV und dem FC Bayern

UNTEN LINKS
Quittung für Müller, 5000 DM Handgeld; mit Unterschrift der Mutter

UNTEN RECHTS
Erster Sportplatz des TSV, erster Spielplatz am Stänglesbrunnen

1964

286/2

TSV 1861 NÖRDLINGEN EV.

SPORTPLATZ BEI DER TURNHALLE, AUGSBURGER STRASSE
MITGLIED DES BAYERISCHEN LANDESSPORTVERBANDES

TSV 1861 NÖRDLINGEN

Fußball
Handball
Faustball
Turnen
Leichtathletik
Gymnastik
Rollschuhlauf
Tischtennis
Fechten

BANKKONTO: KREIS- UND STADTSPARKASSE NÖRDLINGEN NR. 2175

An den
FC. Bayern München e.V.

8000 München

Betreff: Quittung

Nördlingen, den 10. August 1964

Quittung

Hiermit wird der Empfang der Ablösesumme in Höhe von DM 4.400,-- (Viertausendvierhundert) anläßlich des Wechsels des Amateurspielers Gerhard Müller vom TSV 1861 Nördlingen zur Vertragsspielerabteilung des FC. Bayern München bestätigt.

Die Ablösesumme setzt sich wie folgt zusammen:

a) Ablösesumme gemäß Bestimmungen	3.000,-- DM
b) Ablösegeld für fünfjährige Spielertätigkeit mit jährlich 200,-- DM	1.000,-- DM
c) 10 % der Summen a) und b) für die Berufung des Spielers in die Bayer. Jugendauswahl im Spieljahr 1963/64	400,-- DM
	4.400,-- DM

T.S.V. 1861 Nördlingen e.V.

Dr. H. Kessler

1\. Vorsitzender

Geschäftsführer

FUSSBALL CLUB BAYERN MÜNCHEN e.V.

Kassen-Ausgabe-Quittung

Gebucht: 286/1
Journal-Seite:
Konto-Nr.:
durch:

DM 5.000,–

DM in Worten — fünftausend —

habe/n wir/ich heute vom F. C. Bayern München e.V.
Amor Gerhard MÜLLER

richtig erhalten.

München, den 10.7.64

Gerhard Müller
Müller Karoline

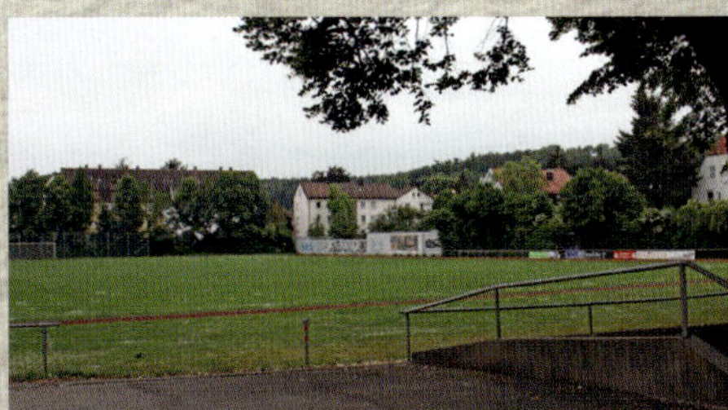

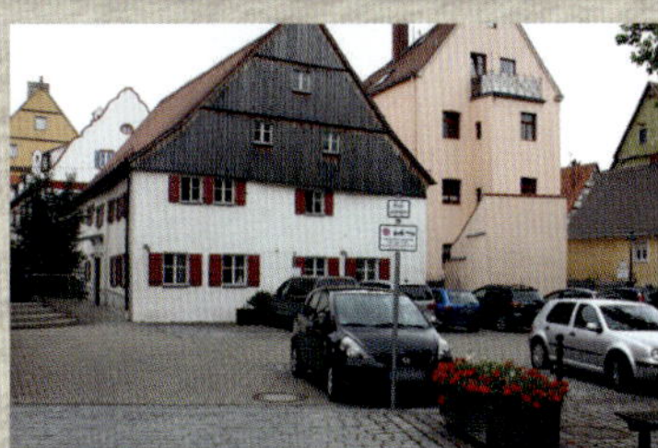

1967

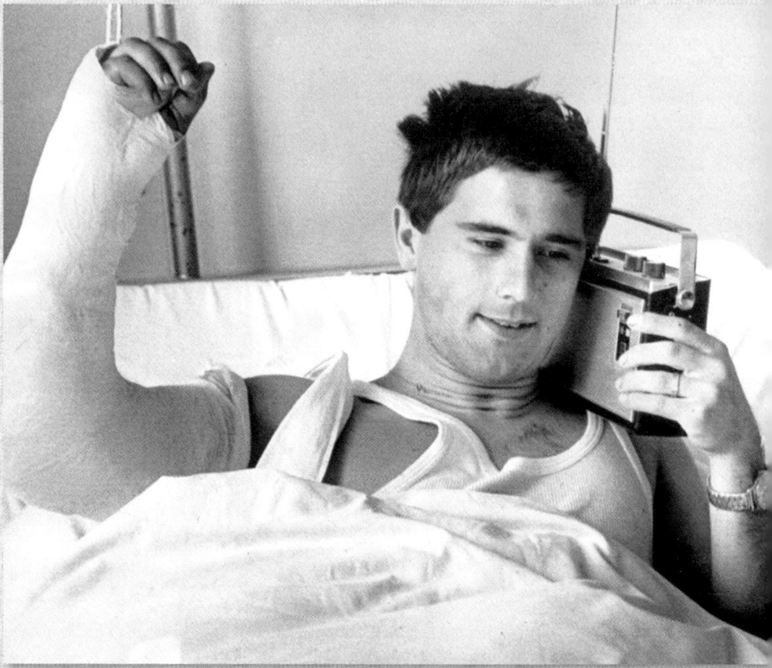

OBEN
Nach seinem Armbruch: Mitfiebern im Krankenhaus am Radio

UNTEN
Zweites Standbein: Gründung einer Versicherungsagentur mit Peter Sorg (r.). Mitte: OB Keßler

1969

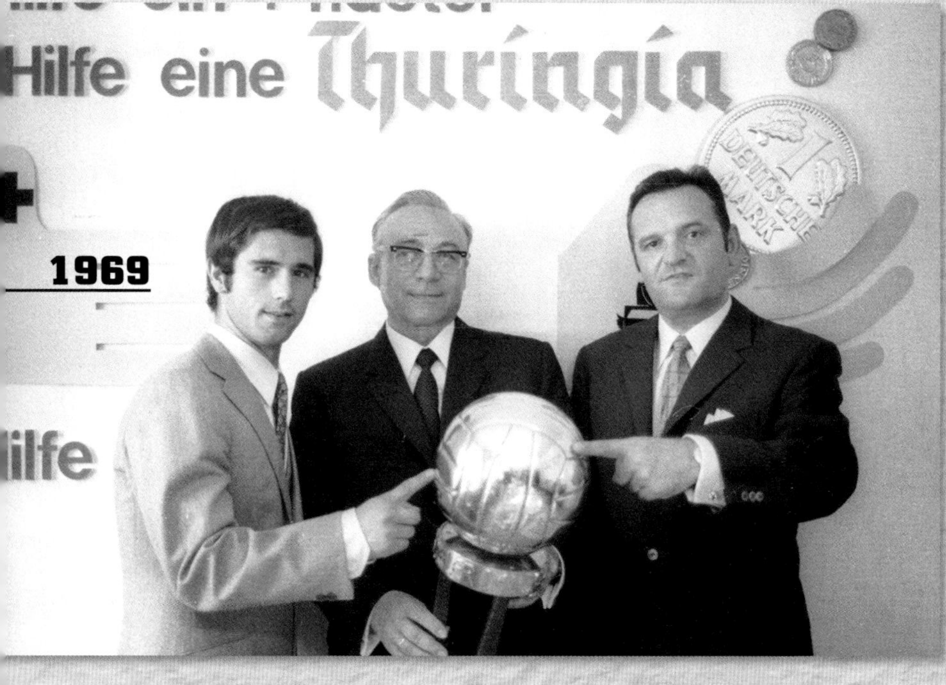

1969

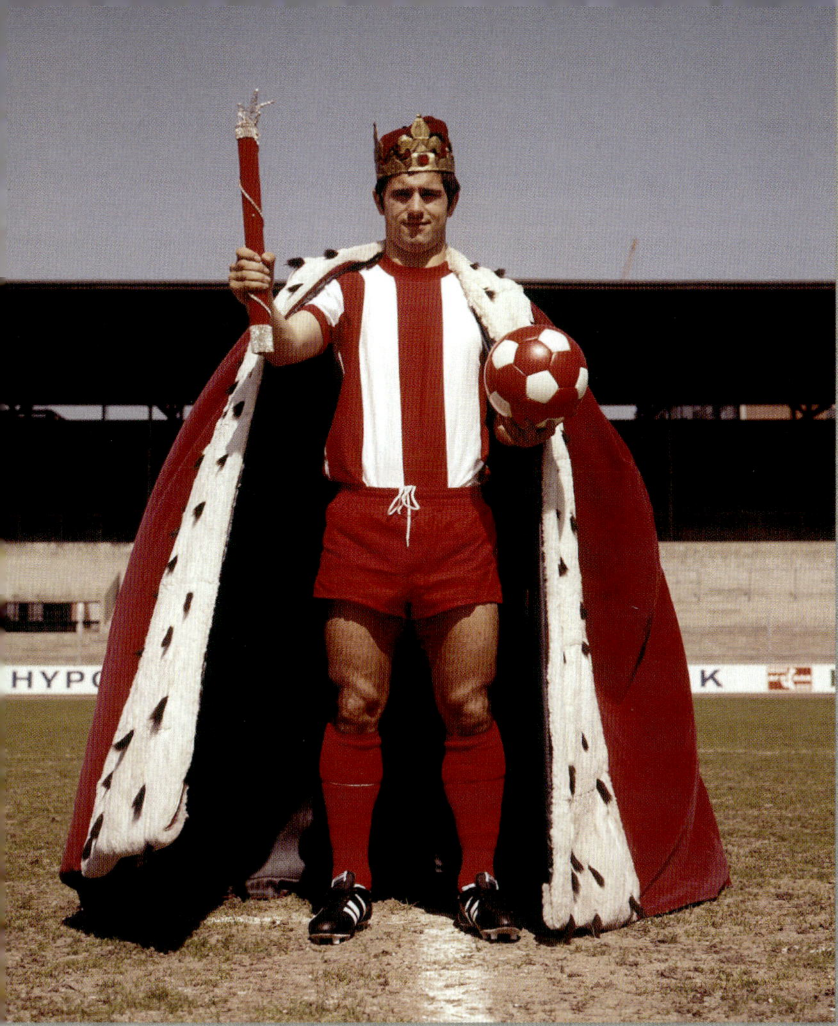

1967

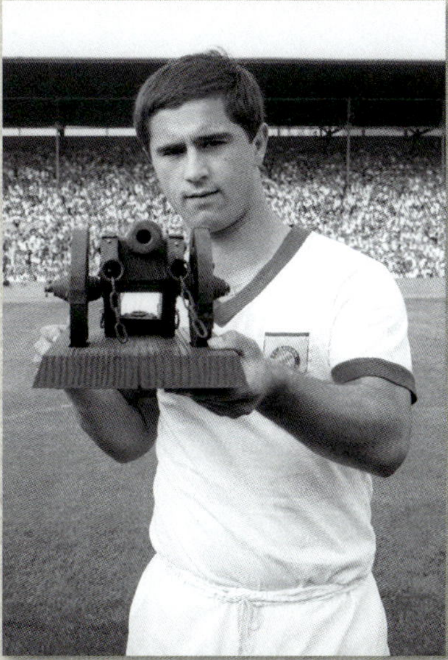

OBEN
Fußball-König: Der Fußballer des Jahres und Torschützenkönig wird inszeniert mit Krone, Hermelin und Zepter.

UNTEN
Kanonier: Zum ersten Mal Torschützenkönig

1974 – 1976

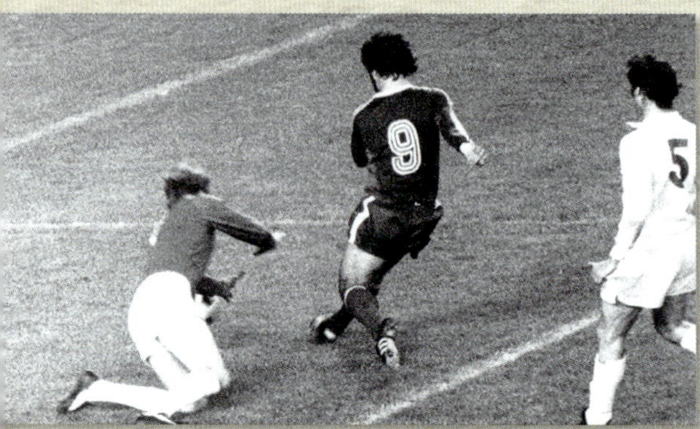

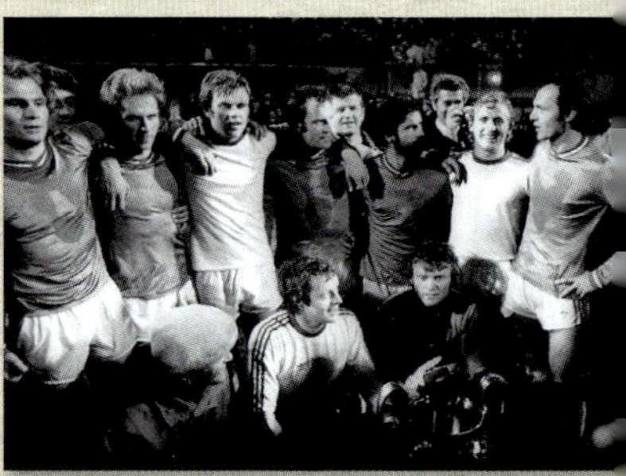

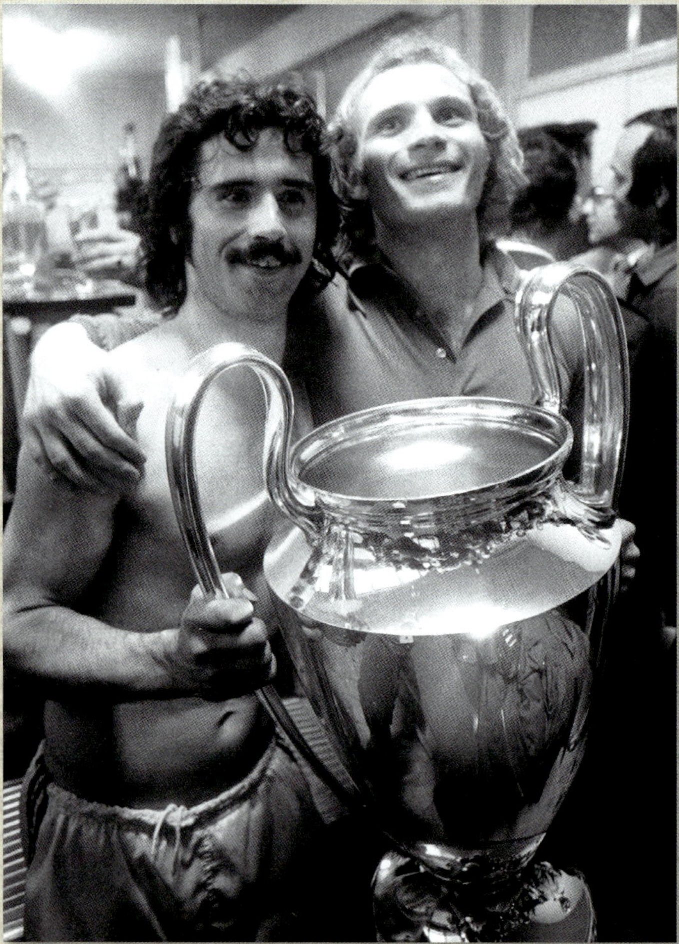

OBEN LINKS
Das entscheidende 2:0 gegen Leeds United (1975)

OBEN RECHTS
Die Sieger-Elf nach dem Landesmeister-Hattrick gegen St. Etienne (1976)

UNTEN
Mit Uli Hoeneß nach dem 4:0 gegen Atletico Madrid (1974)

1974

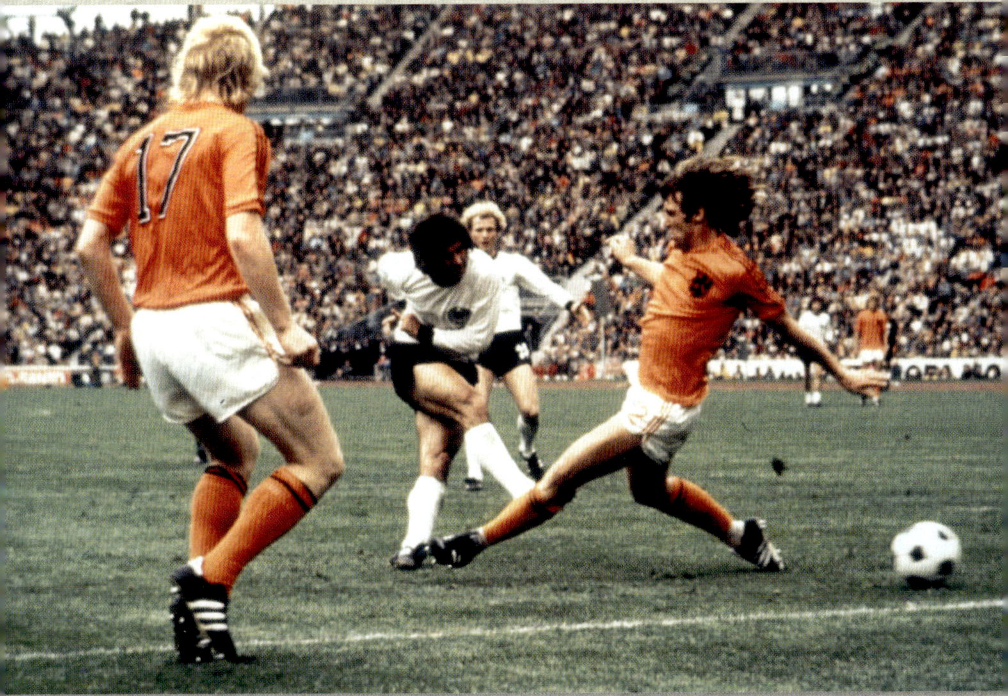

OBEN
Müller entscheidet das WM-Finale gegen die Niederlande (2:1).

UNTEN
Siegtor im WM-Viertelfinale gegen England zum 3:2

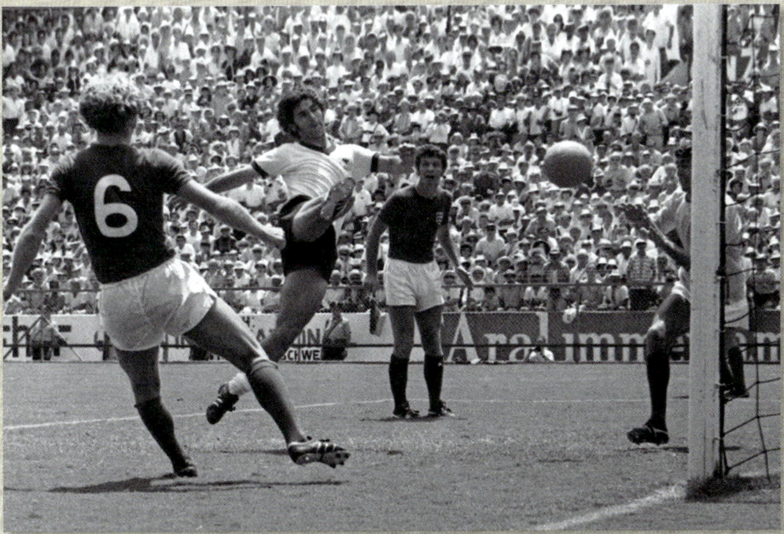

1970

1979

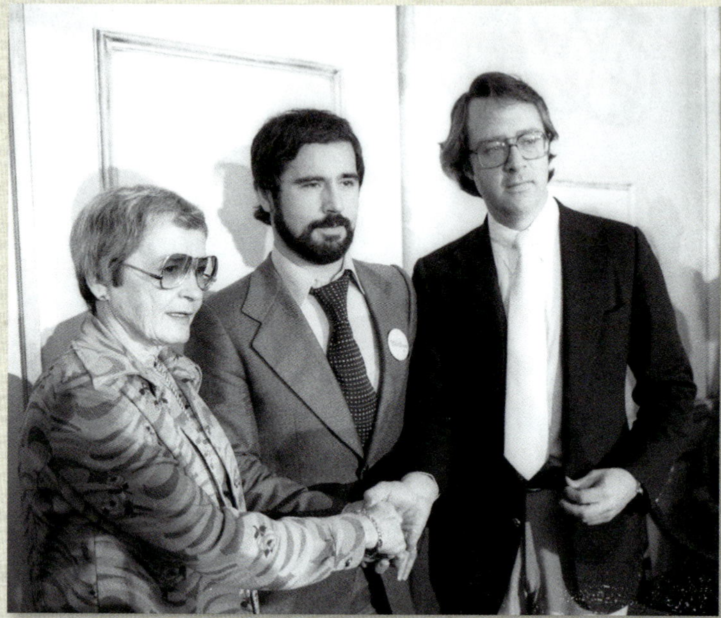

OBEN
Gerd Müller wechselt 1979 zu den Fort Lauderdale Strikers in Florida. Seine Chefin ist Mrs Elizabeth Robbie.

UNTEN
Fürs Foto trug er die »9« – in den Spielen der US-Liga lief Müller mit der »15« auf.

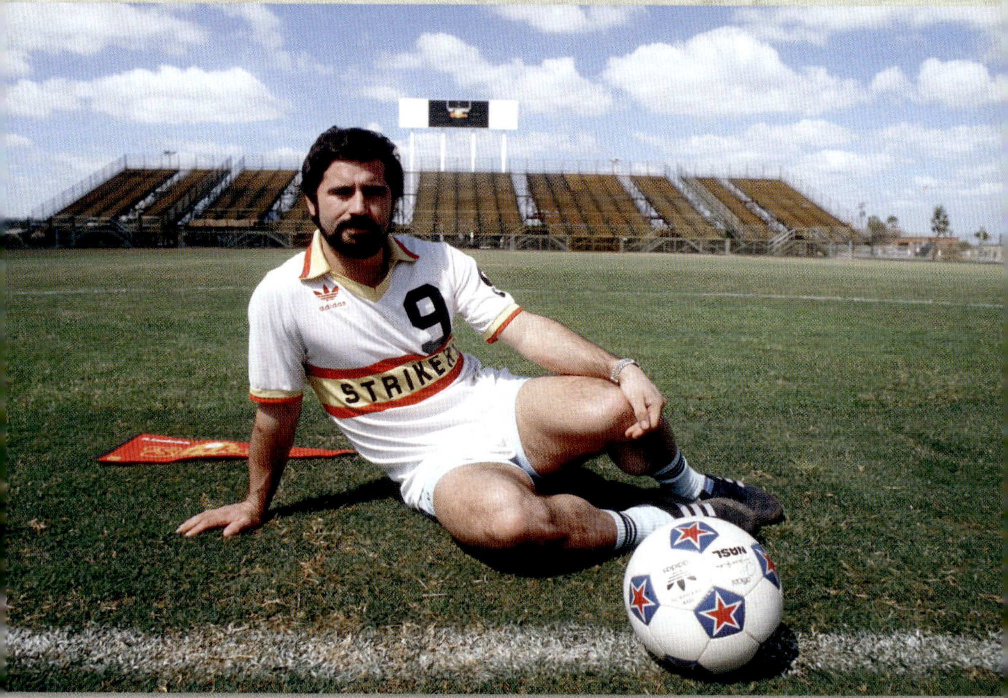

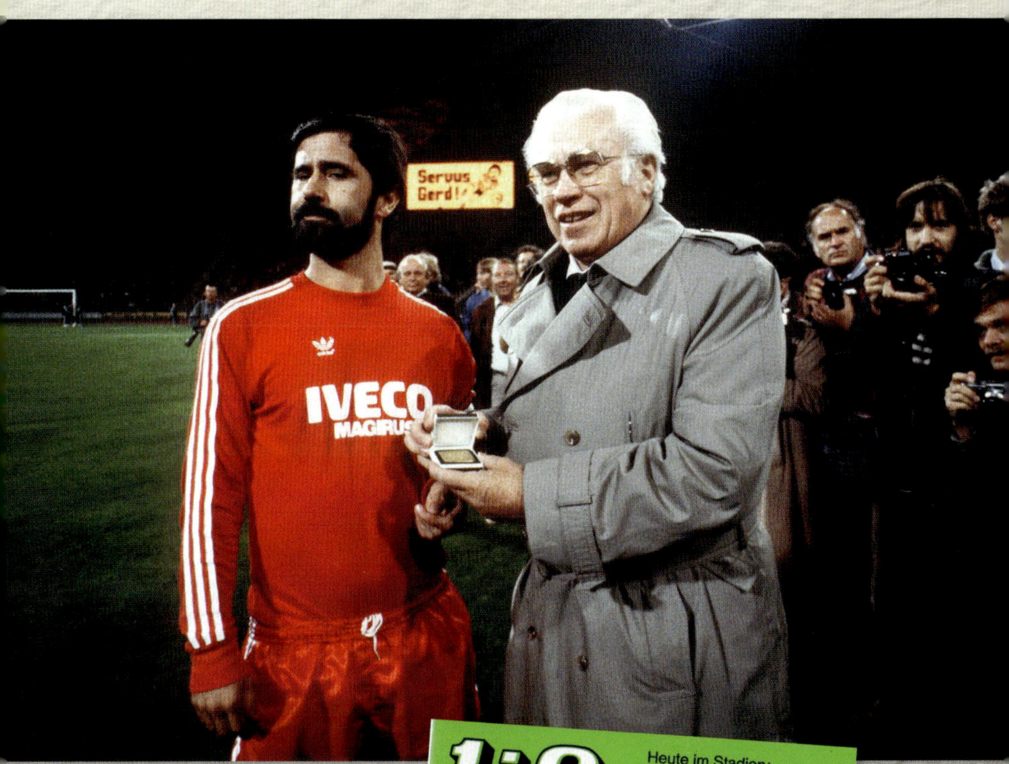

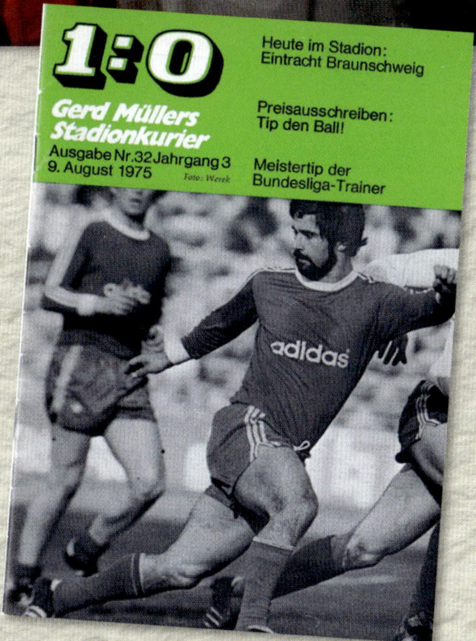

OBEN
Servus, Gerd! Und nur einer macht gute Miene zum Abschiedsspiel des »Bombers«: Wilhelm Neudecker, der sich kurz vor seinem Rücktritt 1979 noch auf das Goodbye-Match mit Müller geeinigt hatte.

UNTEN
Herausgeber Müller: Noch zu seiner aktiven Zeit gab er mit dem *1:0-Stadionkurier* ein Heft für die Heimspiele heraus.

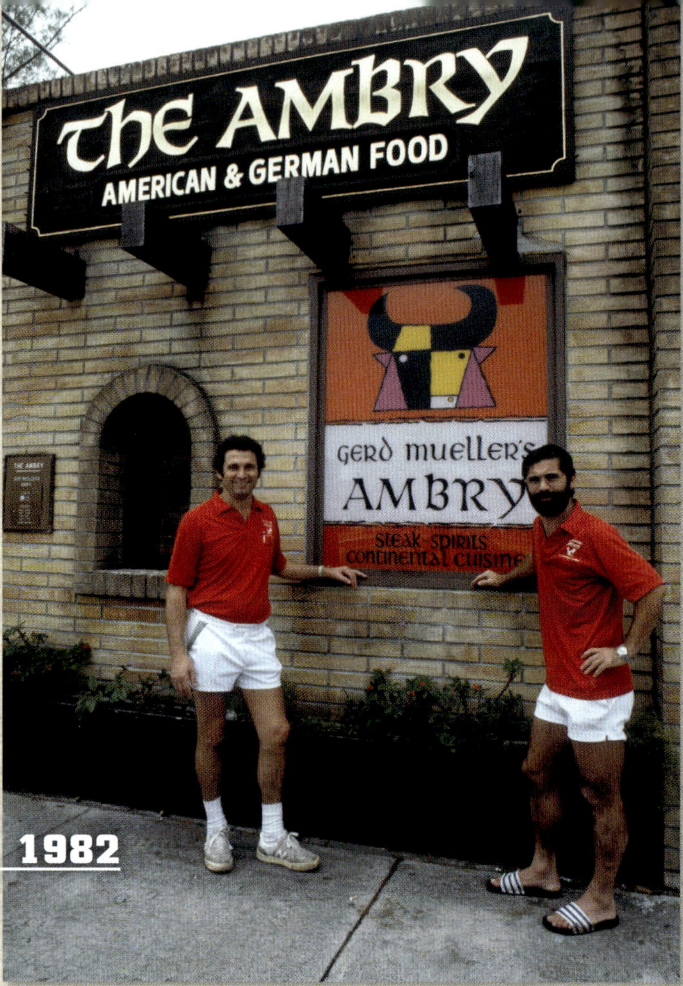

1982

RECHTE SEIT

OBE
Bombige Vo
hand: Müll
bei seine
Lieblingsspo
– auch nach d
Fußballkarrier
Tenn

UNTE
Mein Kump
der Kaiser. Fra
Beckenbau
konnte Müll
immer um R
frage

OBEN
Stolzer Restaurantbesitzer: Müller mit Geschäftspartner Hans Huber vor dem »Ambry«

UNTEN
Unter der Sonne Floridas: Anfangs ist das Ehepaar Müller happy im Sunshine-State.

1980

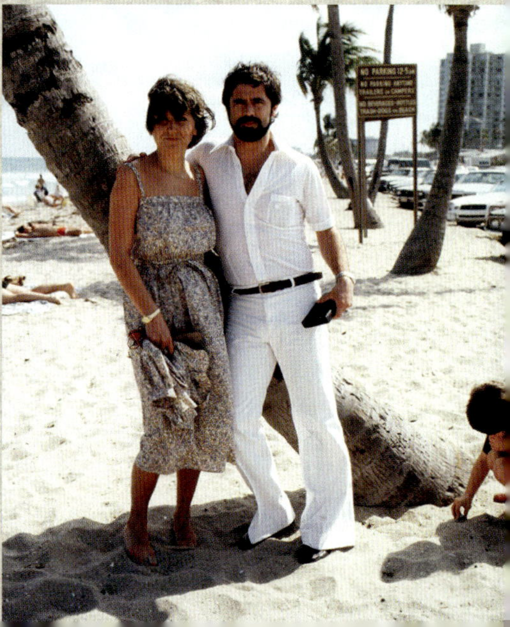

1979

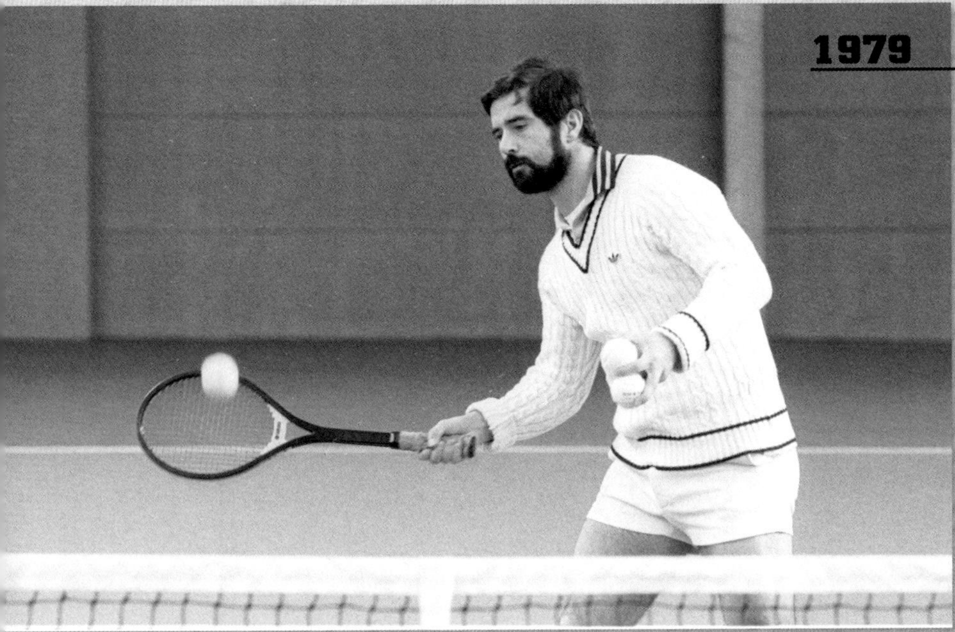

1986

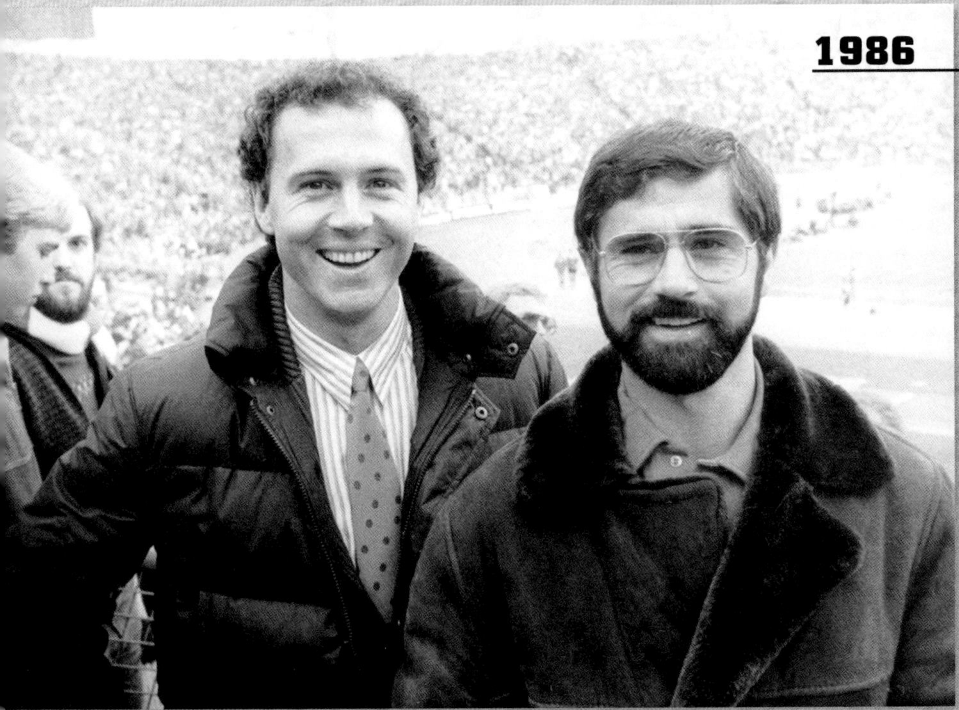

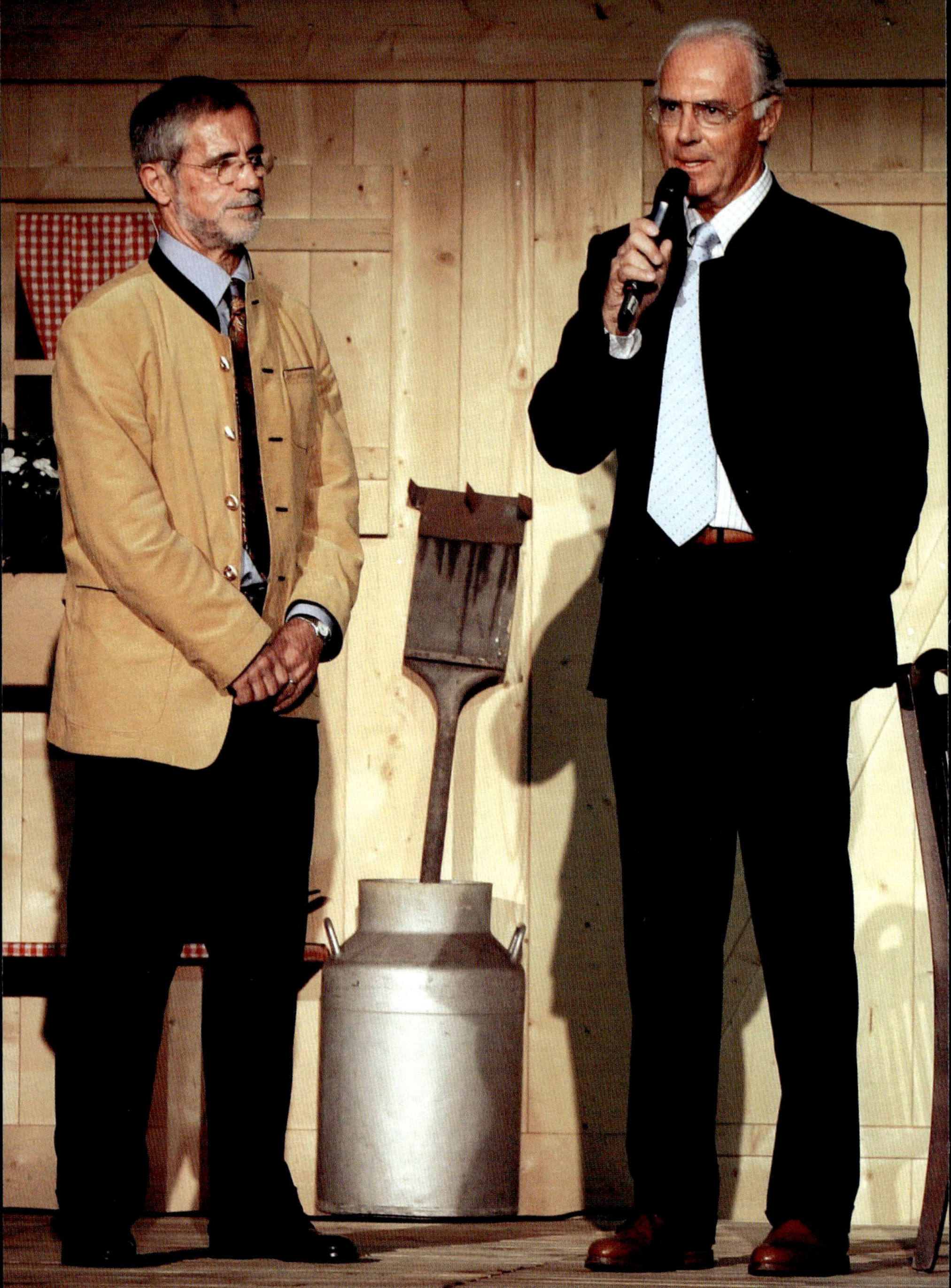

2005

INKE SEITE
ute Freunde
ann niemand
ennen:
üller bei
eckenbauers
). Geburtstag

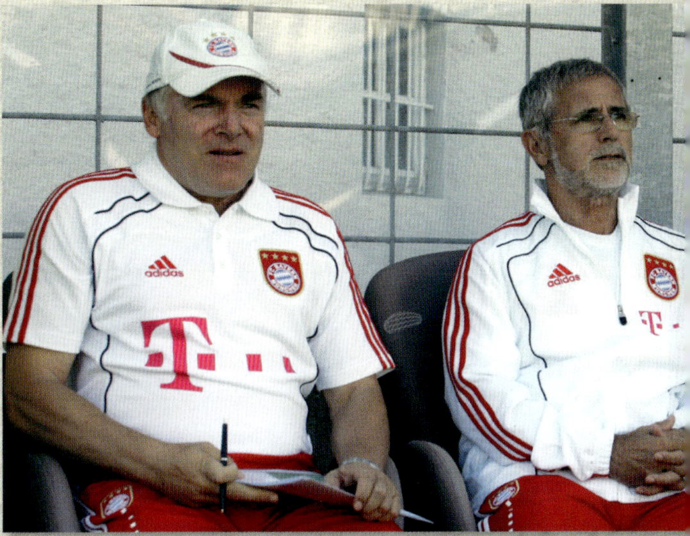

OBEN
Hermann Gerland, der »Tiger«, nahm Müller als Co-Trainer unter seine Fittiche.

UNTEN
Auch bei Mehmet Scholl war der »Bomber« ein wertvoller Assistent.

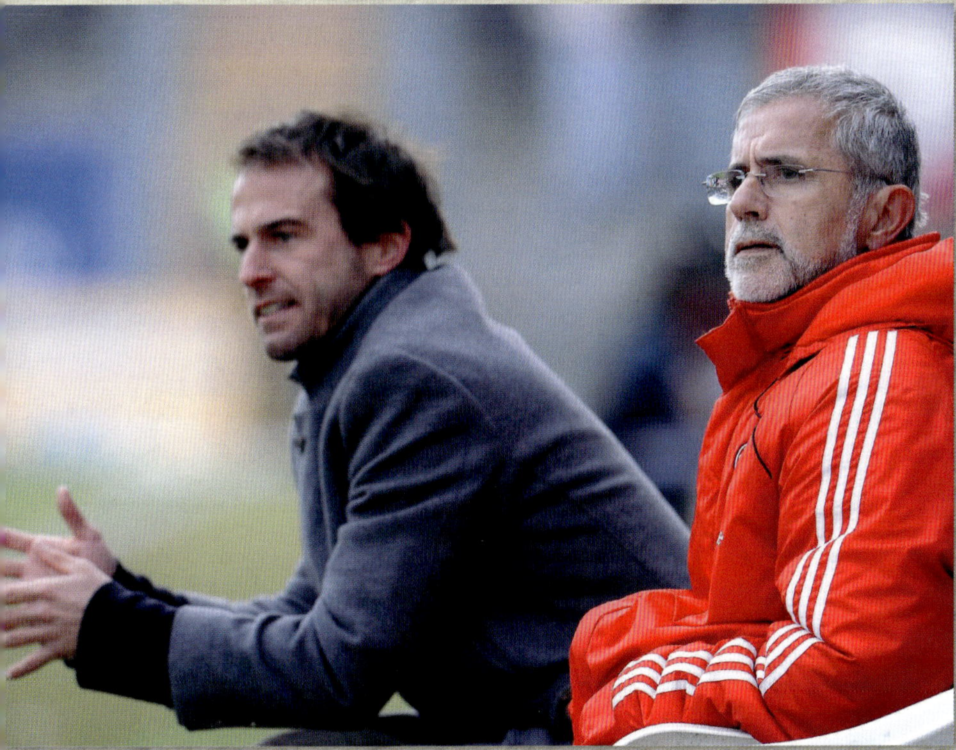

2010

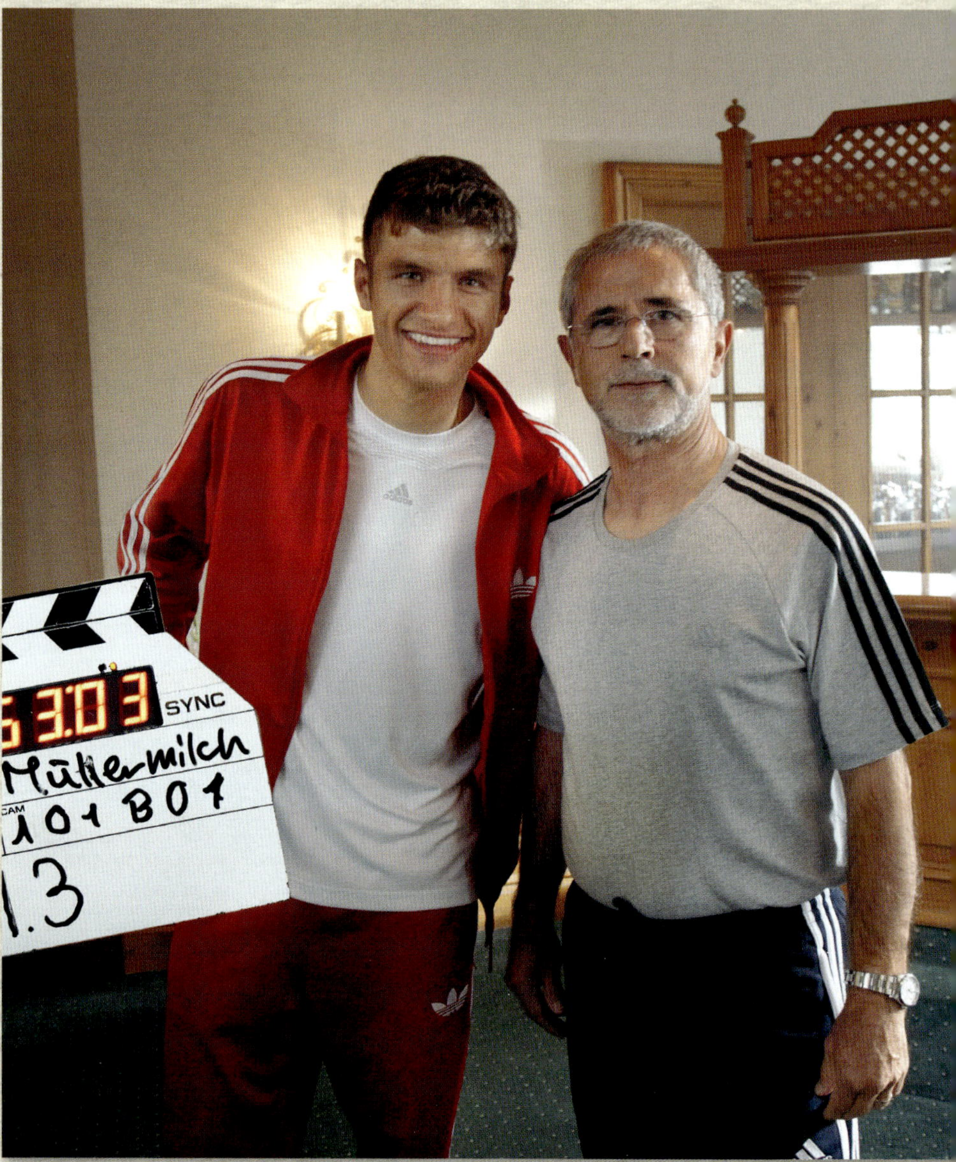

ALLES MÜLLER, ODER WAS?
Die Torjäger hatten Spaß bei der Neuauflage des Werbespots.

Genugtuung, denn die Engländer treten Verteidiger Björn Andersson und Uli Hoeneß vom Platz. Für Monate. Beide erholen sich davon nie mehr völlig, auf dem Bankett fließen trotz des Sieges auch Tränen. Präsident Neudecker aber sagt trotzig in Richtung des Pressetischs: »Die Herren müssen umdenken, die Ära der Bayern ist doch nicht zu Ende.«

Was die Frage wäre. Nach dieser Saison mit 14 Niederlagen spüren sie beim FC Bayern sehr wohl, dass sich etwas geändert hat. Sie hat Spuren hinterlassen und Zweifel genährt. »Der Respekt vor dem Meister ist weg«, hat der *Münchner Merkur* im Herbst geschrieben. »Nichts geht mehr zwischen Beckenbauer und Müller«, steht danach im *Kicker* – wohlgemerkt nur in sportlicher Hinsicht. Borussia Mönchengladbach ist die neue Supermacht, zur Meisterschaft kommt 1975 auch der UEFA-Pokalsieg.

Gewiss: Der wichtigste Europapokal, der der Landesmeister, steht wieder in der Vitrine an der Säbener Straße, und der kleine, große Trainer Dettmar Cramer wird Kult und lässt sich als Napoleon ablichten. Die Achse Maier-Beckenbauer-Müller ist auch noch da. Aber sie sind nun »Dreißiger«. Maier und der »Kaiser« spielen weiter für Deutschland, und der Fußballer des Jahres kommt ihretwegen noch vier Jahre lang aus München. Nur nicht mehr aus Straßlach. Es scheint, durch seinen Rücktritt aus der Nationalelf habe sich Gerd Müller selbst den Stecker gezogen.

Schon im Sommer hat er nach der üblichen Plackerei im Trainingslager gesagt: »Des war mei letzte Vorbereitung.« Aber, erinnert sich Raimund Hinko von *Bild*, »das hat er noch oft gesagt«. Doch die Zahlen lügen nicht: Die besten Jahre sind vorbei. Noch immer ist er morgens der Erste beim Training, aber er ist auch als Erster wieder weg. Schon mittags legt er die Füße hoch und schaut Fernsehen, immer öfter gönnt er sich dabei einen Whiskey-Cola. Oder auch zwei. Und nach Feierabend sieht man ihn, ganz gegen seine Gewohnheit, immer öfter mit Uschi im Schwabinger edlen Zwei-Sterne-Restaurant »Tantris«.

Thomas Hüetlins Beschreibung mag ein bisschen überzeichnet sein, dass Müller »von einer ewigen Siesta im Brotzeithimmel träumt«, aber seinen Hang zum süßen Leben hat er durchaus schon in jungen Jahren offenbart. Als er 1967 von der *Sport-Illustrierten* gefragt wird, ob er mit Fußball sofort aufhören würde, gewänne er im Lotto eine halbe Million, ist die Antwort des 21-Jährigen: »Ja, aber ich würde als Amateur weiterspielen.«

1975 ist er längst Millionär, er hat ein Sportgeschäft im Münchner Osten, eine Modeboutique und drei Einfamilienhäuser, und er hat alles gewonnen, was es zu gewinnen gibt. Und er hat Bayern nie verlassen, auch nicht, als Barcelona 1975 erneut anklopft. Katsche Schwarzenbeck bangt umsonst: »Es wäre schade um Gerd Müller. Er ist immer ein guter Kamerad, und was hat er doch für Tore geschossen.«

Was treibt einen noch, der alles hat und nichts Neues mehr sehen will? Im März, als die Gerüchte um eine Rückkehr in die Nationalelf wieder aufflammen, sagt er: »Ich bin 29. Ich möchte nicht im Blickpunkt der deutschen Öffentlichkeit stehen und ausgepfiffen werden. Ich will nicht zu spät abtreten. Bei Bayern tue ich nach wie vor meine Pflicht – und noch mehr.«

Die Bayern können auf seine fußballerische Midlife-Crisis auch keine Rücksicht nehmen. Denn der Mann, der für die kuriose Summe von 777 777,77 DM aus Duisburg gekommen ist, hat nicht gehalten, was sein Name versprach: Klaus Wunder kommt zur Unzeit nach München und wird kein »Bomber«, nicht mal ein »Bomberchen«. Nach 15 Monaten mit nur sieben Toren geben sie ihn daher im Herbst 1975 wieder ab. Gerd Müller also wird noch gebraucht, wo und wie auch immer. Natürlich als Stürmer. Auch wenn Fußballprofessor Cramer seine eigene Sicht der Dinge hat. Vertretungsweise hat er Müller in Köln Libero spielen lassen, und nachher sagt Cramer: »Müllers Zukunft auf Sicht dürfte ohnehin im defensiven Mittelfeld liegen.« Besser nicht. Denn als der »Zirkus Schwan« kurz vor Saisonende seine Gage vor 65 000 Zuschauern in Rio einspielt, verlieren die Bayern mit 1:0. Durch ein Eigentor des defensiv agierenden Müllers.

Für den *Kicker* bleibt er in der Sommer-Rangliste ein Mittelstürmer, doch erstmals seit 1968 fällt er in den »Weiteren Kreis« zurück.

Hattrick in Europa – der »Bomber« in Lebensgefahr

Zehn Jahre Bundesliga liegen im Sommer 1975 hinter Gerd Müller. Von 340 möglichen Spielen hat er 328 bestritten. Ein Dutzend nur hat er verpasst, exakt die

Hälfte davon wegen Sperren. Im Grunde ist es eine unglaubliche Bilanz; in vorderster Front zu spielen ohne einen Beinbruch, eine Knieverletzung, einen Rippenbruch, schwere Blessuren an Kapseln oder Sehnen – in einer Zeit, da Verteidiger noch weitgehend ungestraft Ball und Bein verwechseln dürfen. Weil in manchen Stadien gar keine Kameras stehen, die wenigstens im Nachhinein Foulspiele enttarnen und Sperren nach sich ziehen. Der TV-Beweis kommt erst 1977, und das nur mit Bauchweh bei den hohen DFB-Herren. Auch hat noch niemand die Idee, Linienrichter und Schiedsrichter miteinander zu verkabeln. Was passiert, das passiert, und wird es übersehen, dann ist es nie passiert. »Die Verteidiger tun nur ihre Pflicht«, sagt Müller, als er auf die harte Gangweise angesprochen wird, die Männer vom Kaliber eines Horst-Dieter Höttges oder Detlef Pirsig kultiviert haben und die nach allgemeiner Ansicht zum Männersport Fußball dazugehört. Gerd Müller hat sich diesen Regeln gefügt, auch wenn es ihm manchmal schwergefallen ist. So schreibt er eines Tages seinem Angstgegner Pirsig vor dem Spiel gegen dessen MSV Duisburg sogar einen Brief und bittet um Fairplay. Pirsigs Kollege Bernard Dietz hat den Brief selbst gesehen und bezeugt: »Da war sogar das Bayern-Wappen drauf.« Mit dem Berliner Luggi Müller, der ihm das Wadenbein gebrochen hat, geht Müller 1973 im Düsseldorfer Flughafen-Restaurant spontan essen – Aussprache unter Namensvettern.
1976 trifft er in Bremen wie meist auf Horst-Dieter Höttges. Als der Schiedsrichter anpfeift, steht Müller plötzlich hinter Libero Franz Beckenbauer. Der stutzt, dann schnauzt er ihn an: »Geh nach vorne!« Müllers Konter: »Geh doch du da vorne nei.« So erzählt es »Bulle« Roth noch heute. Auch Höttges weiß noch etwas von diesem Tag: »Das war im Winter, da hat es gefroren, und wir gehen beide zum Kopfball hoch. Ich gehe richtig hin, und er fällt auf den Hintern. Da sagt er: ›Bist du eigentlich bekloppt, bei dem Wetter?‹ Ich sag: ›Du, ich muss doch auch spielen. Oder nicht?‹« Das Spiel endet, wen wundert's, 0:0. Alles in allem, die Zahlen lügen nicht, scheint Gerd Müller körperlich nicht annähernd so verwundbar zu sein wie seelisch.

Dann kommt die Saison 1975/76. Es ist die elfte Bundesliga-Spielzeit der Bayern und die erste, in der Müller zum Auftakt fehlt. Er verpasst zwei Spiele wegen eines Muskelfaserrisses, und – üble Vorboten – ein Lendenwirbel piesackt ihn. Aber als er gegen Bremen mit zwei Toren sein Saisondebüt gibt, scheinen alle Sorgen ad acta gelegt. Im September eröffnet er eine Modeboutique, die Kollegen kommen zum Einstand, die Presse schießt schöne Bilder. Alles gut? Nicht lange.

Die Tücken für seine Gesundheit lauern im Europapokal. Zum Start muss der Titelverteidiger am 17. September nach Luxemburg. Die Mannschaft gewinnt mit 5:0 bei Jeunesse Esch, doch auf die Titelseite der Zeitungen schafft es nur das: »FC Bayern nimmt Müller aus dem Spiel.« Was selten genug vorkommt, doch eine Oberschenkelverletzung sorgt schon nach 38 Minuten für diese Rarität. Zurück in Straßlach stöhnt er: »Mir ist so heiß, mir ist so schlecht. Ich brauche Luft.« Uschi fragt erschrocken: »Ja, was haben's denn mit dir gemacht?« Der »Bomber«, gewohnt, Anweisungen von Autoritäten nicht zu hinterfragen, wiegelt ab: »Gar nix haben's gemacht. Schmerztabletten soll ich nehmen, mich ins Bett legen und schlafen.«

Also nimmt er Schmerztabletten, legt sich ins Bett und schläft nicht. Uschi auch nicht. Wie auch bei dem Gejammer und Gestöhne? Sie misst Fieber, 39,8 Grad Celsius zeigt das Thermometer. Er überlebt die heiße Nacht und ist morgens gleich beim Vereinsarzt, der ihm Spritzen gibt – gegen eine vermeintliche Prellung. Doch die Schmerzen bleiben, der Schenkel schwillt an, und das Thermometer nimmt die 40-Grad-Marke. Fünf Tage geht das so, dann greift die Dame des Hauses zum Telefon und ruft den emeritierten Klinikprofessor Dr. Georg Maurer an – eine Party-Bekanntschaft, die sich bezahlt macht. Maurer kommt zum Hausbesuch und schlägt Alarm: OP, sofort! Die Prellung ist in Wahrheit ein Muskelriss, der sich unter dem Verband entzündet hat. Im Klinikum rechts der Isar schneiden sie am 23. September 1975 »einen großen stinkenden Batzen Fleisch aus dem Oberschenkel«, erzählt Trainer Dettmar Cramer. Und er glaubt zu wissen: »Hätte man noch zwei Tage länger gewartet, hätten sie ihm das Bein amputieren müssen.« So erzählt es auch die Uschi empört jedem, der es hören will. Amputation – für jeden Menschen eine grausame Vorstellung. Für einen, der nur Fußball spielen kann und will, noch grausamer.

Doch Gerd Müller ist noch einmal davongekommen, aber das Gefühl der Unverwundbarkeit ist weg. Er kommt in der Bundesligasaison nur auf 22 Spiele, so wenig wie nie. Fast drei Monate fällt er aus, sogar seinen 30. Geburtstag feiert er im Krankenstand. Von dort belehrt er die Skeptiker, die an seiner Rückkehr zweifeln: »Das können doch nur Leute sagen, die mich nicht kennen.«

Der FC Bayern bekommt dadurch schon mal Gelegenheit, die Nach-Müller-Ära zu proben. Das Ergebnis ist erschütternd, denn ohne Müller stürzen sie vom zweiten auf den zehnten Platz, der Torquotient sinkt von 2,6 auf 1,5 pro Spiel. Mit ihm steigt er dann wieder auf 2,1, und sie klettern in der Rückrunde noch auf Platz drei.

Bei seinem Comeback kurz vor Weihnachten trifft er gleich wieder, gegen Zweitligist Tennis Borussia Berlin im Pokal. Pokalspiele werden immer wichtiger für die Bayern, die Meisterschaft kommt in Gladbachs Hochzeit nicht mehr infrage. Die Mannschaft, die sich seit einem Jahrzehnt um die Achse Maier-Beckenbauer-Müller dreht, hat 1974 ihren letzten nationalen Titel gewonnen. Sie weiß es nur noch nicht. Sie konzentriert sich jetzt auf den Europapokal der Landesmeister, auch da winkt ein Hattrick. Müller schießt seine ersten Saisontore in diesem Wettbewerb erst im Viertelfinale beim furiosen 5:1 gegen Benfica Lissabon.

Im Halbfinale treffen sie auf Real Madrid mit Günter Netzer und Paul Breitner. Es sind Spanien-Wochen im Frühjahr 1976. Die Nationalmannschaften duellieren sich im EM-Viertelfinale und Real Madrid mit den deutschen Supermächten der Siebziger. Unter skandalösen Umständen, die ein niederländischer Schiedsrichter zu verantworten hat, haben die Königlichen im März den Deutschen Meister Borussia Mönchengladbach eliminiert. Zwei Tore, die regulärer nicht sein können, werden von Herrn Leonardus van der Kroft annulliert. Showmaster Rudi Carrell, sein Landsmann, lässt das Porträt des Buhmanns in der Sendung *Am laufenden Band* daraufhin mit Mohrenköpfen bewerfen.

Der FC Bayern soll nun die Borussia rächen. Die Stimmung ist aufgeheizt vor der Münchner Premiere im Stadion Santiago Bernabéu, an jenem 31. März 1976. In der Kabine wählt Präsident Wilhelm Neudecker pathetische Worte: »Es geht um das Schicksal des Vereins und der Mannschaft für ein Jahr.« 120 000 Zuschauer füllen die Ränge und jubeln früh, 1:0 durch Roberto Martínez nach neun Minuten. Ist der Bayern-Weg in Madrid zu Ende? Gerd Müller hat etwas dagegen und gleicht kurz vor der Pause nach einem Abschlag von Sepp Maier aus. Dabei bleibt es. Ein hervorragendes Ergebnis für die Bayern, weniger für Real. Mit dem Abpfiff passiert dann Unglaubliches: Ein wild gewordener Teenager, laut *Bild* ist er 13, laut *Hamburger Abendblatt* 18, überwindet alle Ordnungskräfte und Absperrungen und schlägt aus Frust die vermeintlichen Übeltäter mit der Faust nieder: Torschütze Müller und Schiedsrichter Erich Linemayr. »Ich wollte gerade auf Sepp Maier zulaufen, da machte es rumms«, erinnert sich Müller, der unter dem rechten Auge und am Kiefer getroffen wird und ebenso zu Boden geht wie der Schiedsrichter. Erst Uli Hoeneß und Torwart Sepp Maier stoppen den Amokläufer. »Ich habe mich todesmutig dazwischengehechtet, den Hund in den Schwitzkasten genommen und der Polizei übergeben«, prahlt Hilfspolizist Maier, »der Bursche hat bekommen, was er verdient.« Es ist wie einst in Oberhausen oder Duisburg. Wenn die Bayern kommen, gilt das Faustrecht. Europapokalspiele in den Siebzigern sind immer auch Überlebenskampf. Müller drückt sich einen Beutel mit Eiswürfeln auf die Wange und klagt: »Heute Abend kann ich gar nichts beißen.« Während die Kollegen im Hotel »Don Quichote« ein Steak verputzen, kaut er auf einer Schinkenscheibe herum. Flüssige Nahrung aber geht immer, also leert er eine Flasche Rosé, »die habe ich auf den Schreck verdient«.

14 Tage später erhält Müller Gelegenheit zur Revanche. Er nimmt sie auf seine Weise. In einem der besten Europacup-Spiele einer deutschen Mannschaft überhaupt schlagen die Bayern im Olympiastadion Real Madrid mit 2:0 – durch zwei Müller-Tore. Das Prädikat »typisch« gilt allerdings nur für das zweite Tor, denn zur Feier seines 50. Europacup-Tors hat sich Müller etwas Besonderes einfallen lassen. Er trifft aus fast 20 Metern mit dem linken Außenrist. Eine wahre Rarität. »Da haben wir ihn schön aufgezogen. ›War doch viel zu weit, Gerd‹«, erinnert sich Franz Roth.

»Gerd Müller, der spielte wie einst im Mai, setzte mit seinen beiden herrlichen Treffern das Tüpferl auf das i«, lobt der *Münchner Merkur*. Wenn jetzt der Anruf von Helmut Schön käme, Müller würde wieder das DFB-Trikot tragen. Dort nämlich haben sie immer noch keinen neuen Müller. »Für Müller gibt es keinen Ersatz«, analysiert der *Kicker* im Dezember 1975. Eineinhalb Jahre vergehen nach seinem Rücktritt, ehe wieder ein Mittelstürmer-Tor fällt, doch der Duisburger Ronny Worm sagt im vorauseilenden Selbstschutz: »Ich bin doch kein Gerd Müller.« Keiner ist wie Gerd Müller.

Der Kaiserslauterer Klaus Toppmöller trifft zwar bei seiner Premiere im Mai gegen Spanien, baut anschließend aber einen Autounfall und fällt wochenlang aus – auch für die EM in Jugoslawien. Der Torschützenkönig 1976 kommt ebenfalls nicht infrage, denn der Schalker Klaus Fischer ist als Skandalsünder weiterhin für Länderspiele gesperrt. Und so nimmt Helmut Schön einen anderen Müller mit nach Jugoslawien, den Kölner Dieter. Ohne jegliche Länderspielerfahrung. Der Debütant schlägt wie eine Bombe ein, erzielt in zwei Spielen vier Tore, und die Presse jubelt: »Wir haben wieder einen Müller.« Doch die Elogen erklingen zu früh, an Gerd Müller kommt weiterhin keiner heran.

Auch nicht in der Bundesliga, wo er durch seinen fünften »Fünferpack« am letzten Spieltag beim wilden 7:4 gegen Hertha BSC auf Platz zwei der Torjäger-Liste klettert: 23 Treffer in 22 Spielen, das ist wieder der alte Müller. Rein nach der Torquote ist er der Beste. In der ewigen Torjäger-Liste sowieso, sein 1:0 gegen die Hertha markiert schon Bundesliga-Tor Nummer 300. Niemand zuvor ist je so weit gekommen, Robert Lewandowski schickt sich im Herbst 2021 als erster an, es ihm nachzumachen.

Mit Müller schaffen die Bayern am 12. Mai 1976 auch das große Kunststück, den Europapokal der Landesmeister ein drittes Mal in Folge zu gewinnen. Gegen Frankreichs Meister AS St. Étienne überlässt Müller in Glasgow zum dritten Mal bereits Franz »Bulle« Roth die Bühne. Dessen Freistoß mit Urgewalt entscheidet ein weiteres glanzloses Finale, nach dem eine französische Zeitung beleidigt fordert: »Verschrottet den Pokal!«

Die Bayern denken nicht daran, sie nehmen ihn mit nach Hause. So wie zuvor schon Real Madrid und Ajax Amsterdam – denn wer ihn drei Mal in Folge gewinnt, darf ihn behalten. Nur allzu großen Jubel darf der Sieger – so paradox es klingen mag – nicht erwarten. Alles wird zur Routine, die Champions haben keine rauschenden Erinnerungen an die Feierlichkeiten. Uli Hoeneß sagt zu *Bild*: »Das ist ja das Schlimme, dass solche Erfolge bei uns schon als Selbstverständlichkeit gewertet werden.« Die Prämie beträgt 20 000 DM, auch das kennen sie schon.

Gerd Müller kann noch nicht genug bekommen vom Siegen, nippt auf dem Bankett im »Hotel Albany« am Sekt und sagt: »Jetzt holen wir uns auch den deutschen Pokal.« Dass es nicht so kommt, liegt durchaus an ihm, der im Halbfinale gegen den HSV auch in anderer Hinsicht wieder der Alte ist. Kurz vor Schluss nämlich verschießt er einen Elfmeter, im Gegenzug fällt das 0:1.

7

Der Abstieg

Achsbruch und Bandscheibenvorfall

Die Saison 1976/77 ist die letzte mit dem weltberühmten Dreigestirn Maier-Beckenbauer-Müller. Die goldene Achse, um die sich alles dreht, bricht im Mai 1977 nach 523 Pflichtspielen auseinander. Ihr Prunkstück, das steht außer Frage, ist der »Kaiser«. Ausgerechnet er schert als Erster aus. Von der Steuerfahndung gejagt und privaten Problemen getrieben, zieht es ihn in die »Operetten-Liga«, nach Amerika, wo sie den Fußball gerade erst entdecken. Pelé ist schon da, Giorgio Chinaglia, Carlos Alberto, warum nicht auch Franz Beckenbauer?

Gerd Müller verliert nach dieser Saison seinen Zimmer- und Doppelpasspartner und seine wichtigste Bezugsperson im Verein. Dass er ihr nachreisen wird, kann sich niemand vorstellen, er selbst am wenigsten: »Ich bin kein Typ fürs Ausland!«

Da ist es also nun, das schon länger heraufbeschworene Ende der Bayern-Ära. Markiert auch von der Tatsache, dass die Mannschaft erstmals seit 1970 keinen bedeutenden Titel gewinnt. Die erste Chance vergibt sie bereits im August im Finale um den europäischen Supercup. Zwei Müller-Tore bringen zwar einen 2:1-Hinspielsieg gegen den RSC Anderlecht, wonach der »Bomber« tönt: »Das reicht uns.« Aber in Brüssel setzt es ein 1:4. Weil der RSC ein mutmaßlich irreguläres Tor erzielt, will Müller vom Platz. Sie halten ihn fest, ein Tor macht er noch. Wieder beweist Müller:

Es gibt für ihn weder unwichtige Spiele noch unwichtige Wettbewerbe. Im DFB-Pokal etwa treffen sie im Januar 1977 kurioserweise auf ihre eigenen Amateure. Kein Bayern-Profi hat Lust auf das Spiel gegen die Jungs, die sonst unter der Woche schon mal beim Training die Reihen füllen, damit man elf gegen elf spielen kann. Hinterher müssen sie die Hütchen einsammeln. Jetzt sind Kameraden Gegner, das versprüht wenig Reiz. Im Olympiastadion verlieren sich nur 6500 Zuschauer. Die kecken Amateure ignorieren jegliche Stallorder und gehen sogar in Führung, da hört für Müller der Spaß eindeutig auf. Er produziert binnen neun Minuten einen echten Hattrick und schießt auch ein viertes Tor beim ruhmlosen 5:3.

Was von dieser Saison außer dem Abschied des »Kaisers« haften bleibt, sind einige ungewöhnliche Spiele und ein Titel, der keinen interessiert. Dabei trägt er einen denkbar bedeutsamen Namen – Weltpokal. Aber dafür steht in München niemand Spalier. Seit 1960 schon spielen ihn der Sieger im Europacup der Landesmeister und der Meister Südamerikas aus, erstmals ist nun eine deutsche Mannschaft dabei. Bezeichnend, dass die Bayern in den beiden Jahren zuvor kampflos auf den Weltpokal verzichtet haben.

Nicht alles, was neu ist, weckt Neugier, das deutsche Fernsehen überträgt das Duell mit Cruzeiro Belo Horizonte nicht, weil Bayern die gebotenen Honorare zu niedrig sind. Zum Hinspiel in München kommen am 23. November, einem äußerst unwirtlichen Tag, nur 18 000 Zuschauer. Die meisten Brasilianer sehen zum ersten Mal Schnee, die Teamleitung beantragt sogar erschrocken eine Spielverschiebung. Die wird abgelehnt, und so spielen sie mit Handschuhen und langen Hosen, ihre mitgereisten Reporter tragen Pudelmützen. Sepp Maier aber spielt in kurzen Hosen ...

Wer Tore sehen will – und wer will das nicht –, muss lange bleiben. Nach 80 Minuten fällt ein typisches Müller-Tor, Cruzeiros Verteidiger Osiris ist entnervt: »Dieser Gerd Müller ist ein Phänomen für mich. Wir haben ihn heute zu dritt gedeckt, dennoch hat er sein Tor gemacht. Jetzt weiß ich, warum selbst in Brasilien jedes Kind seinen Namen kennt.«

Zwei Minuten später stellt Jupp Kapellmann den 2:0-Endstand her.

Ganz anders die Umstände vor dem Rückspiel fünf Tage vor Weihnachten nach einer Vorrunde, die die Bayern als Dritter abgeschlossen haben. In Belo Horizonte landen sie fünf Stunden vor Anpfiff mitten im brasilianischen Sommer. 34 Grad

Hitze. In München sind sie bei Minustemperaturen abgeflogen. Der Flug ist das reinste Chaos. Wegen Nebels sitzen sie in München einen halben Tag fest, über Paris und Rio kommen sie dann am Zielort an – nach 26 Stunden. Trainer Dettmar Cramer erlaubt den Spielern ein Gläschen Whisky, damit sie endlich einschlafen können. Es hilft auch gegen die Flugangst, Gerd Müllers ständigen Reisebegleiter.

Vor 113 000 Zuschauern trotzen die Bayern Cruzeiro ein 0:0 ab, die Spieler verlieren bis zu fünf Kilo – aber sie gewinnen den Weltpokal. Mitnehmen dürfen sie ihn allerdings nicht, der Vorbesitzer hat ihn nicht rausgerückt. Als es so weit ist, wird das Siegerfoto mit Trophäe in München nachgestellt. Wie gesagt: ein merkwürdiger Wettbewerb. Aber der einzige, den sie gewinnen. Dafür kommt niemand zum Marienplatz, eine Feier gibt es nicht.

Im letzten Jahr der »Kaiser«-Zeit sind die Bayern für Spektakel zuständig, besonders in der Bundesliga. Vorne Tore im Überfluss, hinten auch. Am 18. September 1976 schreiben sie in Bochum Bundesliga-Geschichte. Zur Pause liegen sie bereits 0:3 zurück, und Trainer Dettmar Cramer drückt den Reset-Knopf: »Stellen wir uns vor, es steht noch 0:0!« Der Trick scheint nichts zu bewirken, denn der VfL erhöht auf 4:0 und lehnt sich zu früh zurück. In einer wilden Jagd kommen die Gäste in den folgenden 20 Minuten zu fünf Toren, zwei von Müller. Die paralysierten Bochumer raffen sich noch mal auf und gleichen aus, ehe Uli Hoeneß das 5:6 erzielt. Erstmals in der Bundesliga gewinnt eine Mannschaft nach vier Toren Rückstand. Ein Besucher aus den USA wird Zeuge dieser Premiere, Clive Toye, Präsident von Cosmos New York, beobachtet Beckenbauer erstmals in Bochum und kreuzt sogar im Teamquartier auf. Keiner kennt ihn, keiner ahnt, was er im Schilde führt und was er dem FC Bayern antun wird. An Heiligabend 1976 dann wird Beckenbauer ein schriftliches Angebot von Cosmos zugestellt, und nun nehmen die Dinge ihren Lauf.

Vorher laufen die Dinge ziemlich schlecht. Auch gegen Schalke schreiben die Bayern zumindest Vereinsgeschichte, ausgerechnet zum Wiesn-Auftakt unterliegen sie mit 0:7. Bis heute ist das ihre höchste Bundesliga-Niederlage. »Hoffentlich is' bald aus«, stöhnt Müller, als er während der zweiten Hälfte immer wieder zur Stadionuhr schaut. Es ist das Fußballjahr der Eishockey-Ergebnisse; 6:2 gegen den HSV, 1:6 in Saarbrücken, 2:5 in Duisburg, 3:3 in Dortmund.

Gegen den heillos überforderten Aufsteiger Tennis Borussia Berlin gewinnen sie 9:0, Müller schießt zum vierten Mal in seiner Karriere fünf Bundesliga-Tore. Eines davon macht er im Sitzen, es eignet sich fürs Kuriositätenkabinett. Fünf Wochen später liegt er in Ostrau quer in der Luft und köpft sein einziges »Tor des Jahres«. Er beweist bei diesen Treffern eine solche Beweglichkeit, dass niemand mutmaßen würde, wie es ihm wirklich geht: schlecht.

Ein im Januar 1977 diagnostizierter Bandscheibenvorfall macht Müller das Leben zur Hölle. Und das Sitzen. Weshalb er zu Hause kopfüber über einem Polstersessel hängt, um seine geliebten Western zu sehen, und weshalb er im Mannschaftsbus auf der Fahrt ins Stadion lieber steht. Der Münchner Neurochirurg Wolfram Weidenbach rät zur sofortigen OP, es drohe ihm sonst eine Querschnittslähmung. Doch Müller zaudert: »Ich stehe vielleicht vor der schwierigsten Entscheidung meiner sportlichen Laufbahn.« Er will lieber auf Zeit spielen und »bis Saisonende durchhalten und dann in der Sommerpause operieren lassen«. Extra für ihn wartet in jenen Tagen bei Bayern-Heimspielen ein Hubschrauber auf dem Stadiongelände, um Müller im Bedarfsfall sofort in die Klinik bringen zu können. Am 22. Januar 1977 schießt er gegen Duisburg noch ein Tor, dann gibt er den Ratgebern, zu denen auch Hunderte Briefeschreiber gehören, die es gut mit ihm meinen, nach. Morgens um neun Uhr legt er sich am 27. Januar auf den Operationstisch im Klinikum rechts der Isar. Der Eingriff glückt. Zweieinhalb Monate fehlt er trotzdem, und das in den besten Wochen der Saison, wo die Weichen gestellt werden. Ohne ihn fliegt die Mannschaft im Februar bei Hertha BSC aus dem DFB-Pokal, trotz zweimaliger Führung. Ohne ihn scheidet sie im März im Landesmeister-Pokal aus, bei Dynamo Kiew. Ein gewisser Rainer Künkel, im Winter von Zweitligist Darmstadt 98 gekommen, ersetzt Müller und schießt sogar das 1:0 im Hinspiel. Es ist zu wenig, die Russen gewinnen zu Hause mit 2:0. Nach drei Jahren kommt der Europapokalsieger der Landesmeister nicht mehr aus München – und es wird 25 Jahre dauern, bis er wieder von dort kommen wird. Man nennt ihn dann Champions-League-Sieger, aber der Pokal ist derselbe.

In der Bundesliga sind die Bayern Anfang April nach einem 0:5 beim HSV indiskutabler Neunter. Dann kommt er zurück, der Alte mit dem Vollbart. Entgegen den Prognosen der Nörgler und Skeptiker an der Säbener Straße. Es ist wie in einem kitschigen Drehbuch: Am 7. April 1977, an Gründonnerstag, feiert der Torjäger Gerd Müller seine Wiederauferstehung. Gegen Kaiserslautern braucht er 36 Sekunden für sein Comeback-Tor, in den verbleibenden fünf Liga-Partien schießt er noch sieben Tore. Überhaupt ist seine Ausbeute für einen mittlerweile 31-Jährigen beachtlich. Allein in Freundschaftsspielen werden 96 Treffer gezählt, vielleicht auch 97. Es gibt einen regelrechten Historiker-Streit um einen Treffer mehr oder weniger in der Vorbereitung beim 18:0 in Kissingen. Waren es zehn oder doch elf? Es wird sich nicht mehr klären lassen, denn Testspiele in den Siebzigern werden noch von keinem Fernsehsender übertragen, nicht mal in Ausschnitten.

In 72 Einsätzen der Saison 1976/77 werden also 145 bis 146 Tore gezählt, nur 1971/72 waren es mehr (151). In der Bundesliga sind es noch mal 28 Tore bei nur 25 Spielen. Noch immer gilt die Faustregel: pro Spiel ein Müller-Tor.

Am letzten Spieltag, dem 21. Mai 1977, tritt der »Kaiser« von der Bundesligabühne ab. Er will es so sehr, dass er die 350 000 DM, die noch zwischen dem Cosmos-Angebot und der Bayern-Forderung (1,75 Millionen DM) liegen, aus eigener Tasche bezahlt. Und mit ihm geht auch Robert Schwan, den die Fans nicht ganz zu Unrecht für den Wechsel verantwortlich machen. Was seinem Schützling nutzt, schadet seinem Arbeitgeber. Die Doppelrolle des Managers ist daher nicht länger darstellbar – oder zu ertragen. »Hängt ihn«, ruft eine aufgebrachte Menge im April beim Training. Auch, weil viel gelogen wird in der Cosmos-Affäre. »Ehrenwort, ich bleibe«, sagt Beckenbauer am 21. April 1977. Genau einen Monat später nimmt er Abschied. Auf Transparenten ist zu lesen »Dank an Kaiser Franz«. An diesem Tag wird in München auch der neue alte Meister gefeiert. Es sind die seit zwei Jahren von Udo Lattek trainierten Gladbacher, die einen Punkt brauchen und bekommen (2:2). Die Borussia schafft damit ebenfalls den Meister-Hattrick, und das im Stadion des größten Rivalen. Deutlicher ist eine Wachablösung nicht zu demonstrieren. Die Bayern rutschen, dank eines Eigentors in letzter Minute, noch in den UEFA-Pokal. Dort haben sie noch nie gespielt. Franz Beckenbauer wird ihn Jahrzehnte später, als Bayern-Präsident, den »Cup der Verlierer« nennen. Um den müssen sie 1977/78 nun ohne ihn spielen.

Kapitän auf dem sinkenden Schiff – und die letzte Kanone

Karlheinz Förster hat einen Auftrag bekommen. Am ersten Spieltag der neuen Saison soll der gerade 19 Jahre alt gewordene Vorstopper des VfB Stuttgart auf Gerd Müller aufpassen. Der VfB ist nach zweijähriger Abstinenz wieder aufgestiegen, mit einer neuen Mannschaft voller Talente. Für Förster ist es sein erstes Bundesligaspiel. Es gibt leichtere Bedingungen, um ins Berufsleben zu starten. Förster wird ein Weltklasse-Vorstopper und mit Deutschland schon drei Jahre später Europameister werden, vielleicht auch, weil er an diesem 6. August 1977 eine solch harte Lektion erhält. »Ich habe mich, wie immer, auf meinen Gegner vorbereitet und eigentlich auch ganz gut gespielt – aber er hat zwei Tore gemacht«, erinnert sich Förster noch fast 40 Jahre später. »Es waren eben zwei typische Gerd-Müller-Tore.«

Noch immer setzt der »Bomber« seinen Hintern als Waffe ein, verschafft sich so den Platz für seine kaum zu verhindernden Schüsse aus der Drehung, und noch immer reagiert er am schnellsten, wenn es etwas abzustauben gilt. Wie in Stuttgart in Minute 89, als Uli Hoeneß den Pfosten trifft. Das Spiel endet 3:3, auch in der Saison 1977/78 bekommen die Beobachter von Bayern-Spielen etwas geboten. Doch das Verhältnis von Siegen und Niederlagen verändert sich eklatant im Jahr eins der Nach-»Kaiser«-Zeit. Präsident Neudecker hat zwar vor der Saison eine flammende Ansprache gehalten und eine Rekordprämie von 30 000 DM für die Meisterschaft ausgesetzt, um der allgemeinen Depression entgegenzuwirken. Aber die Lücke, die die Lichtgestalt nach 13 Jahren hinterlässt, ist einfach zu groß. Es kommt sogar vor, dass Spieler seinen Namen rufen, wenn sie zum Libero zurückpassen. Doch der heißt jetzt Wolfgang Rausch und kommt von Kickers Offenbach. Die Saison wird als die schlechteste Spielzeit in die Bundesliga-Historie der Bayern eingehen, sie werden Zwölfter und verpassen erstmals seit 1968 den Einzug in den Europapokal. Gerd Müller aber wird nach vier Jahren wieder Erster, in seiner Welt des Toreschießens. »Müller, Müller, noch einmal, es war so wunderschön«, intoniert die Südkurve nach seinen vier Toren im ersten Heimspiel gegen den FC St. Pauli. Für den *Kicker* ist er immer noch »der meistgefürchtete Mittelstürmer des Kontinents«, in der Sommer-Rangliste 1977 rangiert er in der »Internationalen Klasse«. Und er wird dem gerecht. Es ist kaum zu glauben, dass Müller selbst in einer derart schwachen Saison seiner Mannschaft Torschützenkönig wird. Wenn er sich die Ehre auch ein drittes Mal teilen muss – nun mit seinem Kölner Namensvetter Dieter, der sein Team zur Meisterschaft schießt. Beide kommen auf 24 Tore, beide erhalten eine Kanone. Die siebte wird die letzte Kanone in seiner Trophäensammlung sein.

Ungewohnt ist dagegen die Rolle, in die Gerd Müller mit Saisonbeginn schlüpft. Nach seinem Urlaub, den er ausnahmsweise auf Rhodos verbringt, bestimmt ihn Dettmar Cramer zum Spielführer. Müller, berichtet die *Sport-Illustrierte* 1978, darf jetzt als einziger Spieler zum Training direkt auf das Vereinsgelände fahren (oder sich von Spezi »Taxi-Mayer« fahren lassen), was vor ihm nur dem »Kaiser« oder Robert Schwan gestattet worden ist. Die anderen müssen alle direkt an der Säbener Straße parken.

Doch was bringt ihm das? Die Kapitänsbinde ist wie eine Fessel für ihn, er spricht im Rückblick von einer »undankbaren Aufgabe«. Als ihm Neudecker vor versammelter Mannschaft »eine glückliche und harte Hand« wünscht, mag mancher geschmunzelt haben.

Gerd Müller geht als einer der unscheinbarsten Spielführer in die Geschichte des FC Bayern ein, Franz Roth bestreitet im Jahr 2015 sogar vehement, dass er es überhaupt je gewesen ist. Der Mann, der in Sitzungen so gut wie nie den Mund aufgemacht hat, soll nun plötzlich vorangehen. Auch verbal. Dabei kann sich etwa Verteidiger Udo Horsmann, seit 1975 Müllers Kollege, nicht daran erinnern, mit ihm »mal fünf Minuten am Stück geredet zu haben«. Gerd Müller bleibt seinen Kollegen ein stetes Rätsel, seine Probleme und Gedanken gehen keinen was an. Und zu so einem kommt man auch nicht mit den eigenen Sorgen. Seine Anweisungen im Spiel, erinnert sich Karlheinz Förster, beschränken sich auf ein monoton hervorgestoßenes Wort: »Obacht!« – bayerisch für Achtung.

In der nach oben offenen Skala personeller Fehlentscheidungen von Fußballtrainern wird der Schachzug von Dettmar Cramer noch in Jahrzehnten an herausragender Stelle Erwähnung finden. Cramer, laut Müller »einer der besten Trainer, die ich in 15 Bundesliga-Jahren hatte«, macht aber noch ein paar andere Fehler zwischen Juli und November 1977. Wie jeder Trainer auf dieser Welt. Bei Bayern München ist die Toleranzschwelle dafür jedoch niedriger als sonst wo, und nach Derby-Niederlagen ist sie schnell überschritten. Sieben Jahre haben die Löwen auf eine Revanche in der Bundesliga warten müssen, als Aufsteiger ist sie ihnen endlich vergönnt. Das 3:1 gegen die Bayern Mitte November ist ihr erster Saisonsieg, sie bleiben die ganze Saison im Keller und steigen am Ende wieder ab. Umso blamabler für die Bayern, die nach der Derby-Pleite auf Platz 15 stürzen – und so endet am 1. Dezember 1977 die Regierungszeit des Mannes, den sie »Napoleon« nannten. Sein Waterloo, glaubt nicht nur Müller, war der Abgang des »Kaisers«: »Nach dem schweren Verlust von Beckenbauer war er einfach mit seinem Latein am Ende.« Für Cramer kommt in einer in der Bundesliga nie da gewesenen Tauschaktion der Ungar Gyula Lóránt, dessen Platz bei Eintracht Frankfurt wenige Tage später Cramer einnimmt. Und das, während sich die Klubs im UEFA-Pokal gegenüberstehen. Im Hinspiel ist Lóránt noch Eintracht-Trainer, im Rückspiel ist er schon bei Bayern. Die Branche lacht über diese Komödie, die Spieler wundern sich. Nur Gerd Müller freut sich. Gyula Lóránt, beim Rest der Mannschaft alsbald wegen seiner rüden Methoden verhasst, respektiert den alternden »Bomber« und der ihn. Eine Stunde lässt sich der Ungar, bei der WM 1954 im Finale gegen Müllers Idol Max Morlock aktiv, von seinem Kapitän die Lage schildern, dann erst lernt er die anderen Spieler kennen. Müller aber bleibt bei diesen Gesprächen im Raum. Der Trainer und sein Kapitän, das ist die Botschaft, sind eine Einheit. Dass dieser Umstand Müller in die Isolation treiben wird, ahnt er nicht. In dieser Zeit werden die ersten Geschichten, er komme mit Whiskey-Fahne ins Training, öffentlich. Sie werden von Mitspielern lanciert und auch von Assistenztrainer Pál Csernai aufmerksam registriert. Lóránt aber hält zu ihm, stellt ihn Woche für Woche auf.

Müller bereut auch im Rückblick nichts: »Ich muss entgegen der gängigen Meinung sagen, dass Lóránt ein exzellenter Mann war. Er machte das einzig Richtige, indem er unser eingefahrenes System radikal über den Haufen warf.« Bayern München spielt nun, wie im Jahr zuvor die Frankfurter, Raumdeckung. Die Hessen haben, als sie das System begriffen hatten, einen Bundesliga-Rekord aufgestellt und 21 Spiele in Folge nicht verloren. Raumdeckung – Fußballer in den Siebzigern wissen noch nicht, was das ist. Eigentlich sind sie es gewohnt, ihren Gegenspielern bis aufs Klo nachzulaufen. Den Nachweis, dass es ein unschlagbares Erfolgsrezept ist, kann Lóránt in München jedoch nicht erbringen, trotz eines 4:2-Auftaktsiegs gegen Kaiserslautern. Es gibt zwar einen leichten Aufwärtstrend, aber der ist nicht von Dauer. Das Rückspiel gegen die Pfälzer, mit dem die Katastrophen-Saison endet, verlieren sie mit 0:5. Es passt zu einem verlorenen Jahr, nach dem nur noch drei Bayern-Spieler zur WM nach Argentinien fahren, um den Titel zu verteidigen, den die Generation Beckenbauer-Müller gewonnen hat: Nur Sepp Maier und Karl-Heinz Rummenigge kommen zum Einsatz, Katsche Schwarzenbeck bleibt tatenloser Edel-Reservist. Vier Jahre zuvor standen noch sieben Münchner im Kader des Weltmeisters.

Es muss also etwas geschehen an der Säbener Straße, und es geschieht etwas. Im Sommer 1978 werden die Weichen für die Rückkehr des FC Bayern an die Weltspitze des Fußballs gestellt. Paul Breitner, 1974 im Zorn gegangen, hat nach seiner Rückkehr aus Madrid ebenfalls ein verlorenes Jahr hinter sich und bei Eintracht Braunschweig nicht ansatzweise den Erfolg gehabt, den sich beide Seiten davon versprochen haben. Da lässt er seine Drähte nach München glühen, wo er in Uli Hoeneß einen großen Befürworter hat. Und in Gerd Müller einen Gegner, der ihn ängstlich beäugt. Öffentlich aber freut er sich, endlich wieder einen Doppelpasspartner zu haben.

Paul und Pál – das Ende hat zwei Namen

Gerd Müller geht 1978/79 in seine letzte Saison. Daraus hat er nie einen Hehl gemacht, eine Vertragsverlängerung kommt nicht mehr infrage. Auch weil die operierte Bandscheibe wieder zwickt, er fehlt tagelang in der Vorbereitung. Höchste Zeit also, aufzuhören. Wenn er auch zugibt, sich nie Gedanken gemacht zu haben über das »Danach«.

Die Bayern dagegen wollen in eine neue Epoche aufbrechen. Uli Hoeneß, zwar noch Spieler, aber längst heimlicher Manager, besorgt einen Brustsponsor aus seiner Heimatstadt Ulm. Traktoren-Hersteller Magirus Deutz verdrängt adidas, und so klettern die Spieler fürs Mannschaftsbild auf einen Traktor. Noch mehr ist neu:

In der Absicht, nie wieder im Europapokal zu fehlen, verschärft die Führung die Spielregeln. Bis September werden alle Autogrammstunden und der freie Mittwoch gestrichen, dann wollen sie Zwischenbilanz ziehen. Neudeckers Jahresappell fällt noch flammender als im Vorjahr aus: »Ich erwarte von Ihnen, dass Sie mindestens einen Titel holen oder den UEFA-Pokalwettbewerb erreichen.« 1,8-Millionen-Mark-Zugang Paul Breitner ist die personifizierte Erwartung und verkündet: »Wir müssen wieder Meister werden!« Er sei »nicht nach München gekommen, um irgendwo im Bundesliga-Mittelfeld herumzuspielen«. Genau das aber muss er nach den ersten Trainingseindrücken befürchten, genauer, nach den ersten Eindrücken vom Trainer. Gyula Lóránt gibt den Zuchtmeister (»Es gibt kein Aufmucken, nur Marschieren!«), setzt selbst vor prestigeträchtigen Testspielen wie gegen die Löwen oder den FC Liverpool 5000-Meter-Läufe an und bringt mit seinen Aussagen die halbe Mannschaft gegen sich auf. Jupp Kapellmann erfährt erst am Flughafen, dass er nicht mitfliegen darf zum ersten Saisonspiel in Dortmund, und zetert: »Dieser Mann hat nicht alle Tassen im Schrank.« Sogar der brave Katsche Schwarzenbeck, den Lóránt für zu langsam erachtet für sein System, wehrt sich. Auch Rummenigge (»Er ist ein Drückeberger«) und Kapitän Müller (»Heute ist er nur noch ein Standbild«) bekommen ihr Fett weg. Nach dem vierten Spieltag eilt Neudecker ins Teamquartier am Starnberger See und stellt einen Burgfrieden her, Lóránt wird gebeten, sich mit allzu derben Äußerungen künftig zurückzuhalten. Außerdem wird die Taktik auf Wunsch der Mannschaft geändert, die Verteidiger werden von der Raumdeckung befreit und erhalten wieder feste Gegenspieler. Ein fauler Kompromiss. Kurzfristig stellt sich dennoch Erfolg ein, nach dem siebten Spieltag sind die Bayern Erster, Müller erzielt beim 3:1 gegen Mönchengladbach sein 250. Heimtor in der Bundesliga, und sein alter Trainer Udo Lattek, nun auf der Bank des Gegners, schmeichelt ihm: »Gerd, du Hund, du bist immer noch so gefährlich wie früher.« Was er in 14 Bayern-Jahren geleistet hat, wird im Oktober deutlich: Da fällt das 1000. Bundesliga-Tor des FC Bayern München, 362 davon entfallen auf ihn. Aber nie hat es so lichterloh im Verein gebrannt wie in diesen Tagen. Vor allem wegen dem neuen Chef, der keine Binde braucht: Paul Breitner. Bei ihm hat Lóránt längst verspielt. Wie er später zugibt, habe er schon nach dem ersten Training beschlossen, den Ungarn abzuschießen. »Ich habe so lange Stunk gemacht, bis der Trainer gehen musste. Ich habe nachdrücklich gesagt, dass unter der Leitung von Lóránt keine Chance besteht, sich zu entfalten.«

Ende September geht sein Spezi Uli Hoeneß auf Vereinssuche, weil er nicht mehr aufgestellt wird. In Hamburg fällt er durch den Medizin-Check, in Nürnberg nehmen sie ihn. Dann verlieren die Bayern zu Hause sensationell gegen Zweitligist Osnabrück mit 4:5. Lóránt sucht Sündenböcke und geht auf Breitner los, beim Spiel in Stuttgart ist es umgekehrt – sie zoffen sich vor laufenden Kameras. Die Situation schreit nach einer harten Hand, nach einem starken Kapitän und nicht nach Gerd Müller. Im »Alpenblick«, seinem Stammlokal in Straßlach, lädt er zum Frühstück mit Trainer. Es bringt nichts außer Plattitüden. Der »Bomber« fühlt sich in seiner Haut zunehmend unwohler, auch wegen der näheren Zukunft. Er lotet in der Adventszeit plötzlich aus, ob er doch noch einen Vertrag bekommen könne. Keineswegs zur Freude des Vereins. Also macht Neudecker ihm ein Angebot, das er nur ablehnen kann. Das künftige Gehalt des nun 33-Jährigen würde sich an den Zuschauerzahlen orientieren – und das, wo das zugige Olympiastadion sieben Jahre nach der Eröffnung viel an Reiz verloren hat und nur selten ausverkauft ist.

Es folgt ein typischer Müller: Am 20. Dezember gibt er bekannt, am Saisonende definitiv aufzuhören, weil im Klub »alles drunter und drüber geht«. Gesagt unter dem Eindruck des 1:7 in Düsseldorf, bei dem er verletzt fehlt. Es ist das letzte Spiel unter Gyula Lóránt. Der Verein schreibt ihn krank, Pál Csernai übernimmt. Im ersten Spiel unter dem Ungarn setzt es eine Heimniederlage gegen den HSV und Pfiffe für Müller, der mit Spritzen aufgelaufen ist, weil sich ein Kapitän nicht drückt. In der letzten *Kicker*-Rangliste seiner Karriere steht er beinahe so tief wie am Anfang: »Im weiteren Kreis«. Und der Kreis seines Fußballerlebens schließt sich, wie zu Anfang seiner Münchner Zeit hat er einen Trainer, der ihn nicht aufstellen will. Der Präsident, der ihn vor 15 Jahren in die Mannschaft drückte, ist noch derselbe, aber diesmal streitet er nicht für ihn. Wilhelm Neudecker sagt kühl: »Ich brauche einen Torschützen und kein Denkmal.« Das hat sich Gerd Müller selbst gesetzt, und niemand kann es zerstören. Bis heute nicht. Auch wenn im schneereichen Winter 1978/79 so mancher daran rütteln wird. Die Eiszeit beginnt – und dann ergreift er die Flucht über den großen Teich.

8

Die Flucht nach Florida

Sprachlos in Fort Lauderdale – Tore auf Kunstrasen

»Hätte mir das jemand noch im letzten Jahr prophezeit, hätt ich ihn glatt für verrückt erklärt«, sagt Müller, »da rüber, so weit weg von München. Ich hab lange überlegt.« Von München in die USA. Soccer statt Fußball. Burger statt Leberkäse-Semmeln.

Ein Neuanfang in Fort Lauderdale, der drittgrößten Stadt der Metropolregion Miami mit damals etwas mehr als 150 000 Einwohnern, wegen der vielen Kanäle, auf der Jachten und Wassertaxis schippern, auch »Venedig Amerikas« genannt.

Nun steuert Müller in eine ungewisse Zukunft, es ist des »Bombers« größtes Wagnis. Nach seinem unrühmlichen Abschied bei Bayern, dem Zerwürfnis mit Trainer Pál Csernai und dem Ablösestreit mit Präsident Wilhelm Neudecker unterschreibt Müller im März 1979 einen Vertrag bei den Fort Lauderdale Strikers über zweieinhalb Jahre, dotiert mit insgesamt rund 800 000 Dollar Gehalt (damals rund 1,4 Millionen DM) plus einem Apartment und einem Auto, das der Verein stellt. Dazu kommt ein Werbe-Deal mit der New Yorker Agentur People and Properties Inc., der erst dann in Kraft tritt, »wenn ich eine bestimmte Anzahl von Toren vorweisen kann«. Überhaupt – das neue Arbeitspapier mit den Strikers: »So einen dicken Vertrag hatte ich noch nie gesehen«, wundert sich Müller. Der New Yorker Anwalt und Unternehmensberater Detlef Lehnhardt, der in München Geschäftskontakte unterhält, hat den Transfer vorbereitet und in den Verhandlungen ab Januar perfekt gemacht.

Müller bekommt die Rückennummer 15 – der »Bomber« mit der Neun im Bayern-Trikot und mit der 13 in der Nationalelf sind Geschichte. »Mueller« ist nun einer der Strikers. Als er nach der Bedeutung und Übersetzung des Vereinsnamens gefragt wird, antwortet er: »Toremacher.« Ein Striker ist wörtlich »ein Schläger«, einer, der einen Schlag erzielt, ein Tor. Also: ein Müller eben. So gesehen passt die Liaison.

Sein Vorlagengeber und Doppelpasspartner aus alten, glorreichen Bayern-Zeiten hat Pionierarbeit geleistet, durch sein Engagement ab 1977 bei Cosmos New York Müller die Angst genommen, diesen Schritt zu wagen. »Anfang 1979 machte ich ein paar Tage Winterurlaub in der Heimat«, erinnert sich Beckenbauer, »da erzählte mir der Gerd von seinem Ärger mit Bayern-Trainer Pál Csernai. Am liebsten wollte Gerd sofort aufhören und nicht erst – wie geplant – am Saisonende. Da habe ich ihm geraten, es doch auch in Amerika zu versuchen.« Erste, vage Kontakte vermittelt Robert Schwan, Beckenbauers Manager. Auch beim Deal des »Kaisers« hatte es 1977 harte Verhandlungen gegeben. Beckenbauer musste 350 000 Mark aus eigener Tasche bezahlen, damit die Bayern in den Deal einwilligten. Die Amerikaner wollten damals die geforderte Ablöse von 1,75 Millionen DM nicht bezahlen. Dem »Kaiser« blieb nichts anderes übrig, als sich freizukaufen. Nicht so tragisch bei garantierten sieben Millionen Mark Gage in New York für drei Vertragsjahre. Er bereute es nicht. Viele Bundesliga-Spieler folgten Beckenbauer, der wieder mal Vorreiter und Vorbild war.

»Es war für mich auch nicht leicht, diesen Schritt zu tun«, sagt er 1979 im ZDF-*Sport-Spiegel* und erklärt: »Ich bin aber sehr froh und glücklich darüber, diesen Schritt getan zu haben. Nicht, was das Fußballerische anbelangt, da kann man in den USA sicher nichts lernen – im Gegenteil: Man kann das Fußballspielen verlernen. Auf der anderen Seite: Als Persönlichkeit kann man hier in diesem Lande nur reifen. Dazu wünsche ich ihm das Beste, und ich glaube, dass er das auch nötig hat.« Nein, Nettigkeiten hat der Franz nicht immer verteilt – hüben wie drüben.

Obwohl die Saison in der US-Liga Mitte März beginnt, wird vereinbart, dass Müller erst Ende April sein erstes Spiel bestreitet. Vor der Abreise hält sich der »Bomber«

mit täglichen Waldläufen fit, straffe 90 Minuten jeweils – obwohl das Konditionstraining nie sein Ding war. Zwei Mal in der Woche, dienstags und donnerstags, trainiert er beim Amateurligisten MTV München, bei dem er Mitglied der Tennisabteilung ist, mit. Die erste Zeit in der Fremde werde schon vorübergehen, denkt er sich. »Ein bisschen Muffensausen hatte ich schon. Die Amerikaner haben mir gesagt, die Saison dort dauert nur sechs Monate und die fünf Monate, die nach Abzug der Vorbereitung übrig sind, die könnte ich zurück nach München. Das Geld hat gestimmt, der Vertrag war in Ordnung, und da habe ich mir gesagt, das halbe Jahr, das hältst du aus.« Tatsächlich wird in der NASL, der North American Soccer League, ins Leben gerufen 1968, nur von März bis September gespielt.

Vor seinem Beginn des Engagements bei den Strikers macht Gerd mit seiner Frau Uschi im April 1979 einen Streifzug durch New York. Beim Besuch des berühmtesten aller Nachtklubs, des »Studio 54«, ist Müller etwas irritiert über den freizügigen Umgang der anwesenden Liebespaare, selbst auf der Herrentoilette. Ein freies Land. Und beinahe Neuland. Erst einmal hatte er im Juni 1966 seinen Fuß auf US-Boden gesetzt. Im Rahmen einer dreiwöchigen Testspiel-Tournee mit den Bayern, für Müller die schönste aller Auslandsreisen. Acht Spiele absolvierten die Bayern damals – von Los Angeles bis New York.

Nun also im Trikot einer US-Mannschaft. Eine neue Welt, ein neues Leben. Die Herausforderung liegt eher abseits des Fußballplatzes. Wie skeptisch man den Auswanderer Müller und sein Ziel in den deutschen Medien sah, dokumentieren die Zeilen von Werner-Johannes Müller im *Fußball Magazin* (3/1979). Dort heißt es: »... für zweieinhalb Jahre ins Kaugummi- und Hamburger-Paradies« oder »auf den Spuren Beckenbauers ins gelobte Dollar-Dorado. Der Gerd in die USA – Verzeihung – das klang wie: Jimmy Carter trägt jetzt Lederhosen« oder »im ausgesprochenen Rentner-Paradies«. Und weiter: »Sicherlich lässt sich Müller in den fußballerisch recht unterernährten Staaten auf ein totales Abenteuer ein. Gerd spricht ja nicht einmal ein Wort Englisch.« Ehefrau Uschi, die in den Wochen vor dem Umzug in der Münchner Berlitz-School Englisch paukt, meint jovial: »Fürs Erste genügt es, dass ich reden kann.«

Über Florida weiß Ehemann Müller anno 1979, dass es »saumäßig heiß dort« ist. Er würde auf dem Spielfeld unter der Hitze leiden, das ist ihm klar. Doch noch mehr die Gegner der Strikers: »Für die anderen Mannschaften ist dies ein großes Handicap uns gegenüber«, sagt er wissend.

Die ersten Wochen in Florida werden die Müllers im Hotel wohnen, denn das zugesicherte Haus – für damals lediglich 30 000 Dollar – ist noch nicht bezugsfertig. Wichtiger sind noch andere Ziele: »Ich möchte Charles Bronson kennenlernen und vor allem Dean Martin, der mein Lieblingssänger ist. Da gibt es ja noch mehrere, aber ich hoffe, dass ich Dean Martin als Ersten kennenlerne.«

Statt Dean Martin trifft er auf den Nordiren George Best, damals wie Müller 33 Jahre alt. Die Mittelstürmer-Legende von Manchester United lässt ihre Karriere erst bei den Los Angeles Aztecs, dann ab Ende 1978 bei den Fort Lauderdale Strikers ausklingen. Lebemann Best, der exzentrische Gegenentwurf zu Gerd, wird sein Intimfeind. »Das offensichtliche Mobbing von George Best, der irre eifersüchtig und neidisch auf den neuen Star aus München war, hatte schlimme Ausprägungen«, erzählt Raimund Hinko, damals für die *Bild* München tätig. Das Erste, was Best zu Müller sagt, klingt wie eine Kampfansage: »Wir werden schon sehen, wer hier der Star ist.« In einem der ersten Trainingsspiele knallt Best den Ball beim Anstoß Müller aus wenigen Metern unvermittelt mit voller Wucht gegen das Schienbein, sodass die Kugel weit wegspringt und der »Bomber« düpiert ist. Selbst während der Punktspiele bekommt der Deutsche nie ein Anspiel von Best. Als TV-Reporter Köhler den Briten dazu befragt, sagt der nur: »Warum sollte ich neidisch sein auf Gerd? Ich bin doch der bessere Spieler!« Beste Feinde.

Der englische Trainer Ron Newman hat alle Mühe, die ehemaligen Helden, die ihm fast am Fließband geliefert werden, bei Laune zu halten. Mit Spielern wie Torhüter Gordon Banks, Ray Hudson, George Best, Teófilo Cubillas und eben Müller will Elizabeth Robbie, Alleininhaberin des Soccer-Unternehmens auf Florida, zeigen, was sie draufhat. Die »Old Lady« der Strikers bildet zusammen mit ihrem Ehemann eine der einflussreichsten Familien in US-Sportunternehmen. Jener Mister Robbie besitzt die American-Football-Mannschaft Miami Dolphins. Genug *money* ist vorhanden. Und Druck für das deutsche Wunderkind. Beau Rogers, Manager und Geschäftsführer der Strikers, sagt unverfroren: »Gerd Müller ist genau der Mann, den die Fort Lauderdale Strikers brauchen, um die US-Meisterschaft zu gewinnen. Gerd Müller soll den Fußball in den Vereinigten Staaten ebenso fördern, wie es Pelé getan hat. Nach dieser Saison wird Müller der bekannteste Spieler der USA sein.« Nun ist Müller gefordert, auch auf ungewöhnlichem Terrain. In einer der ersten Sitzungen mit dem Coach dolmetscht TV-Reporter Uli Köhler, damals für den Bayerischen Rundfunk in Florida. Newman verlangt von Müller, auch über die Flügel zu kommen. Der »Bomber« flüstert Köhler zu: »Sag ihm, dass ich mein ganzes Leben lang noch nie über die Flügel gespielt hab. Und dieses Laufen nach Zeit, diesen Cooper-Test, kann er sich auch sparen.« Köhler übersetzt. Das Ergebnis: Müller bleibt Mittelstürmer, muss aber den Ausdauertest über sich ergehen lassen.

30 deutsche Fußballer sind seinerzeit in der NASL angestellt. »Fußball ist hier neben VW ein typisch deutsches Markenzeichen«, erklärt Detroits Klubmanager Willi Dewald. »Verärgert über die Gastspielerschwemme gründeten einheimische US-Kicker eine Notgemeinschaft. Das US-Arbeitsministerium setzte auf deren Antrag fest, dass künftig höchstens 220 Ausländer in den 24 Klubs spielen dürfen. In Detroit prangte unlängst an Stadionmauern die Aufschrift ›Germans go home!‹«, schreibt der *Spiegel* (29/1979). Franz Beckenbauer dagegen wird gefeiert, immerhin hat »the Kaiser« Cosmos New York zweimal nacheinander den US-Titel beschert. Der *Spiegel* berichtet: »Als Beckenbauer wegen einer Meniskusoperation wochenlang ausfiel, verlor Meister Cosmos häufiger. Nach der 1:4-Niederlage gegen Detroit Express stellte deren Manager Dewald fest: ›Ohne Franz Beckenbauer wirkt die Mannschaft wie eine Truppe Maiskolbenpflücker.‹« Auch andere Deutsche feiern in Übersee Erfolge. 1976 verhilft der ehemalige Bundesliga-Profi Wolfgang Sühnholz den Toronto Croatians zur Meisterschaft. Der Essener Willi Lippens, in der Bundesliga wegen seines Watschelgangs »Ente« genannt, entzückt die Fans der Dallas Tornados. Karl-Heinz Granitza, letzte Saison noch Mittelstürmer bei Hertha BSC Berlin, steht in der Torschützenliste weit oben.

Drei Boulevardreporter aus München begleiten die Familie Müller in Woche eins ihres Florida-Abenteuers: Raimund Hinko, Uwe Fajga und der 2004 verstorbene Bernd Hildebrandt, Bruder des Kabarettisten Dieter. »Es war wirklich irre heiß damals. Trainer Newman hat die Spieler in jener Woche richtig knackige Läufe absolvieren lassen«, erzählt Hinko. Zum Leidwesen von Müller. Amerikaner machen ja gerne aus allem eine *competition*, einen Wettbewerb. »Die Spieler liefen im Rudel von der Mittellinie zu einer Bande am Spielfeldrand«, so Hinko, »und wer als Schnellster anschlug, durfte aufhören und duschen. Gerd, nie wirklich der Sprintertyp, hatte echte Probleme. Als er einem Kollaps schon recht nahe war, ließ sich einer der jungen Mitspieler zurückfallen, damit der neue Superstar aufhören konnte.« Doch damit nicht genug der Pein. Das allererste Training in Fort Lauderdale sollte Müller speziell wegen Hinko nicht so schnell vergessen. »Weil die Mannschaft zum Laufen in Turnschuhen unterwegs war, bat mich Gerd, seine Fußballschuhe zum Trainingsplatz mitzunehmen. Um dorthin zu gelangen, sprang ich in ein Taxi – und ließ die Schuhe dort liegen.« Müller hat aber nur dieses eine Paar dabei. Er trainiert also mit Turnschuhen. Und rutscht. Und rutscht. Und rutscht. »Mir war das sehr peinlich«, sagt Hinko heute, »Gerds Mitspieler und Fans haben sich über ihn lustig gemacht.« Der Reporter entschuldigt sich, Müller akzeptiert.

Am ersten Morgen nach der Landung schlafen die Müllers aus, erholen sich von der Reise. Gegen elf Uhr will Müller frühstücken, fragt einen Kellner im Frühstücksraum nach einem Kaffee. Der entgegnet nur: »It's closed.« Schon geschlossen. Gerd versteht ihn nicht, wird plötzlich laut und ruft durchs Hotel: »In diesem Land kriegst du nicht mal einen Kaffee!« Doch es wird besser. Nach wenigen Wochen in den USA sagt Müller: »Ich hab einfach Fußballersprache geredet mit denen.« Manchmal hilft aber auch nur beten. Bei den vielen Flugreisen quer durch die USA. Schon immer leidet Müller unter Flugangst. »Bei den weiten Reisen im Flugzeug hoffe ich immer, dass ich wieder gut nach Hause komme«, beichtet Müller seine Ängste im ZDF-*Sport-Spiegel*. Aus Dankbarkeit spendet er, »wenn ich dann nach Hause komme für die Kirche. Das habe ich immer getan.« Es kommt viel zusammen? Müller nickt. Wie die *Sport-Illustrierte* schon im Januar 1973 berichtet, hat sich Müller nach jeder glücklichen Landung einen 100-Mark-Schein in die Brusttasche gesteckt. Damit er ja nicht vergesse, den der Kirche zu spenden. Ehefrau Uschi belustigt sich stets ein wenig, sagt dem *Fußball Magazin* (3/1979): »Selbst nach einem doppelten Whisky zittern dem Gerd bei einem Flug noch die Hände.« Müller erklärt sich tapfer: »Ich musste doch auch bei den Bayern dauernd fliegen. Nun halt etwas länger.«

Müllers erstes NASL-Match findet im heimischen Lockhart-Stadium von Fort Lauderdale statt. Am 28. April startet der »Bomber« mit einer 1:2-Niederlage, bleibt ohne Treffer. Erst im dritten Match ist es so weit: *Mueller scores*! Ein 4:0-Heimsieg am 12. Mai gegen die Toronto Blizzards. Der Bann ist gebrochen. Gewöhnungsbedürftig sind die neuen Regeln, die Müller respektieren muss. Abseits wird in der NASL erst ab der 35-Yard-Linie vor dem Tor gepfiffen. Und ein Unentschieden ist wie in jedem US-Sport verpönt, existiert nicht. Nach zweimal 15 Minuten Verlängerung gibt es einen *shootout*, ein Elfmeterschießen mit Anlauf von der 35-Yard-Linie. Und wenn das TV überträgt, dauert das Spiel bis zu zweieinhalb Stunden – wegen der Werbeunterbrechungen. Selbst bei Freistößen wird kurz Reklame eingespielt. Weitere verrückte Ideen der Amerikaner lehnt der Weltverband FIFA ab, etwa die Torpfosten breiter zu machen, damit es mehr Rebounds, also Balleroberungen der angreifenden Mannschaft, gibt, oder den Strafraum rot einzufärben, damit die Zuschauer die Gefahrenzone auf dem Platz besser erkennen können.

Seine ersten Eindrücke schildert Müller im *Fußball Magazin* (3/1979): »Die Amerikaner kämpfen und rennen und spielen auch nicht schlecht. Sie haben mich alle sehr freundlich aufgenommen, auch die jungen Spieler. Die Zuschauer pfeifen nicht, wenn etwas schiefgeht im Spiel.« Die Atmosphäre sei »viel lockerer« als in Deutschland. Auch, was die Presselandschaft betrifft. Die Medien? Für Müller reine Pflichterfüllung. Fünf Minuten nach Spielende dürfen die Reporter zu den Spielern in die Kabine und Interviews machen. Manchmal versteckt sich Müller irgendwo in den Katakomben des Stadions. Der »Bomber« – schon immer ein scheues Reh. Doch in den USA gilt der Slogan: *The show must go on* – vor dem Spiel, im Spiel, nach Spielende. Promotion ist alles damals in der NASL. An den Abenden vor den Matches finden *tale nights* mit Gesprächen, Interviews und Autogrammstunden der Stars statt. Meist ohne Müller. Nach den Spielen herrscht bei After-Match-Partys Anwesenheitspflicht für die Stars, man darf nicht einfach nach Hause fahren wie in der Bundesliga üblich. Macht Müller dennoch hin und wieder, auch weil er die Sprachhürde nie hat nehmen können. Trotz dieser Absenzen ist er aber sehr beliebt in Florida – doch der ganze Trubel? *No, thanks*. Naa, danke.

Wichtiger als Ruhm und Image ist für ihn, was auf dem Platz passiert. Auf Kunstrasen, keinem Acker. »Wir hatten das Glück, den besten Platz der NASL zu haben. Wir spielten auf feinstem Florida-Rasen«, erinnert sich Müller in einem Interview mit dem Magazin *11 Freunde*. »Da ging es mir wesentlich besser als dem Franz in New York, der anfangs auf richtigen Äckern gekickt hat. Später hatten sie bei Cosmos zu Hause Kunstrasen, ein fürchterlicher Belag.« Das einzige Problem: Ladehemmung, die fiese Grippe der Torjägerzunft. Müller hat ziemliche Anlaufschwierigkeiten, weil ihm die Taktik nicht entgegenkommt: hohe Bälle, die von hinten nach vorne geschlagen werden, made in England eben. Dabei ist Strafraumwühler Müller am Boden stark, weil er, wendig, wie er damals ist, »den Ball wuchtig und schnell« verarbeitet.

»In den ersten Spielen habe ich kein Tor geschossen. Ich dachte mir: Leck mich am Arsch! Die Leute haben schon gesagt, jetzt kommt der hierher und trifft nichts«, berichtet Müller im Jahr 2005. Eine Umstellung des Systems muss her: »Wir hatten vorne nur lange Ochsen im Sturm – so nannten wir spaßeshalber die Briten im Team –, die ließen sich nur hoch anspielen. Da habe ich gesagt: ›Spielt flach!‹ Und fortan habe ich wieder meine Buden gemacht.« Er spricht mit Trainer Newman, der ist einsichtig. Im sechsten Spiel gegen Edmonton platzt dann der Knoten: drei »Bomber« -Tore. Müller: »Ab diesem Spiel ist es gelaufen.« Tor um Tor. Für einen Kopfballtreffer in Tulsa/Oklahoma erhält er vom Sponsor, einer großen US-Brauerei, das Etikettensiegel »Tor der Woche«. Es läuft. »Oh, mein Dickerchen, das ist fantastisch«, ruft seine Chefin Elizabeth Robbie nach einem Müller-Tor entzückt aus. Vor der Vertragsunterschrift im März 1979 hatte die Strikers-Lady den Namen des deutschen Wunderstürmers noch nie gehört. Was soll's? Nach wenigen Wochen liegt Müller mit an der Spitze der Torschützenliste.

Doch die Hitze macht ihm zu schaffen. Fort Lauderdale liegt in den Subtropen, die niedrigste durchschnittliche Monatstemperatur beläuft sich auf 18,9 Grad. »Wir hatten in Florida teilweise 48 Grad«, sagt Müller. Also gibt es oft nur eine Trainingseinheit am Tag – um neun Uhr morgens.

Die Sache mit dem streitsüchtigen Best erledigt sich schließlich von allein – nach nur acht gemeinsamen Wochen. Denn der Nordire fliegt raus. »Er war wohl ein bisschen sauer, dass sie mich ins Team geholt hatten. Wir waren auf einer Kalifornien-Tour und machten drei Spiele in Los Angeles, San Diego und San José. Irgendwo in der Nähe von L.A. hatte seine damalige Freundin ein Lokal, zu dem er eines Abends mit seinem Manager fuhr. Obwohl die beiden gemeinsam zurückkamen, war Best am nächsten Tag nicht bei der Teambesprechung dabei. Da hat ihn unser Präsident entlassen.«

Um die Tage neben den frühen Trainingseinheiten und den abendlichen Spielen rumzubringen, liegt Müller im eigenen Swimmingpool, liest Jerry-Cotton-Romane und schaut Western-Filme, einen nach dem anderen. Auf Englisch. Egal. »Das ist doch eh immer das Gleiche«, sagt Müller. Eben. Dann macht es bumm – und ein Cowboy ist tot. Oder ein Indianer kommt in die ewigen Jagdgründe.

Müller wird im ersten Jahr beinahe Torschützenkönig, macht in 25 Meisterschaftsspielen 19 Tore und 17 Assists, wie man in den USA sagt. Für die Amerikaner wichtiger ist die Scorer-Wertung, bei der ein Tor zwei Punkte und eine Vorlage einen Zähler bringt. Sein Lieblingsgegner: die Edmonton Drillers, gegen die er in sechs Partien sieben Tore erzielt. »Im ersten Jahr bin ich leider nicht Scorer-König geworden, mir fehlte genau ein Punkt. Ich hatte einen Elfmeter verschossen«, sagt der Mittelstürmer Müller. Der Mensch Gerd ergänzt: »Aber das war ganz gut so, denn zur Ehrung hätte ich nach Washington gemusst, und die Amerikaner mochten es nicht gerne, wenn man gedolmetscht werden muss.« Müller ereifert sich noch mehr als 25 Jahre danach: »Aber die können ja auch nur ihre Sprache!« Schließlich wird er in Fort Lauderdale geehrt. »Gott sei Dank«, sagt er. Dort kürt ihn der Verein auch zum besten Spieler der Strikers. »Es gab ein Mofa und einen riesigen Pokal, so hoch wie ich«, erzählt Müller, »der Pokal ist immer noch in den USA, den bringst ja gar nicht in den Flieger.« Nach einer Saisonbilanz von 17:13 Siegen im Kalenderjahr 1979 scheitert Fort Lauderdale in der ersten Runde der Playoffs an Chicago Sting mit 0:2 und 0:1.

In dieser Zeit geht es Müller gut in den USA, »wie im Paradies«, sagt er. Manchmal ist sogar München ganz vergessen. Der »Bomber«, vom FC Bayern enttäuscht, taut auf in Florida. Er genießt die Popularität, vor allem, wenn das ganze Lockhart-Stadium »Muller! Muller!« ruft. 18 000 passen in diese Arena, sehr oft ist das Stadion nun ausverkauft. Mit dem Peruaner Cubillas vollführt er nach jedem Tor ein Tänzchen. Und plötzlich macht er sogar Scherze: »Wenn ich zurück bin in München, trete ich mit Sepp Maier gemeinsam auf: er als Karl Valentin und ich als sein Weib.«

Maier übrigens hatte vor seinem tragischen Autounfall im Juli 1979 auch ein Angebot des Beckenbauer-Klubs Cosmos New York erhalten, angeblich für eine Million Mark Jahresgage. Doch der Maier Sepp lehnt in seiner unnachahmlichen Art ab: »Vielleicht stelle ich mich in zwei Jahren ins Cosmonauten-Tor, aber nur für einen Sommer, denn Bayern bleibt Bayern.«

Im »Sunshine State« Florida erfährt Müller eine Menge Ablenkung. Ein gewisser Hansi Last stellt sich als ausgewanderter Deutscher vor und bietet seine Hilfe an. Hansi wer? James Last, der Bandleader und Komponist. Er zeigt Müller Restaurants, einen deutschen Bäcker, lädt die Strikers zu einer Bootsfahrt über die Florida Keys ein, wird zum Partyorganisator. Müller aber macht lieber Familienausflüge, besucht den Freizeitpark Ocean World in Fort Lauderdale, füttert Delfine. Sonst wird er ja gefüttert – mit Vorlagen.

Für das US-Fernsehen wird Müller sogar zum Boxer. Er soll sich dem deutschen Schwergewichtsmeister Reiner Hartmann, damals Sparringspartner von Muhammad Ali, im Ring stellen – *for the show*. Der deutsche Sportjournalist Hartmut Scherzer begleitet Hartmann und hilft Gerd in die Boxhandschuhe. Dieser fleht ihn an: »Der Hartmann soll bloß nicht richtig zuschlagen!« Müller überlebt. Für ein Fotoshooting posiert er auf dem Golfplatz, auch wenn das nicht sein Sport ist. Nicht einmal eine private Nachhilfestunde von Schlagerstar Howard Carpendale, ebenfalls Hausbesitzer in Florida, überzeugt ihn vom Golfen. Um sich neben dem Training fit zu halten, spielt Müller vormittags Raquetball, eine dem Squash ähnliche Sportart, die in einem Court mit Seiten- und Rückwänden gespielt wird. Der Vorteil: die Klimaanlage. Müller perfektioniert auch hier sein Spiel. »Wie ein Wahnsinniger hat er Raquetball gespielt, richtig exzessiv«, erinnert sich *Kicker*-Reporter Werner-Johannes Müller, der ihn zwei Mal in Florida besucht hat. »Für mich war dies das letzte Aufflackern seines wirklichen Ehrgeizes.«

Auf den smarten, aber eher ahnungslosen Coach Newman folgt im Januar 1980 der Niederländer Cor van der Hart. Er bringt Top-Torhüter und Landsmann Jan van Beveren vom PSV Eindhoven mit und gibt zu Beginn seines Jobs zu, kein Wort Englisch zu sprechen. Macht nichts. Bei den Strikers sind zu diesem Zeitpunkt Spieler aus zwölf Ländern unter Vertrag, viele Südamerikaner. Nur wenige davon sprechen Englisch. Trotzdem läuft's. Über California Surf, die Edmonton Drillers und die San Diego Sockers erreicht Fort Lauderdale das Playoff-Finale, genannt Soccer Bowl. In Washington unterliegt der Müller-Klub dem Beckenbauer-Klub Cosmos New York mit 0:3. Der »Bomber«, ein US-Vizemeister. In 36 Partien des Kalenderjahrs trifft er 16 Mal – obwohl die Bandscheibe schmerzt. »Die Abwehrspieler springen einem dauernd ins Kreuz«, beschwert sich Müller, im Oktober wieder daheim in München. »Für meine Bandscheibe ist das natürlich Gift«, klagt er in einem *Kicker*-Interview. Mit der medizinischen Betreuung in Florida zeigt sich Müller wenig einverstanden: Der Verein beschäftigt keinen Masseur. »Man muss sich das mal vorstellen! Aber alles Bitten und Betteln nützt ja nichts. Die machen alles mit Tabletten, Eisbeuteln und warmem Wasser. Sonst nichts.« Zurück in München wird bei einer Untersuchung festgestellt, dass Müllers Muskulatur zum Teil verknorpelt ist.

Dennoch, so sagt er, hat er nach wie vor »viel Spaß am Fußball«. Als er in seiner Heimat weilt, kickt er für die Alten Herren des FC Bayern. »Ich kann's eben einfach nicht lassen.« Die Ferien verbringt er in München. »Ich fliege genug in der Weltgeschichte rum.« Apropos: Seine Flugangst legt sich durch die ständige Reiserei quer durch die Staaten nicht. »Wir fliegen, fliegen, fliegen«, erzählt er, »oft bis zu zehn Stunden zu einem Spiel.« Mit häufigen Zwischenstopps. Müller leidet. »Wenn's wackelt, fang ich an zu zittern. Wenn's noch mehr wackelt, überkommt mich die Panik – so wie früher auch schon. Dann höre ich auch sofort mit dem Kartenspielen auf, mit dem wir uns sonst die lange Flugzeit vertreiben.« Mit Rommé. »Das ist auch ganz lustig. Schafkopf ist bei denen leider unbekannt.«

Seine Englischkenntnisse nach zwei Spielzeiten? Na ja. Aber Müller geht damit erfrischend ehrlich um: »Ich kann nicht einmal Zeitung lesen«, sagt er dem *Kicker* und fügt hinzu: »Aber das macht nichts, meine Frau und meine Tochter sprechen fast perfekt und dolmetschen dann für mich. Ich habe einfach keine Zeit zum Englisch lernen.« Die Tochter ist damals acht.

1981 kommt dann Trainer Eckhard Krautzun – »und es war nicht mehr lustig«, sagt Müller. Es finden sich viele solcher Zitate, gemünzt auf den deutschen Globetrotter-Coach. Die harmlose Variante: »Fort Lauderdale war wunderschön. Erst als

Krautzun kam, wurde es unangenehm.« Die Variante mit dem inhaltlichen Vorwurf: »Der schlechteste Trainer, den ich je hatte! Das war ein ganz harter Hund. Der hat uns gescheucht und gehetzt, dass mir ein paar Mal schlecht geworden ist. Krautzun ließ bei 35 Grad trainieren wie in der Bundesliga.« Schließlich die höchst emotionale Verknappung auf der Kassette mit dem bisher unveröffentlichten Interview: »Krautzun, das A...«

»Es war eine tolle Zeit. Wir hatten eine gute Mannschaft. Aber mit vielen Spielern, die über ihren Zenit hinweg waren. Alternde Weltstars – wie Gerd auch«, sagt Eckhard Krautzun bei einem Treffen im Dezember 2014 in seinem Wohnort Heppenheim. Das Schleifer-Image hängt dem damals 74-Jährigen nach. »Ich wollte und will immer das Optimale von jedem Einzelnen und von der Mannschaft«, rechtfertigt er sich und fügt hinzu: »Ich hasse jede Art von Schlendrian.« Überall, wo Krautzun trainierte, ob in Saudi-Arabien oder beim TSV 1860 München, in Kenia oder Darmstadt, in Tunesien oder Solingen, in Kanada oder Wolfsburg, in China oder St. Pauli, in Japan oder Mainz, überall zitterten die Profis vor dem »deutschen Feldwebel, bei dem alles ruck, zuck und ohne Widerspruch gehen musste«, erinnert sich der Aachener Peter Stollwerk, der bei den White Caps Vancouver den Krautzun-Stil erlebt. Doch von nichts kommt nichts. Als Trainerausbilder war Krautzun noch lange für den DFB tätig und wurde für den Preis »Deutscher Fußball Botschafter 2015« nominiert.

In Fort Lauderdale wird Ex-Löwe Krautzun zum roten Tuch für Ex-Bayer Müller. Vor allem wegen seiner Trainingsumfänge bei schweißtreibenden Temperaturen. »In der Vorbereitung habe ich mir die Erlaubnis geholt, auf einem Golfplatz zwischen Miami und Fort Lauderdale zu trainieren«, erinnert sich Krautzun, »der Platz war ziemlich wellig, es ging hoch und runter. Dort habe ich Ausdauerläufe machen lassen, dem Gerd hat das nicht geschmeckt. Aber er hat sich nie direkt bei mir beschwert.« Hat sich Müller, der Held der Siebziger, überhaupt etwas sagen lassen? »Das Laufen war nicht seine Sache. Im Training konnte ich keine Ausnahme machen, auch wenn er ganz ordentlich mitgemacht hat. Große taktische Anweisungen habe ich ihm nicht gegeben, höchstens zum taktischen Stellungsspiel – das war's. Gerd hat nie gemurrt, mit ihm hatte ich ein vernünftiges, professionelles Verhältnis.« 33 Jahre später spricht Krautzun voller Respekt über den Mittelstürmer, mit dem er damals nicht wirklich konnte.

Bernd Hölzenbein, mit Müller 1974 Weltmeister, verteidigt den Coach. Der Ehrenspielführer von Eintracht Frankfurt wechselt im Mai 1981 nach 420 Bundesligaspielen mit 160 Toren für die Hessen zu den Fort Lauderdale Strikers. »Ohne Krautzun wäre ich nicht in die USA gegangen«, sagt Hölzenbein 2015, »natürlich war sein Training sehr hart für die dortigen klimatischen Verhältnisse. Und ja – er war ein harter Hund.« Der ehemalige Frankfurter hat anfangs große Probleme. Mit der Bullenhitze, seinen vielen Muskelverletzungen und dem fehlenden Teamgeist der Söldnertruppe, die um den Chilenen Elías Figueroa und Ruben Morales aus Uruguay erweitert wird. Es bilden sich Grüppchen in der Mannschaft: die Engländer, die Amerikaner, die Südamerikaner, die Niederländer. »Es war sehr schwierig für Krautzun, aus diesen Spielern aus aller Welt eine schlagkräftige, harmonierende Truppe zu formen«, meint Hölzenbein und gibt ehrlich zu: »Die meisten waren doch *over the hill*, über ihrem Zenit. Die meisten im Team waren Egoisten. Vielen Spielern ging es nur darum, selbst gut auszusehen, viele Punkte für die Scorer-Wertung zu sammeln. Für uns Deutsche war das sehr komisch und ungewohnt, das hatte nichts mit Teamgeist und deutschen Tugenden zu tun.«

Krautzun lässt ein 4-3-3-System mit drei Spitzen spielen. Strafraumspieler Müller muss seinem gegnerischen Verteidiger nicht hinterherlaufen, soll an der 35-Yard-Linie stehen bleiben und auf Chancen lauern. »Das kam Gerd zugute, weil er nicht von der Mittellinie lossprinten musste, einen kürzeren Weg zum Tor hatte.« Das er allerdings nicht mehr so häufig trifft. Müller spielt auch seltener. Aus zwei Gründen: erstens die Flugangst. »Bei weiten Auswärtsreisen zu den sogenannten Double-Headern an der Westküste – etwa in Portland und kurz darauf in Seattle, Vancouver oder San Diego – rief mich Uschi Müller an und bat mich, ihn nicht mitzunehmen. Er würde sich nicht so gut fühlen, sei krank. Aber ich wusste, woran es lag: die Flugangst. Dann habe ich ihn zu Hause gelassen.« Nicht immer gibt Krautzun klein bei. »Einmal hat er den Gerd gezwungen, nach Kanada mitzufliegen«, weiß Hölzenbein noch, »und ihn auf die Tribüne gesetzt.« Die Stimmung verschlechtert sich. Weil Krautzun als Headcoach und Team Operation Manager mit einem bestimmten Budget für Transfers ausgestattet ist, kauft er einen weiteren Stürmer ein, den damals erst 19-jährigen Torschützenkönig der Major Indoor Soccer League, der US-Hallenliga. Diesen Branko Šegota habe er »dann dem

Gerd vorgezogen, weil er viel mehr laufen konnte und fitter war«, so Krautzun. Die englische Fraktion in der Mannschaft fordert den Trainer auf, nach Performance aufzustellen und nicht nach Namen. »Hätte ich das nicht getan, hätte ich vor den anderen Spielern mein Gesicht verloren. Ich bin immer nach Leistung gegangen.« Müller sitzt viel. Auf der Bank, auf der Tribüne, zu Hause. Um den »Bomber« wird es einsamer. Auch der anfänglich gute Kontakt zu Hölzenbein friert unter der Sonne Floridas ein. »Ich habe direkt am Strand gewohnt, nur vier Meilen vom Trainingsgelände entfernt, die Müllers rund 30, 40 Meilen«, erzählt Hölzenbein.

Der kaum noch aufgestellte »Bomber« wird schließlich zum Politikum. Eines Tages beantragt Uschi über ihren Anwalt eine Sitzung. Joe Robbie fliegt aus Montana ein. Man trifft sich in einem seiner Apartments im 20. Stock, hoch über dem Hafen von Miami. Die Teilnehmer: Joe Robbie und sein Sohn Tim, der Strikers-Manager, Krautzun und sein Assistenztrainer, Müllers Anwalt aus New York, seine Frau und er. »Gerd war die ganze Sache unangenehm, er war ja ohnehin kein großer Redner und hat sich im Englischen nicht wohlgefühlt«, sagt Krautzun. »Als Joe Robbie erfährt, was vor sich geht, warum er kommen sollte, ist er außer sich und tobt: ›Bin ich hier richtig? Sind wir deshalb zusammengekommen, weil es darum geht, wen ein Trainer aufstellt und wen nicht? Ich kann doch nicht unserem Football-Coach Don Shula von den Miami Dolphins sagen, wen er aufstellen soll und wen nicht!‹« Der Assistenztrainer tritt seinem Boss vors Schienbein, das Ding ist zugunsten der Trainer gelaufen. »Gerd hat fortan um seinen Posten gekämpft, in Heimspielen habe ich ihn immer aufgestellt«, sagt Krautzun. In 17 Partien kommt der Ex-Bayer nur noch auf fünf Tore. Sein letztes Pflichtspiel in der NASL macht Müller am 11. August 1981 beim 1:2 der Strikers in Jacksonville. Sein Team schafft es nicht mal in die Playoffs. Also schickt Besitzerin Robbie die Stars auf eine zweiwöchige Testspieltour nach Europa, sein letztes Match im Dress der Strikers bestreitet Müller bei Olympiakos Piräus. Ein 0:0. Bezeichnend.

Ein Wirtshaus am Atlantik

Längst haben die Müllers andere Interessen. Zurück nach Deutschland? Nein, noch nicht. Mit den Hubers, einem Ehepaar aus München, übernehmen Uschi und Gerd im November ein Restaurant, das »Ambry«. Die Müllers beschließen, ihren Lebensmittelpunkt ganz in die USA zu verlegen, und widmen sich voll und ganz ihrem Steakhaus, das sie von ihren Ersparnissen finanzieren. Es passt. Denn: Hansi Huber, seit 1963 mit Gerd befreundet, ist Brauereimitarbeiter, seine Frau Hanni führte ein Lebensmittelgeschäft. Auf die Speisekarte kommt bayerische und amerikanische Kost. Das »Ambry«, zu übersetzen etwa mit »Anrichte« oder »Speisekammer«, hat 88 Plätze, eine kleine Bar und wird zu »Gerd Mueller's Ambry«. Die Adresse 3016 E. Commercial Boulevard, nur 800 Meter vom Atlantikstrand entfernt, kurz vor der Watergate-Brücke, wird zu der Anlaufstelle für US-Fans und deutsche Touristen in Fort Lauderdale. Es läuft gut. Dem ungeliebten Trainer Krautzun erteilt Uschi Müller eines Tages Hausverbot. »Als ich dort einmal eines dieser wirklich ausgezeichneten Steaks essen wollte, sagte man mir, ich sei hier nicht erwünscht«, erzählt Krautzun. Andere Gäste haben jedoch großen Spaß. Eduard Kirschner etwa, ein alter Kumpel, der mit Müller von 1976 an zwei Jahre beim FC Bayern gespielt hat. Über Edmonton kommt Kirschner 1982 zu den Fort Lauderdale Strikers. Auf dem Platz verpasst man sich, da Müller in jenem Jahr für die unterklassigen Smiths Brothers Lounge kickt und immerhin 33 Tore in 42 Spielen erzielt. Dann hört er auf. Ohne großes Tamtam. Einfach so. Der Fußball wird ihm schnell fehlen. Müller hat von einem auf den anderen Tag keine richtige Aufgabe mehr. Bei einem Besuch in der Heimat klagt er: »Keine Arbeit, da drüben ist es so heiß, da kannst du nur eine Stunde Sport machen am Tag – und dann?« Nur noch in seinem Restaurant ist *high life*. Hoch die Tassen!

Edi und Gerd, die alten Spezl, treffen sich im »Ambry«. »Zwei- bis dreimal pro Woche waren viele unserer Spieler dort, nach Heimspielen fast immer«, erinnert sich Kirschner, »das Restaurant war eine weit bekannte und beliebte Anlaufstelle, ein Treffpunkt für Sportler, Geschäftsleute und Fans. Der Laden brummte, war immer voll. Kein Wunder, das Essen schmeckte sehr gut.« Auf der Karte steht neben den Steaks auch immer ein bayerisches Gericht, Rindsrouladen oder Zwiebelrostbraten. Und der »Bomber«? Kommt jeden Nachmittag gegen 16:30 Uhr und stellt sich wie ein Türsteher in den Eingangsbereich des Restaurants. Dorthin, wo eine deutsche und eine bayerische Flagge montiert sind. »Er empfing die Leute, begrüßte jeden Gast mit Handschlag«, sagt Kirschner. *Welcome to Bomber's world*. Später stößt er mit den Gästen an der Bar an – mit fast jedem.

Seine Frau Uschi hilft Hanni Huber in der Küche. Später am Abend, nach getaner Arbeit, sitzen sie noch beim Kartenspielen oder Würfeln zusammen. Mit Hans Huber, der 2013 in der *Welt* anschaulich schildert, wie lange das Karteln und Knobeln ging: »Bis morgens vier, fünf Uhr, immer wieder. Meine Frau mit ihm gegen seine Frau, die Uschi, und mich. Und der Gerd konnt nicht verlieren, der konnt nie verlieren, wie beim Fußball, und wenn er doch verloren hat, sagte er: ›Weiter, nächste Runde!‹ Noch ein Spiel und noch eins. Bis er gewonnen hat. Und er dann: ›Wir können aufhören, wird ja schon hell.‹« Er spielt noch immer gerne. Auch auf dem Platz. Einmal vereinbart er ein 100-Liter-Bier-Fass als Wetteinsatz. Einem Team mit vielen Teenagern um seinen Kumpel Huber gibt Müller, der mit befreundeten FC-Bayern-Altstars aufläuft, 25 Tore Vorsprung. Das Team Müller gewinnt 45:27, und laut Huber erzielt der »Bomber« ungefähr 40 Tore selbst. Er kann es nicht lassen.

Der »Bomber«-Tourismus erreicht nun seinen Höhepunkt. Autogramme, Fotos, Small Talk. Gut für's Geschäft, schlecht für des Müllers Lust. »Dann kamen die Busse, einer nach dem anderen, und Kamerateams, aus Deutschland, aus ganz Europa«, sagt Huber senior. Alle wegen Müller. Er wird zur Museumsattraktion. Ausgerechnet der schüchterne, oft scheue Gerd. »Er hat die Leute ein bisserl unterhalten, das war's eigentlich. Aber man hat ihn schon hinschieben müssen«, erzählt Huber. Irgendwann lässt der Rummel im »Ambry« nach. Als wäre jeder schon mal da gewesen. Die Gäste bleiben weg, die Laune sinkt. »Trotzdem wirkte er auf mich fröhlich und lebenslustig«, meint Kirschner. Müllers Fassade hält noch. Nach und nach beginnt er aus Langeweile und Frust, mehr und mehr zu trinken. »Das mit dem Steakhouse war ein Riesenflop«, bilanziert er 2009, »da hab ich ordentlich Geld hergeschenkt, und am Ende ging mir die ewige Sonne Floridas auf den Geist.«

Er ist eben Toremacher, kein Geschäftemacher. Der Fußball fehlt ihm.

»Die US-Liga war das Austragsstüberl für alternde Weltstars, ein Kunstprodukt auf Kunstrasen, rein auf Business und Entertainment ausgelegt«, sagt Reporter Werner-Johannes Müller, »es hat ihn nach und nach fertiggemacht. Gerd musste sich das alles dort am Ende schönreden, weil ihm klar war, dass es ein Abstieg war.« Und nicht nur schönreden. »Gerd wirkte dann nicht mehr glücklich, fühlte sich nicht mehr wohl«, blickt Uli Hoeneß 2015 auf diese Zeit zurück. »Er war ja kein großer Geschäftsmann, das war nicht seine Welt. Seine sogenannten Freunde haben ihn mit dem Restaurant übers Ohr gehauen, wollten mit seinem Namen Geld machen. Gerd wurde ausgenutzt. Er hat mir furchtbar leidgetan. Das hatte er nicht verdient.«

Im März 1983 führt ihn eine traurige Pflicht heim zu den Wurzeln. Die Mutter ist verstorben, und der St.-Emerans-Friedhof von Nördlingen ist »schwarz vor Menschen«, erinnert sich Helmut Wurm. Nicht so sehr aus purer Anteilnahme, wie Müller-Freunde wissen wollen, vor allem möchten viele den größten Sohn der Stadt mal wiedersehen. Doch der brüskiert die Nördlinger und kommt nicht – jedenfalls nicht, als der Pfarrer die Grabrede hält. Erst als alles schon vorbei ist, sieht man ihn mit seinem Nördlinger Freund Karl Höhn zum Grab schreiten. Typisch Gerd. Die Angst, im Mittelpunkt zu stehen, begleitet ihn eben in allen Lebenslagen. Gerd Müller hat sich das Recht genommen, ungestört von seiner Mutter Abschied zu nehmen, die Empörung über sein Zuspätkommen nimmt er in Kauf. Dann fliegt er wieder zurück, das »Ambry« wartet auf seinen Grüß-August.

Gegenüber anderen spricht Müller nie von seinem Heimweh nach München. Uschi schon. Eines Tages im Jahr 1984 fragt sie die Hubers: »Macht's euch was aus, wenn wir zurückgehen?« Die Hubers bleiben, übernehmen das Restaurant komplett. Man verliert sich aus den Augen, Gerd lässt den Kontakt zu seinem Trauzeugen einschlafen.

Hansi Huber führt das »Ambry« bis heute als deutsch-amerikanisches Restaurant, inzwischen mit seinem Sohn Johannes, einem gelernten Metzger. In einem Gespräch mit der *Welt* 2013 sagt Huber senior, das Bayern-Mitglied: »Der Gerd ist ein feiner Kerl, ein ganz feiner Kerl.«

Bereits 1988 verschwindet das Schild mit dem Namen des einstigen Paten und Geschäftspartners. Doch Gerd Müller und der FC Bayern sind noch allgegenwärtig. In den Gasträumen hängen Wimpel des Rekordmeisters sowie Bilder vom »Bomber der Nation«, hinterm Tresen blitzt eine seiner Trophäen, ein »Goldener Schuh«. Und die Thekenmannschaft kickt immer noch unter dem Namen »The Gerd Müller Ambry Soccer Team«.

9

Teufel Alkohol

»Einen Haufen Geld in den Sand gesetzt«

Der Traum Amerika ist zum Albtraum geworden. Die Vereinigten Staaten, das Land der unbegrenzten Möglichkeiten, zum Gefängnis, verkleidet in ein Restaurant, das »Ambry«. Die Auswanderer kehren 1985 aus Heimweh zurück, gescheitert, aber auch ein wenig erleichtert. Zunächst.

»Drei Jahre habe ich dort gespielt, drei Jahre blieb ich noch drüben«, blickt Müller zurück und sagt ehrlich: »Es wäre besser gewesen, wenn wir nach drei Jahren sofort zurückgegangen wären.« Im Februar 1981, vor Beginn seiner dritten Saison in der US-Liga NASL, haben die Müllers die Vermögensverwaltung einem Rechtsanwalt übergeben. Der sollte zuerst die Sportgeschäfte, dann die Villa in Straßlach verkaufen. Man wollte für immer in Florida bleiben, löste also den Hausstand samt Bungalow und Mietshäusern auf. Vieles vom Ersparten investierte man in das Restaurant »Ambry«, trennte sich aber auch von diesen Anteilen. Gerüchte über massive finanzielle Schwierigkeiten der Müllers machen 1985 in der alten Heimatstadt München die Runde. »Stimmt nicht, dass wir pleite waren«, beteuert Uschi Müller bei jedem Anlass. Damit es alle wissen: »Wir hatten nie Schulden.« Müller, der zu seinem 60. Geburtstag die Zeit in den USA als »eine gute Lehre« sieht, wird an anderer Stelle deutlicher: »Der Fehler war, dass wir den Scheiß gemacht haben mit dem Restaurant. Da hab ich einen Haufen Geld in den Sand gesetzt.« Konkrete

Zahlen gibt es nie. Nur Erkenntnisse. Bayerns 2021 abgetretener Vorstandsboss Karl-Heinz Rummenigge sagt: »Es wäre besser für Gerd gewesen, er hätte seine Karriere beim FC Bayern beendet.«

Das verspätete Abschiedsspiel

Und da war ja noch die Zusage für ein Abschiedsspiel. Während der Verhandlungen rund um den Wechsel Müllers im Februar 1979 zu den Fort Lauderdale Strikers hatte der damalige Präsident Wilhelm Neudecker dieses Versprechen gegeben. Im Herbst 1981 kommt in München die erste Diskussion um das Spiel auf. Man diskutiert über Müller – ohne Müller. Neudeckers Nachfolger Willi O. Hoffmann steht zu einem Abschiedsfest: »Da gibt es keine Ausrede, kein Taktieren.« Einen Termin sucht man noch. »Der deutsche Fußball hat ihm doch so viel zu verdanken«, sagt der ehemalige Bundestrainer Helmut Schön, unter dem Müller erst Europa- und dann Weltmeister wurde. Da kann der aktuelle Bundestrainer Jupp Derwall nicht den bösen Buben spielen, also erklärt er generös: »Ich habe ihm das versprochen, und zu diesem Versprechen stehe ich auch.« In der *Bild* vom 7. Oktober 1981 meint Karl-Heinz Rummenigge: »Ein Mann mit den Verdiensten von Gerd Müller hat zehn Abschiedsspiele verdient.« Der damalige Bayern-Kapitän Paul Breitner, nie besonders eng mit Müller, sagt skeptisch, aber hilfsbereit: »Ich glaube kaum, dass da viele Zuschauer kommen. Aber wenn der Gerd sagt, dass wir ihm helfen sollen, bin ich der Letzte, der nicht hilft.«

Zu dieser Zeit fehlt lediglich die schriftliche Genehmigung des DFB, dass die Nationalelf gegen den FC Bayern antreten darf. Mündlich existiert die Zusage bereits. Es zieht sich. Schließlich geht es um Geld. Um ein paar Hunderttausend Mark. Was Jungmanager Uli Hoeneß damals empört: »Ich glaube, der Gerd lebt in einer anderen Welt«, sagt er in der *Bild* vom 7. Oktober 1981, »der kann doch nicht ein halbes Jahr in den USA hocken und annehmen, dass wir hier ein Freundschaftsspiel für ihn gegen Honolulu organisieren, zu dem 70 000 Zuschauer kommen.«

Es dauert dann fast zwei Jahre, bis alle Verträge für das Abschiedsfest des »Bombers« gemacht sind. »Für das Spiel bin ich extra rübergeflogen «, erinnert sich Müller, »das war ein wenig traurig. Die Bayern haben es ja nur gemacht, weil sie wussten, dass sie die Hälfte der Einnahmen kriegen. Ein gutes Geschäft für die. Es hat keiner damit gerechnet, dass das Stadion voll wurde.«

50 000 Fans kommen ins Münchner Olympiastadion, das damals 78 000 Zuschauern Platz bietet. An jenem Dienstag, dem 20. September 1983, schnürt Müller mehr als ein Jahr nach Beenden seiner Karriere in den USA noch einmal die Schuhe. Im Bayern-Trikot hat man ihn viereinhalb Jahre nicht gesehen. In der ersten Halbzeit spielt der »Bomber« für Bayern, in den zweiten 45 Minuten läuft er für einige Minuten im Trikot der Nationalmannschaft auf. Das Abschiedsspiel endet 4:2 für Bayern – ohne ein Müller-Tor. Aber wer will schon was geschenkt – nicht der »Bomber«! Bei den Bayern steht er nur noch mit zwei Spielern auf dem Platz, mit denen er bis zu seinem Wechsel in die USA tatsächlich gekickt hat: Bernd Dürnberger und Klaus Augenthaler. Aufseiten der Nationalelf ist es niemand Geringeres als »Kaiser Franz«, sein alter Weggefährte.

Für das Stadionheft dieses Abends mit dem Titel »Servus Gerd« schreibt Müller das Vorwort:

»Liebe Fußballfreunde, liebe Stadionbesucher, vorweg ein herzliches Grüß Gott und ein Dankeschön für Ihr Kommen heute Abend zu meinem Abschiedsspiel. Es ist schon eine prima Sache, noch einmal hier in dieses Stadion einlaufen und in Ihrer Mitte Fußball spielen zu dürfen.

Hier in diesem Stadion, auf diesem Platz liegen für mich – und sicherlich auch noch für Sie – so viele schöne Erinnerungen an große Stunden, unvergessene Höhepunkte und jede Menge Tore.

(…)

Ich selbst danke allen, die dazu mitgeholfen haben, und bedanke mich auch bei Ihnen, meinem Publikum, das dazu beiträgt, dass dieser Abend mit meinem Abschiedsspiel zu einem schönen Abschluss meiner Laufbahn wird.

Ihr Gerd Müller«

Wirklich dankbar und fröhlich wirkt Müller an diesem Abend jedoch nicht. Grimmig, ja deplatziert, schaut er auf den Bildern drein, die bei der Mannschaftsaufstellung gemacht werden. Der »Bomber« verschränkt die Arme, um zu demonstrieren, dass er in Wahrheit wenig von diesem Anlass hält. Obwohl alle wegen ihm gekommen sind, lässt er es über sich ergehen. Von Ex-Präsident Neudecker gibt es nette Worte, einen warmen Händedruck und eine Medaille des Vereins. Müller lächelt süß-sauer. »Eins hat mir damals richtig gestunken«, sagt er und erzählt in der *Abendzeitung* vom 14. Mai 2005: »Ich sollte eine Hälfte bei Bayern spielen und die andere bei der Nationalmannschaft. In der Halbzeit hatte ich dann gerade das Nationaltrikot angezogen, da kam der damalige Bundestrainer Derwall zu mir und hat gemeint: ›Gerd, du spielst nur zehn Minuten, ich muss die Mannschaft vorbereiten auf das nächste Länderspiel.‹ Wenn ich das gewusst hätte, hätte ich gleich das ganze Spiel bei Bayern gemacht.« Es werden sieben Minuten. Neuneinhalb Jahre nach seinem letzten Länderspiel, dem 62., das er mit seinem 68. Tor krönt und dem WM-Titel.

Nach dem Spiel geht es wieder zurück nach Florida. Dort ist dann 1985 Schluss, wieder ein Abschied. Und der nächste Neuanfang, der schwierigste in seinem Leben. Kein Fußball mehr, kein Job mehr, keine Perspektive. Die Rückkehr nach München verläuft geräuschlos, fast unauffällig. Klar, die Müllers wollen kein großes Aufhebens machen, schließlich hatten sie andere Pläne gehabt. Es war einmal.

Müller allein zu Haus

Müllers Lebenskrise verschärft sich. Der Fall ist hart: Vom Gipfel der Popularität zurück ins raue Alltagsleben. Er weiß nichts mehr mit sich anzufangen. Als Müller später einmal gefragt wird, was in den fünf, sechs Jahren ab der Rückkehr 1985 passiert sei, sagt er: »Nix.« Dieses »Nix« steht aber dafür, dass er mehr und mehr trinkt.

Während Franz Beckenbauer die Nationalelf 1984 von Jupp Derwall übernimmt, 1986 in Mexiko zur Vize-Weltmeisterschaft und schließlich 1990 in Italien zum Titelgewinn führt, macht Müller nix. Während Uli Hoeneß den FC Bayern mehr und mehr zu einem Global Player aufbaut und ein erfolgreicher Selfmademan wird, macht Müller nix. Es ist die Zeit, als sein FC Bayern unter Udo Lattek, seinem Trainer von 1970 bis 1974, drei Mal hintereinander die Meisterschaft gewinnt. Im Europapokal der Landesmeister jedoch scheitert man meist früh – im Finale von Wien 1987 gegen den FC Porto scheitert man zudem unfassbar dämlich. Bayerns Mittelstürmer in diesen Jahren heißen Dieter Hoeneß, Roland Wohlfarth und Jürgen Wegmann.

Boris Becker gewinnt in dieser Zeit Wimbledon, Steffi Graf zieht nach. Der Kalte Krieg schwächt ab, der Ostblock zerbröselt, Gorbatschow betreibt Perestroika-Politik, die Mauer fällt, Deutschland wird wiedervereinigt. Und Müller? Er fällt auch – tief. Er trinkt. Stundenlang sitzt er vor dem Fernseher, streitet sich mit seiner Frau. Wenn er mal vor die Tür geht, gibt er für etwas Kleingeld Autogrammstunden. Meist jedoch lebt er einsam vor sich hin. Lange Zeit hört oder sieht niemand aus der Bayern-Familie etwas vom »Bomber«. Uli Hoeneß gibt später zu: »Da war für uns alle ein Riesenloch.« Und so kriegt niemand sein Leid mit.

»Ich war wieder in Deutschland, und es war nichts los. Ich habe nichts gemacht, das war ja der Fehler. Das war dasselbe wie drüben in den USA. Wenn du da keine Arbeit hast, was sollst du dann tun? Dann ist der Tag lang.« Dazu kommen dann auch noch die Malaisen seines Körpers – als würde der sich nun, im sportlichen Ruhestand, für all die Belastungen der Profizeit rächen. Wegen Faserrissen in der rechten Achillessehne erhält Müller im August 1988, damals 42 Jahre alt, Sportverbot, weil ein Abriss droht. »Das kommt davon, weil du immer nur in der Halle spielst«, mosert Ehefrau Uschi. Eine OP ist nicht notwendig wie 1986, als die linke Achillessehne komplett durchriss. Wieder müssen seine zeitweiligen Tennispartner aus der aktuellen Profimannschaft sich gedulden, diesmal sind es Olaf Thon und Jürgen Wegmann.

Seine Einsamkeit macht das nur schlimmer: »Ich bin in die Krise gekommen. Den ganzen Tag einfach nur rumsitzen und nichts Sinnvolles machen – das war mein Verderben.« Wenn er mal rausgeht, dann in eine Kneipe. »Dann sitzt du am Abend halt mal im Lokal und trinkst hier ein bisserl und da ein bisserl.« Bei Waldi Hartmann etwa, der Ende der Achtziger die Kneipe »Zeitlupe« in der Wurzerstraße, gleich um die Ecke des »Hotels Vierjahreszeiten« besitzt. »Es wurde ein Treffpunkt für Journalisten, Fußballer und Politiker – für Rote und Schwarze wie für Blaue«, erzählt der TV-Moderator und zählt seine ehemaligen Gäste auf: »Peter

Grosser, der Meisterlöwe von 1966, Bayern-Spieler wie Dorfner, Aumann, Augenthaler, Schwabl. Auch Trainer Udo Lattek kam öfter mal vorbei. Uli Hoeneß führte Trainer Jupp Heynckes ein.« Eines Abends schaut Gerd Müller mit einem Spezl vorbei, danach regelmäßig, auch mal allein. »Immer um kurz nach 18 Uhr, da hatten wir gerade aufgemacht«, erinnert sich Hartmann. »Gerd trank Wein, machte ein wenig Small Talk, blieb aber nicht lange. Er verhielt sich ganz normal, war nie betrunken. Dass meine Kneipe wohl eine seiner Trinkstationen war, habe ich damals nicht realisiert. Irgendwann kam er nicht mehr, und ich erfuhr, dass er zum Alkoholiker wurde. Für mich war das ein Schock, ich konnte das kaum fassen. Gerd Müller war mein Fußballheld, immer bescheiden und bodenständig.«

Es beginnt »die schlimmste Phase meines Lebens«, wie der »Bomber« später zugibt. Sein Alkoholproblem verschärft sich. Promille lassen vergessen, Promille spenden Trost.

Die ehemaligen Weggefährten und Freunde hegen Ende der Achtziger, Anfang der Neunziger mehr und mehr Verdacht. Bei Prominentenkicks tapst Müller teils unbeholfen auf dem Platz umher. Einmal verliert er seine Kontaktlinsen, die ganze Mannschaft krebst auf dem Rasen umher, um die Dinger zu finden. Zielstrebiger ist er auf den Empfängen nach den Spielen. Die Bar wird sein Strafraum, dort schlägt er zu. Nicht nur dort – überall. »Anfangs hat er sich hin und wieder nach Abpfiff im Bus einen Prosecco aufgemacht und getrunken«, weiß Sepp Maier noch, »ich hatte mir nicht viel dabei gedacht, weil er ansprechbar war und recht normal wirkte.« Morgens, mittags, abends. Müller erhöht die Dosis. »Schon in der Früh trank er am Frühstückstisch ein Glas Wein. Aber nicht exzessiv«, erinnert sich »Bulle« Roth an diese Zeit. Damals ist die Uwe-Seeler-Traditionself Anlaufstelle und beliebter Treffpunkt für ehemalige Nationalspieler. Müller hält meist nicht lange durch, verschwindet nach Zerrungen – typische Verletzungen, wenn man zu viel trinkt – in der Kabine. Manchmal ist es auch nur ein Vorwand. In der Abgeschiedenheit der Umkleide macht er sich dann eine Flasche Wein auf. Früher hatte er einen Fahrer aus Bequemlichkeit, nun geht es nicht mehr anders. In der Presse nehmen die Gerüchte um Müllers Alkoholabhängigkeit zu.

Im September 1991 schreibt der legendäre Bayern-Reporter Bernd Hildebrandt in der *Abendzeitung* unter der Überschrift »Armes, dickes Müller« über dessen

Situation: »Der Bomber der Nation im Unglück: Frau weg, Geld weg, Gesundheit kaputt.« Hildebrandt spricht mit Müller, der sich ständig rechtfertigt und verleugnet: »Ich würde alles wieder so machen.« Oder: »Ich trinke normal, wie jeder andere auch. Ich esse normal, habe wieder zugenommen.« Müller bestellt einen Espresso, fragt den Reporter: »Ist das das Getränk eines Alkoholikers?«

Nach 23 Jahren Ehe ist das Verhältnis zu Ehefrau Uschi beinahe zerrüttet. »Wir haben uns halt auseinandergelebt«, sagt Müller lapidar, »es gibt sonst keinen Streit – nur um die Wohnung. Sie will mich raushaben, ich will drinbleiben. Das ist alles.« Zum Treffen an der Säbener Straße kommt er mit dem Taxi. Und geht sofort wieder in die vorauseilende Verteidigungshaltung: »Aber nicht, weil ich keinen Führerschein mehr habe, sie hat den Wagen.« Seine ernste Lage versucht er mit Späßen zu überspielen. »Daheim spiele ich derzeit auch noch gegen zwei«, klagt er und meint Frau Uschi und Tochter Nicole. »In Unterzahl tut man sich immer schwerer.« Ein Nebenbuhler? Müller wiegelt ab: »Die Uschi hat keinen anderen. Wir haben uns halt nichts mehr zu sagen.«

Auch weil er Steuerschulden in Millionenhöhe begleichen musste, beschränkt sich sein Vermögen laut *Abendzeitung* Anfang der Neunziger auf wenige Hunderttausend Mark. Über die Steuerschulden sagt er: »Das ist Schnee von gestern, da haben mich ein paar Leute reingelegt.« Das Haus in Straßlach sowie zwei Eigentumswohnungen sollen für den Fiskus draufgegangen sein.

Anfragen nach Autogrammstunden, dotiert mit 3000 bis 5000 Mark, hätten zugenommen, so Müller. »Ich muss jetzt wirklich nicht betteln gehen. Im Gegenteil, mir geht es blendend«, beteuert er. Ein Mann belügt sich. Vorwürfe, er habe sich in Sachen Finanzen ein paar falsche Freunde ausgesucht, kontert er 1991: »Das sind lauter seriöse Leut. Da sind auch G'spickte darunter. Aber lauter natürliche Typen.« In Bayern nennt man reiche Menschen auch G'spickte.

Beim FC Bayern hat man einen Verdacht, wie es Müller wirklich geht. »Erschütternd«, sagt Ex-Präsident Neudecker. Angeblich verkriecht Müller sich in seiner Mietwohnung im Münchner Stadtteil Solln, macht stundenlang Videospiele, natürlich Western. Hin und wieder Tennis, sein geliebtes Racquetball, ein paar Autogrammstunden – ansonsten geht er wohl nicht vor die Tür. Und er trinkt.

Um Müller und seine Hilfsbedürftigkeit entsteht ein Streit. »Wie ich diese ganze Heuchelei um Gerd gelesen habe, hatte ich mal wieder überhaupt keine Lust, diesen Beruf weiterzumachen«, schimpft Hoeneß in der *Abendzeitung* vom 17. September 1991. »Ich reihe mich nicht ein in die Gruppe dieser Klugscheißer, die sich jetzt als große Helfer aufspielen und sich dafür feiern lassen. Ich bin mal gespannt, wer dann wirklich etwas für ihn tut. Bisher bin ich nämlich der Einzige!« Das lässt Ex-Präsident Neudecker, der Hoeneß 1979 zum Manager gemacht hat, nicht auf sich sitzen: »Hoeneß hat beim FC Bayern die finanziellen Mittel, um Müller zu unterstützen. Nicht nur der Klub, auch der DFB und adidas sind aufgerufen. Ich werde schon auch meinen Teil beitragen, keine Sorge. Im Übrigen war ich es, der sich immer für Müller eingesetzt hat. Auch dafür, dass er bei uns eben so viel verdient hat wie ein Franz Beckenbauer.« Dieses Scharmützel zeigt, wie angespannt die Lage ist und wie sehr die Causa Müller die Beteiligten damals mitnimmt. »Ich rede nicht dumm daher, ich unternehme etwas«, sagt Hoeneß vieldeutig, »aber damit brüste ich mich nicht in der Öffentlichkeit. Der Gerd weiß es am besten. Und das genügt mir.«

Wenig später kommt es zu einem entscheidenden Treffen. Vorher beruhigt Müllers Anwalt Lutz Libbertz die Öffentlichkeit, da sogar schon angebliche Suizidgedanken des »Bombers« kursieren. Müller konsultiere einen Psychiater, »aber er wird keine Entziehungskur machen, was so viele Neunmalkluge gefordert haben. So schlimm steht es wirklich nicht um ihn.«

Auch Fritz Scherer, Neudeckers Nachfolger, greift ein: »Wir werden dem Gerd in jeder Form unter die Arme greifen, das sind wir ihm schuldig.« Wenn das nur so einfach wäre. »Ich habe ihn öfter darauf angesprochen, ihm Unterstützung angeboten. Doch er hat stets abgewunken und gesagt, ihm gehe es blendend. Wichtig ist nun: Er muss zu uns kommen, sich einmal öffnen. Dann wissen wir, was am dringlichsten ist. Ich denke, er braucht in erster Linie einen Job, der ihn ausfüllt.«

Seine Frau reicht schließlich die Scheidung ein. »Wäre die Uschi ausgezogen oder hätte mich rausgeschmissen, es wäre wohl auseinandergegangen«, sagt Müller in einem *AZ*-Interview im Oktober 2005. Diese unschöne Gemengelage: der Alkohol und der Ehezoff. Und wie so oft realisiert der Betroffene kaum, was wirklich passiert, »bis mich Freunde zum Uli geschleppt haben«, so Müller. Auf Anraten von Franz Beckenbauer und all den alarmierten alten Weggefährten.

»Die Lage war furchtbar kritisch. Außer seiner Frau Uschi war damals niemand anderes für ihn da. Und Uschi war naturgemäß mit der Situation vollkommen überfordert. Ich habe sofort zugesagt, dass ich mich kümmern werde, und ließ Gerd zu mir ins Büro kommen«, erzählt Hoeneß im Juli 2015 in seinem Büro an der Säbener Straße. Damals entwickelt sich folgender Dialog.

Hoeneß: »Gerd, wenn du Hilfe brauchst und annimmst, sind wir bereit. Aber wir können dir nur helfen, wenn du dir helfen lassen willst.«

Müller entrüstet: »Ich trinke doch nur ein bisschen was.«

Hoeneß antwortet: »Gut. Das ist okay, wenn du damit kein Problem hast. Aber wenn du wirklich Hilfe brauchst: Diese Tür hier in meinem Büro ist immer für dich offen.«

Müller zieht sich sieben Tage zurück. Und ringt sich dann zum Entschluss durch, sich helfen zu lassen. Was Ehefrau Uschi nie gelungen ist, konnte Hoeneß erreichen. »Nach einigen Wochen kam Gerd und sagte: ›Ja, ich brauche Hilfe, ich habe ein Alkoholproblem‹«, erzählt Hoeneß an jenem Tag und klingt dabei immer noch erleichtert darüber.

Hoeneß holt sich Rat im Herbst 1991. »Ich hatte damals das Glück, dass mir der mittlerweile verstorbene Jürgen Leinemann vom *Spiegel* seine Lebensgeschichte erzählt hat und ich ihn im Vorfeld des Gesprächs mit Gerd kontaktieren konnte.« Er fragt Leinemann am Telefon: »Herr Leinemann, was müssen wir denn tun? Wie gehen wir mit dieser Situation um?« Hoeneß erzählt: »Redakteur Leinemann hat zwei Bücher unter Pseudonym über Alkoholismus verfasst und hat mich bestens instruiert. Sein Hinweis war: Wenn dem Alkoholiker nicht bewusst ist, dass er tatsächlich krank und abhängig ist, können die Außenstehenden gar nichts erreichen. Einem Alkoholkranken kannst du nur dann helfen, wenn er sich auch helfen lassen will.« Dieser Schritt ist geschafft. Dennoch ist es fünf vor zwölf. Autor Thomas Hüetlin zitiert in seinem Buch *Gute Freunde* die *Bild*: »Bomber Müller verzweifelt zu Freunden: Ich will nicht mehr leben.« Darauf angesprochen, ob damals tatsächlich Lebensgefahr herrschte, sagt Müller selbst in einem Interview mit der *AZ* im Oktober 2005: »Das kann ich nicht sagen. In so einer Situation weiß man das nicht. Oder man will es nicht wissen, weil man es nicht zugeben will.«

Hoeneß ruft erneut Leinemann an. Wohin mit Müller? »Er riet mir, Gerd in die Suchtklinik in Murnau zu bringen und – genauso wichtig – danach in die Sierra-Klinik in Garmisch-Partenkirchen. Ich habe den zuständigen Professor in Murnau angerufen und Gerd angekündigt.« Dann geht alles ganz schnell. Müller bekommt einen Platz. Natürlich unter strengster Geheimhaltung gegenüber den Medien.

Am letzten Tag vor der Einlieferung in die Klinik verabredet sich Raimund Hinko, Reporter der *Bild München*, mit Müller zu einem Interview. Für einen gewissen Obulus, genau weiß es Hinko nicht mehr. Man trifft sich nicht in Müllers Lieblingsrestaurant früherer Tage, im edlen Drei-Sterne-Tempel »Tantris«, sondern in einem »Wienerwald«. Nur nicht groß auffallen. »Auf die Kohle bestand Müllers unsäglicher Manager Aschenbrenner, der wie Gerd aus Nördlingen kam und sein Vertrauen missbrauchte«, berichtet Hinko, »im Gespräch sagte Gerd ganz locker: ›Ab morgen bin ich da drin, und dann trinke ich eben nichts mehr.‹ Aber so einfach war das natürlich nicht.«

Müller wird eingeliefert, der Entzug, die Entgiftung beginnt. Fünf Tage Intensivstation. »Erst hatte ich ein schönes Einzelzimmer, kam an den Tropf, lag im Nachthemd da«, so Müller im Tagebuch seiner Entziehungskur in *Bild* vom 8. November 1991. Müller weiter: »Dann die Intensivstation, diese fünf Tage – null Erinnerung. Für mich sind diese fünf Tage ein schwarzes Loch. Totaler Filmriss. Mein Glück. Aber die Ärzte haben mir erzählt, dass ich mich wie ein Wahnsinniger aufgeführt habe.« Die Schlagzeile der *Bild* an jenem Freitag lautet: »Gerd Müller: Sie fesselten mich. Ich tobte.«

Nach fünf Tagen wird Müller aufgeweckt, bekommt nur noch morgens eine Infusion, muss drei Mal am Tag Tabletten zur Regeneration der Leber nehmen. Und darf Besuch empfangen. Hoeneß kommt jeden Tag. »Wenn ich an der Säbener Straße um 17 Uhr, 18 Uhr fertig war, bin ich nach Murnau gefahren.« Nur wenige Personen sollen Müller in diesem Zustand sehen. Nur wenige Personen sollen ihn besuchen, er soll Vertrauen schöpfen. Also kommen die alten Freunde. »Uns war klar, dass wir ihm helfen müssen«, meint Franz Beckenbauer im Juli 2015, »am Anfang war es erschreckend, Gerd so zu sehen. Als man uns aber erklärt hatte, dass es eine Krankheit ist und er diese auch wieder überwinden kann, war es nicht so schlimm für uns.« Auch Jupp Heynckes, im Oktober jenen Jahres als Bayern-Trainer entlassen, gehört zu den Besuchern. »Ich habe das hautnah mitbekommen, weil mir mein Freund Uli Hoeneß stets berichtet hat, wie es Gerd geht. Ich habe Gerd zwei Mal in Murnau besucht«, sagt Heynckes, »Uli hat Gerd eingekleidet, ihm einen Fernseher besorgt, sich einfach um alles gekümmert. Ein wahrer Freundschaftsdienst.« Aber auch die Hölle. Für beide Seiten. Hoeneß verzieht das Gesicht, schaut aus seinem Büro auf den Trainingsplatz. Die Bilder von damals ziehen noch einmal vor seinem geistigen Auge vorüber: »Wie Gerd in dieser schweren Phase zitternd auf dem Bett lag, teilweise angeschnallt, damit er nicht herausfällt – das war Wahnsinn.«

Eines Tages ruft der behandelnde Professor der Murnauer Klinik den Bayern-Manager an: »Herr Hoeneß, Sie brauchen vorerst nicht mehr zu kommen, Herr Müller wird jetzt ins künstliche Koma versetzt.« Hoeneß weiß: »Das war zwar normal, bei der Schwere der Erkrankung aber auch lebensbedrohlich. Der Professor sagte: ›Wir glauben und hoffen, dass er auch diese schwere Zeit überstehen wird, weil seine Organe sehr gut funktionsfähig sind. Danach können Sie wieder kommen.‹«

Eine bange Zeit des Wartens und Hoffens beginnt.

Die erfolgreiche Entziehungskur

Müller kommt durch, er übersteht die zweieinhalb Wochen im Krankenhaus von Murnau, in denen er nicht bei Bewusstsein ist, gut. Er regeneriert sich, soll viel spazieren gehen. Schlimm für einen ehemaligen Leistungssportler, den fanatischen Hobby-Tennisspieler. »Langweilig«, sagt er. Anschließend wird Müller in die Sierra-Klinik nach Garmisch verlegt. Phase zwei beginnt. Selbst im Rückblick kommt der bockige »Bomber« durch: »Wenn sie mir gesagt hätten, das dauert jetzt ein Jahr, hätte ich es nicht gemacht.«

Der Kampf geht weiter. Eine zähe Angelegenheit. Müller kommt sich vor »wie ein Mönch«. Sein Tagesablauf in Garmisch: um sechs Uhr aufstehen, duschen. Erstes Gruppengespräch ab 6:30 Uhr, dann Frühstück (Müller im Ernst: »Die zwei

Brötchen mit Schinken und Käse waren das Beste«), danach joggen, wieder Gruppengespräch, Mittagessen mit Salat und Fisch (Müller im Spaß: »Das war manchmal besser als im ›Tantris‹«), nächstes Gruppengespräch, danach Abendessen, schließlich die Fahrt zu einem Treffen der Anonymen Alkoholiker in Garmisch, Starnberg oder Weilheim. Bettruhe ist eine halbe Stunde vor Mitternacht. »Anstrengend, langweilig«, sagt Müller. »Vier Stunden am Tag durfte man spazieren gehen, dann kamen noch die ganzen Vorträge.« Müller hört nicht zu, »natürlich nicht«, meint er später. Der »Bomber« kann auch flunkern.

60 Patienten werden in Murnau betreut: Alkoholiker (alle zwischen 40 und 50 Jahre), Drogenabhängige, Patienten mit Fress- und Magersucht. »Da liefen manche rum mit einem Teddybär im Arm«, berichtet Müller in *Bild*, »oh Gott, dachte ich, wo bist du nur gelandet?« Müller hat ein Einzelzimmer, andere Patienten sind zu dritt untergebracht. »Erkannt hat mich kaum einer. Jeder ist seinen Weg gegangen«, sagt Müller. Und dieser Weg ist begleitet von strengsten Regeln, erzählt er: »Wenn du bei einer Gruppensitzung fehlst, kriegst du einen Punkt. Wer drei Punkte hat, kriegt einen Strich. Wer drei Striche hat, fliegt raus. Gnadenlos.« Müller lebt diszipliniert, nimmt den Entzug ernst, bekommt nur einen Punkt.

Ansonsten sollen sich die Patienten nicht aufregen, »weder im Positiven noch im Negativen«, so der Ex-Torjäger. Alles soll gleichmäßig, normal verlaufen. Nur kein Adrenalin. Die Patienten werden von der Außenwelt abgeriegelt. Kein Fernseher, kein Radio, keine Zeitungen, auch die Besucher dürfen nichts mitbringen. »Den ganzen Tag gab es nur ein Thema – den Alkohol«, erinnert sich Müller und beklagt sich im Herbst 1991: »Ich habe nix von Boris mitgekriegt, nix von der Bayern-Krise.« Ein bisschen schummeln ist drin. Später verrät Müller: »Einer der Köche hat mir immer mal Zeitungen ins Zimmer geschmuggelt, damit ich wenigstens die Ergebnisse der Bayern-Spiele erfahren habe und die Berichte lesen konnte.« Der »Bomber« will schließlich wissen, wie es seiner Familie geht, der Bayern-Familie. Hoeneß und Beckenbauer besuchen ihn regelmäßig. Müller ist damals »überwältigt« von all der Hilfe. »Der Uli steckt mitten in der Bayern-Krise, und trotzdem ist er immer wieder für mich da. Früher, als wir zusammen spielten, haben wir oft gestritten. Jetzt war er ein toller Freund. Und der Franz – sagenhaft, wie er sich um mich kümmert.«

Auch Ehefrau Uschi, damals 42, und seine Tochter Nicole, 20, kommen trotz der ganzen Vorgeschichte. Müller kämpft. »Ich will mich nicht scheiden lassen. Ich würde gerne mit Uschi weiterleben. Weil ich sie immer noch mag.« Mit Nicole versöhnt er sich. Sie ist schwer getroffen, dass ihr Vater Alkoholiker wurde, und hat gesagt: »Ich kann ihn nicht mehr ertragen, wenn er getrunken hat.« Müller geht auf seine Tochter zu. »Jetzt, wo ich wieder trocken bin, war Nicole sehr lieb. Mir tut alles so leid. Ich bin wirklich nicht böse – und sie auch nicht.«

Zwischendrin wird Müllers Aufenthalt in Garmisch publik. Die Fans stehen zu ihm, der »Bomber« erhält über 4000 Briefe. Er schöpft Kraft und Mut. Doch nicht alle Patienten bleiben standhaft. »Es gab dort in der Nähe ein Café, da wurden manche erwischt, weil sie dort Alkohol getrunken hatten – die mussten dann länger in der Klinik bleiben«, erzählt Müller. Nach insgesamt siebeneinhalb Wochen hat er es geschafft. Seine Leberwerte sind wieder einigermaßen okay, eine Zirrhose droht nicht mehr. Müller drängt darauf, entlassen zu werden, obwohl ihn die Ärzte noch länger in ihrer Obhut behalten wollen. Stur wie eh und je setzt er jedoch seinen Kopf durch – auf eigene Gefahr. »Die Kur sollte sechs Monate dauern, aber Gerd war überzeugt: Das reicht«, verrät Uschi.

Müller ist nicht mehr so aufgeschwemmt, wiegt 81 Kilogramm, nur noch drei mehr als sein früheres Kampfgewicht. »Ich bin fit. Mir fehlt nix mehr. Ich denke im Moment überhaupt nicht an Alkohol. Ich trinke Wasser, Spezi, Apfelschorle«, sagt er in *Bild*. Die Therapie hat gewirkt, er hat seine Lektion gelernt. »Du denkst immer nur an das eine: Heute gibt's nix, keinen Alkohol. Und morgen musst du dir wieder sagen: Heute gibt's nix. Der erste Schritt ist der wichtigste. Lass schon das erste Glas stehen! Greif nicht mal im Stress zum Glas. Ich muss jetzt höllisch aufpassen. Nirgends darf Alkohol drin sein. Selbst beim Essig für den Salat muss ich mich genau erkundigen.« Auch seinen Humor hat er damals wiedergefunden: »Es war das schlimmste Trainingslager«, sagt er, »aber es war gut. Ich kann es nur jedem empfehlen, der Probleme hat wie ich.«

Nach der erfolgreichen Entgiftung samt Entziehungskur stellt ihm der FC Bayern ein Apartment in München. »Doch dann hat ihn Uschi doch wieder bei sich zu

Hause aufgenommen«, sagt *Bild*-Reporter Hinko, »das war ein sehr feiner Zug von ihr.«

Müller hat die »schlimmste Phase meines Lebens« überstanden. In der Rückschau wird dem »Bomber« erst klar, was er sich und seiner Familie angetan hat. »Schlimmer hätte es gar nicht kommen können. Du bist oben, schwebst im Himmel. Und fällst und fällst. Plötzlich bist du in der Hölle. Ich habe mein Leben dadurch zerstört. Ich habe gelitten, sehr gelitten. Und ohne die Hilfe meiner Freunde hätte ich es wohl nie geschafft.« Nicht ohne Uli. Nicht ohne Franz. Nicht ohne den FC Bayern. Und auch nicht ohne seine Frau und seine Tochter.

»Ich glaube, dass nur ein Prozent der Alkoholkranken es schaffen, nach dem ersten Entzug trocken zu bleiben«, sagt Beckenbauer im Jahr von Müllers 70. Geburtstag, »von daher ist es toll, dass er das gepackt hat.« Jupp Heynckes spricht klar und mit Dankbarkeit in der Stimme, wenn er sich an Müllers dunkle Stunden erinnert: »Für Gerd war es der Wendepunkt in seinem Leben. Dass er das gemeistert hat, ist eine große Leistung! Vor solch einer Krankheit ist niemand gefeit. Es passiert Millionen Male, dass Menschen abhängig werden. So ist nun mal das Leben.«

Der Hattrick im Europapokal der Landesmeister mit dem FC Bayern Mitte der Siebziger, der EM-Titel, der WM-Titel, all die Rekorde und Auszeichnungen – unterm Strich zählt eines: »Dass ich die Sucht bezwungen habe, war mein größter Sieg«, gibt Müller einmal zu, »wichtiger noch als der WM-Titel.«

Doch das ist nur der erste Schritt. Müller braucht nun eine Aufgabe, einen Job.

10

Retter FC Bayern

Ein neuer Job: Trainer

Trocken, geheilt. Gerd Müller hat es geschafft. Doch die Gefahr eines Rückfalls trotz erfolgreichem Entzug ist immer vorhanden. »Die Rückfallquote liegt bei 80 Prozent«, sagt Uli Hoeneß und konsultiert im Dezember 1991 noch einmal *Spiegel*-Autor Jürgen Leinemann: »Er machte mir klar: ›Das war nur der Anfang. Herr Hoeneß, wenn Sie nicht dafür sorgen, Herrn Müller jetzt sozial aufzufangen und eine Aufgabe zu geben, ist die Gefahr sehr groß, dass er rückfällig wird.‹«

Hoeneß bespricht sich daraufhin mit Präsident Fritz Scherer und den frisch ins Amt gewählten Vizepräsidenten Franz Beckenbauer und Karl-Heinz Rummenigge, ruft dann Müller in sein Büro. »Uli schlug mir vor: ›Gerd, mach Torwarttrainer unter Trainer Sören Lerby und seinem Assistenten Hermann Gerland.‹«

Erstmals seit Februar 1979, nach fast 13 Jahren, erhält der »Bomber« wieder einen Vertrag an der Säbener Straße. Anfang 1992, am 6. Januar, legt Müller los. Sein Aufgabenfeld wird ziemlich weit gefasst, natürlich auch, weil man sich nicht sicher ist, was er wirklich leisten kann. Die Bayern integrieren ihren verlorenen Sohn in den Trainerstab – als Stürmer- sowie Torwarttrainer. Zugleich ist er hin und wieder als Sponsorenbetreuer und Talentsucher tätig. »Am ersten Tag war ich sehr nervös, aber die beiden, Lerby und der Hermann, haben mir sehr geholfen.« Müller wird zum Beobachter, zu einem, der meist schweigt und zusieht im Training, hin und wieder dem Trainer den einen entscheidenden Hinweis gibt. »Ich kann dem Bruno Labbadia nichts mehr vormachen«, sagt Müller, der mittlerweile zwei künstliche Hüftgelenke hat, über den Mittelstürmer, der 1991 aus Kaiserslautern nach München kommt. »Aber ich kann ihm Tipps geben. Dieser Mann muss in den Strafraum. Da muss er herumwühlen.« Der legendärste Mittelstürmer aller Zeiten coacht seine Erben – ein durchaus sinnvolles Modell. Aber was soll Müller als Torwarttrainer machen? Sepp Maier führt sein spezifisches Torwart-Coaching erst ab 1994 bei Bayern ein, als man Oliver Kahn aus Karlsruhe holt. Und was macht Müller mit Raimond Aumann, Gerald Hillringhaus und Toni Schumacher, der 1991/92 bei Bayern aushilft? »Bulle« Roth liefert die Erklärung: »Gerd konnte den Torhütern zeigen, wo ein Stürmer hinschießt. Außerdem ging er ja während seiner Karriere in manchen Trainingseinheiten selbst oft ins Tor – und das liebend gerne. Er war eben sehr reaktionsschnell, hatte eine wahnsinnige Sprungkraft.«

Das Wichtigste aber ist: Gerd macht sich nützlich, hat eine Aufgabe. Vor allem aber will Müller sein neues Leben anpacken. 1992 erwirbt er den A-Trainer-Schein. Seine nächste Aufgabe: die A-Jugend coachen, gemeinsam mit Klaus Augenthaler, der im Sommer zuvor seine aktive Karriere als Profi beendet hat. »Gerd hat sich um die Stürmer gekümmert«, erinnert sich Augenthaler, »das Problem war nur: Im Unterbewusstsein hat er alle Stürmer immer mit sich verglichen. Daher war er oft unzufrieden und hat dann vor sich hin gemurmelt: ›Der kann nix, der Blinde!‹ Er hat das nicht bös gemeint, es war köstlich.« Obwohl er unter Cheftrainer Erich Ribbeck, ab März 1992 Nachfolger von Lerby, bei Pflichtspielen der Profis auf der Bank sitzt, kommt die oberste Etage für ihn nicht infrage. »Zu alt«, sagt er damals, »die Jungen sind mir lieber. Ich häng mich hier voll rein, ich hab ja Zeit. Erklären kann ich denen alles«, sagt Müller damals im *Kicker*, »aber vormachen nicht mehr.« Er ist 47 und fühlt sich dafür zu alt. Doch der Job erfüllt ihn. »Ich bin vollkommen glücklich, und ich bin beschäftigt.«

Müller, erst Assistent, steigt kurzfristig zum verantwortlichen Trainer auf, unterstützt vom ehemaligen mexikanischen Nationalspieler Luis Trejo. Aber Müller fühlt sich nicht wohl in seiner Chef-Haut. »Wir haben auch versucht, ihm die A-Jugend als Chefcoach zu überlassen«, erzählt Hoeneß 2015, »doch das hat ihm nicht behagt. Er wurde unruhig, weil er den Druck der Verantwortung spürte. Daher war die Gefahr eines Rückfalls wieder gegeben. Daraufhin haben wir ihn wieder von dieser Aufgabe entbunden, weil wir gemerkt haben, dass es kritisch wurde.« Teufel Alkohol und sein Dämon, der drohende Rückfall. Müller weiß, wem er zu verdanken hat, dass es nicht so kam. »Wenn ich damals keinen Job bei Bayern bekommen hätte, wäre die ganze Scheiße wieder von vorne losgegangen. Allein hätte ich das nicht geschafft. Wenn du in so einem Kreislauf bist, kommst du von selbst nicht mehr raus. Ich habe Uli und Franz viel zu verdanken.«

Franz Beckenbauer sagt im Jahr 2015: »Uns allen war klar, dass Gerd immer einen Job beim FC Bayern bekommen würde. Solange es den FC Bayern gibt, werden wir für ihn sorgen. Das war und ist Gesetz.«

Müller wird erneut befördert. Von der A-Jugend zu Bayerns zweiter Mannschaft, die in der Bayernliga, damals der dritthöchsten Spielklasse, aktiv ist. »Es war unser aller ganz großes Glück, dass Gerd dann Assistent von Hermann Gerland wurde. Er hat ihn wie einen Bruder an seine Seite genommen und mitlaufen lassen«, sagt Hoeneß. Gerland fängt am 1. Juli 1992 an, ihm assistiert Müller. »Wir haben uns da nicht eingemischt. Was er genau auf dem Platz gemacht hat, war für uns nicht so wichtig«, meint Hoeneß im Rückblick, »wichtig war, dass er jeden Morgen an die Säbener Straße kam, eine Aufgabe hatte und eingebunden war. Der Verein war seine Heimat, seine zweite Familie.« Für Augenthaler ist »Gerd Fußball-verrückt. Keiner war länger an der Säbener Straße als er. Gerd kam morgens als Erster, ging abends als Letzter. Das war sein Leben, seine Welt.«

Müller kommt nun mit sich und seiner Frau ins Reine. Die ist begeistert: »Seine neue Aufgabe als Trainer-Assistent macht er fantastisch.« Nachdem der »Bomber« seine Lebenskrise inklusive Ehestreit überwunden hat, weiß er die wirklich wichtigen Dinge besser einzuschätzen und sagt: »Nur wer mal ganz unten war, weiß das Glück zu schätzen.«

Espresso, Tennis, Sauna

Eben weil Müllers Arbeitsplatz Anfang der Neunziger nie so ganz klar definiert ist, murren auf einer Jahreshauptversammlung ein paar despektierliche Mitglieder.

»Wir mussten zu jener Zeit jede Mark umdrehen, der Verein war finanziell noch nicht so gut aufgestellt wie heute«, erklärt Beckenbauer in der Rückschau, »daher gab es Stimmen im Verein, die kritisierten, dass wir Gerd weiter auf der Lohnliste führten.« So in der Art: Wofür bekommt Müller eigentlich Geld vom Klub? Beckenbauer platzt damals der Kragen, er schnaubt ins Mikrofon: »Ohne den Gerd und seine Tore hätten wir niemals diese Erfolge gehabt. Ohne ihn wäre der FC Bayern nicht das, was er ist. Ohne den Gerd würden wir uns vielleicht heute noch in dem alten Holzhäusl am Trainingsplatz umziehen.« Beckenbauer hält inne. »Ich denke, ohne den Gerd würden wir alle heute hier nicht sitzen.« Er schaut in den Saal: »Und, wo wärt ihr ohne den Gerd?« Keine weiteren Wortmeldungen. Vereinzelter Applaus. Manager Uli Hoeneß erhebt sich von seinem Stuhl auf dem Podium. Standing Ovations des ganzen Saals.

»Uli war mein größter Mitstreiter, wenn es um Belange von Gerd ging«, sagt Beckenbauer. Man hält eben zusammen, das ist ein Teil des »Mia san mia«-Verständnisses. »Ich bin gespannt, ob die heutige Generation von Spielern in 20, 30 Jahren auch noch so zusammenhalten wird wie wir damals«, sagt Hoeneß im Sommer 2015, »wir waren nicht alle beste Freunde, aber die Solidarität untereinander war da. Da ist eine tiefe innere Verbindung und Verpflichtung füreinander entstanden, das hält bis zum heutigen Tag.«

Müller schätzt in all den Jahren die kurzen Dienstwege zu Hoeneß, sagt kurz vor seinem 60. Geburtstag über sein Verhältnis zum Manager: »Wenn die Tür zum Büro auf ist, dann gehe ich rein, und wir ratschen ein bisschen. Wenn die Tür zu ist, haben sie eine Sitzung, dann störe ich nicht, das ist klar. Aber der Uli hat so viel zu tun. Sonst frage ich im Sekretariat, ob ich ihn sprechen kann, ob er frei ist. Hin und wieder schaut er bei unseren Amateurspielen zu, aber dass er öfter kommt, das kann man nicht verlangen.« Müller ist angekommen. Wie 1964. Zum zweiten Mal bei seinem FC Bayern. »Es ist wie eine Familie. Wir kennen uns alle, jeder hilft dir. Wenn wir uns drei, vier Wochen mal nicht sehen, freut man sich schon wieder aufeinander. Der FC Bayern ist meine erste und meine zweite Heimat. Schöner als hier kann man es nicht haben.«

Über die Jahre wird es zum Ritual. Frühaufsteher Müller ist morgens, oft ab viertel nach sieben, einer der ersten an der Säbener Straße. Jeden Tag. Nie meldet er sich krank. Zunächst schaut er bei Sepp Schmid, dem Zeugwart, zum Ratschen vorbei, dann trifft er sich mit Gerland im Jugendhaus, die beiden unterhalten sich, lesen Zeitung, nehmen ein kleines zweites Frühstück ein. »Meist hat er nicht viel gegessen, nur Kaffee, Espresso, getrunken«, erzählt Gerland, »ich habe ihn immer ermahnt: ›Bomber, du musst mehr Wasser trinken.‹« Wie ein altes Ehepaar. Heute sagt Gerland: »Ich habe mit Gerd mehr Zeit verbracht als mit meiner Frau.« Nur mittags hat er seinen Assistenten nie gesehen. Mittagspause nach dem Vormittagstraining heißt für Müller: Tennispause, ab zur Halle. Meist um zwölf Uhr, exakt eine Stunde lang, schwingt er den Schläger. Ein festes Ritual. Aber nicht mit Gerland! »Er war zu gut für mich, ein exzellenter Spieler – mit tollem Auge! Auch in unseren Trainingslagern hatte er immer Schläger dabei. Hin und wieder mal haben wir gemeinsam Doppel gespielt«, berichtet Bayerns Urgestein, der nach 30 Jahren im Sommer 2021 zum DFB gewechselt ist. »Wenn Gerd gewonnen hatte, kam er immer ganz stolz zurück und hatte ein Grinsen im Gesicht. Ich fragte: ›Und?‹ Er meinte: ›Wie soll's schon gewesen sein? 6:2, 6:2!‹« Stärkere Gegner müssen her. Etwa Sepp Maier, der lange Jahre einen eigenen Tennispark in Anzing besaß. »Gerd war wieselflink, hat jeden Ball erlaufen, alles wie eine Gummiwand zurückgespielt. Er war eben beim Tennis genau so ehrgeizig wie beim Fußball«, analysiert Tennispartner Maier und feixt: »Doch für mich hat's dann doch nicht gereicht, ich habe ihn immer schlagen können.«

Nach dem Tennis das nächste Ritual: Sauna. »Jeden Tag«, betont Gerland, »unser Saunakönig.« Danach ein schneller Teller Pasta bei seinem befreundeten Wirt in der »Trattoria Da Fausto« in Thalkirchen und zurück zur Säbener. Manchmal lässt er sich noch massieren und mischt sich mitten unter die Spieler der zweiten Mannschaft. Auf den Massagebänken ist es wie früher. Das Flachsen, die Scherze. Manch junger Spieler tastet Müllers immer noch erstaunlich dicke Waden ab und fragt: »Na, ›Bomber‹, kannst du morgen spielen?« Jeder nennt ihn »Bomber«. Die Spieler dürfen ihn duzen, darauf besteht er. Nach der Nachmittagseinheit ist Feierabend. Müller beeilt sich, ab nach Hause, zum Abendessen mit Frau Uschi. Spätestens 18 Uhr. »Anschließend schaue ich fern: Fußball – sonst Filme, aber keinen in voller Länge«, sagt er, »ich zappe ständig. Fünf nach zehn bin ich im Bett.«

Die ständige Gefahr: ein Rückfall

Mit seiner Alkoholvergangenheit geht Müller in diesen Zeiten offen um. »Wenn wir im Lokal sind, achtet Gerd darauf, ob der Salat mit Weinessig angemacht ist. Und in Pralinen darf kein Alkohol sein«, verrät Uschi Müller der *Bunten*. Außerdem verboten: alkoholfreie Biere, sogar Fruchtsäfte. Darin kann bis zu 0,5 Prozent Alkohol enthalten sein, der in so geringen Mengen nicht deklariert werden muss. Sein Umfeld, auch beim FC Bayern, ist sensibilisiert für dieses Thema. »Ich hatte das Gefühl, etwas auf ihn aufpassen zu müssen, habe mir Sorgen gemacht«, hat Sepp Maier eine Anekdote von einem Trainingslageraufenthalt Mitte der Neunziger parat: »Eines Abend, als wir uns fertig machen, um zum Abendessen zu gehen, sehe ich auf seinem Nachtkästchen einen silbernen Flachmann stehen. ›Gerd, spinnst du!‹, rief ich. Er meinte ganz ruhig: ›Sepp, brauchst keine Angst zu haben. Das ist normaler Essig, weil ich keinen Weinessig trinken darf.‹ Ich dachte mir: ›Mei, der Depp hat mich ganz schön erschreckt.‹ Aber sein eiserner Wille, nicht rückfällig zu werden, war toll. Hut ab!«

Im Oktober 2005 wird er in einem Interview von der *Abendzeitung* gefragt: »Sie haben nie mehr einen Tropfen Alkohol getrunken?«

Müller: »Nie. Einmal wurde ich übel in Verruf gebracht. Da hat mich der Uli ins Büro geholt und gefragt: ›Sag mal, hast du 'nen Prosecco getrunken?‹«

AZ: »Und? Hatten Sie?«

Müller: »Natürlich nicht. Irgendein Spinner hatte angerufen und behauptet, ich stünde an der Tankstelle und trinke Prosecco. Da hab ich dem Uli gesagt: ›Hör mal, so blöd bin ich nicht, dass ich in der Öffentlichkeit was trinke.‹ Ich hab überhaupt nichts mehr angerührt. Warum auch? Ich habe auch so ein schönes Leben.«

Von Juli 1992 bis Saisonende 1995 ist Gerland beim FC Bayern verantwortlicher Trainer der zweiten Mannschaft. Ein zweites Mal ab Sommer 2001 mit kurzer Unterbrechung, weil er bei den Profis aushilft, bis April 2011 – sein Assistent ist stets Gerd Müller. Der Bochumer und der Nördlinger ergänzen sich perfekt. Gerland kommt ins Schwärmen, redet immer schneller, wenn er von seinem Assistenten spricht: »Beim Training hat Gerd alles genau beobachtet, wir haben über alles geredet. Wenn er mir mal einen Rat gegeben hat und das dann nicht geklappt hat, meinte er zu mir: ›Hermann, ab sofort sag ich nichts mehr.‹ In der Kabine hat Gerd selten etwas gesagt. Er saß da und hörte zu. Wenn ein Spieler traurig war, hat er ihn in den Arm genommen.« Müller sieht sich als »weichen« Trainer, wie er sagt, »der Hermann ist der harte«. Die Mischung stimmt. Gerland dazu: »Wenn ich mal einem Spieler einen Anpfiff verpasst habe, tröstete er ihn: ›Der Hermann meint das nicht so.‹ Er hat den Blitzableiter, den Ausgleichenden gespielt. Gerd war die gute Seele der Nachwuchsabteilung, wurde von allen geschätzt und gemocht. Die Jungs haben zu ihm aufgeschaut, auch wenn er keine Übungen mehr vormachen konnte wegen seiner Hüftprobleme.« Ein virtuelles Vorbild. Eine Legende an der Seitenlinie. »›Bomber‹, bring denen mal 'ne Videokassette von dir mit, damit die Stürmer sehen, wie das geht, wie man die Tore macht«, sagt ihm Gerland. Und tatsächlich: Jeder neue Stürmer im Amateure-Kader bekommt einen Zusammenschnitt der Müller-Tore. »Die Jungs haben sich das alle angeschaut«, so Gerland. Pflichtstoff für hoffnungsvolle Talente. Manche erinnern sich ein Leben lang an den »Bomber«. Stürmer Paolo Guerrero, unter Müller 2004 Meister und Torschützenkönig der Regionalliga Süd und dann Mitglied des Profi-Kaders der Bayern, sagt einmal: »Was ich jetzt bin, das verdanke ich vor allem Gerd Müller. Von ihm habe ich alles gelernt.«

Müller geht in seinem Job auf. Er lebt den FC Bayern. »Einer wie der Gerd brauchte keine Tätowierung, er hat den Verein im Herzen.« Übrigens auch die Frauen. Die Damenmannschaft. Wann immer er Zeit hat, fährt Müller nach Aschheim oder später ins Grünwalder Stadion, um die Spiele der Bayern-Frauen zu sehen. Bei den Spielen der Profis im Olympiastadion sitzt er meist unten auf der kleinen Holztribüne neben dem Spielereingang. Bei den Ordnern, Sanitätern und TV-Technikern. Dort, so sagt er, fühle er sich wohler, obwohl er sich »da den Arsch abfriert«. Nur nicht auffallen, kein Trubel. Auf die Champions-League-Reisen wird er vom Verein eingeladen, muss aber hin und wieder überredet werden mitzukommen. Auch wegen seiner Flugangst. Den Triumph der Bayern 2001 in Mailand gegen den FC Valencia, den ersten Titel im wichtigsten europäischen Vereinswettbewerb seit 25 Jahren, seit seiner Ära, verpasst Müller. Der Grund: Rot-Weiß Erfurt. Weil seine damals abstiegsgefährdete Amateurmannschaft am späten Nachmittag des großen Finals ein wichtiges Heimspiel gegen Erfurt hat, zieht es Müller vor, zu Hause zu bleiben. Dienst ist Dienst. Pflicht ist Pflicht. »Die Amateure gehen vor«, sagt er, als wäre es die größte Selbstverständlichkeit, »wenn die ein Spiel haben und die Profis zeitgleich, dann gehen die Amateure vor.« Bayern II gewinnt 4:2. Vor ein paar Hundert Fans.

So erspart sich Müller oft all den Trubel. Nicht immer kommt er jedoch »ungefeiert« davon. Am 23. August 2003 wird der »Bomber« bei einer großen Gala zum 40-jährigen Bestehen der Bundesliga als herausragende Spielerpersönlichkeit der Liga-Geschichte geehrt. Mehr als 1000 geladene Gäste im »Coloneum« in Köln erheben sich und applaudieren Müller. Seine Frau und seine Sitznachbarn müssen auf ihn einwirken, dass er überhaupt auf die Bühne geht. Es ist ihm unangenehm bis peinlich. Verlegen tritt er auf der Stelle, blickt unsicher ins Publikum. Als ihm Sportartikelhersteller adidas jenen mittlerweile vergoldeten Schuh überreicht, mit dem Müller die Nationalelf 1974 zum Weltmeistertitel schoss, sagt er gerührt mit zittriger Stimme: »Ich könnte heulen.« Später meint der damals 57-Jährige in einem *AZ*-Interview: »Den Schuh bekommt mein Enkel Mick am Donnerstag von mir zur Taufe geschenkt. Mit der Ehrung hätte ich nie gerechnet. Ich bin nicht der, der in den Blickpunkt rückt, will ja meine Ruhe haben.« Nicht er selbst, aber seine Spezies darf gewürdigt werden – so tickt der ehemalige Mittelstürmer: »Es ist schon richtig, dass endlich mal ein Stürmer eine solche Auszeichnung erhält. Franz hat ja schon so viel gewonnen. Für mich ist es das Größte.«

Bei den Reisen mit Bayerns zweiter Mannschaft wird es manchmal schon unangenehm genug für ihn. »Als wir einmal mit den Amateuren in Braunschweig spielten, hat der Stadionsprecher erwähnt, dass Gerd Müller Co-Trainer ist«, berichtet Gerland mit leuchtenden Augen, »dann sind 15 000 Zuschauer aufgestanden und haben applaudiert.« Bei Hallenturnieren im Ruhrgebiet wird extra das Licht ausgemacht, Wunderkerzen angezündet – alles für den »Bomber«. »Er ist dort unvorstellbar populär«, sagt Gerland, betont bei den letzten zwei Worten jede Silbe und schickt als Beleg eine weitere Geschichte hinterher: »Gerd und ich waren in einem argentinischen Steakhouse in meiner Heimatstadt Bochum. Als ich bezahlen will, sagt der Chef: ›Ihr müsst nicht bezahlen.‹ Gerd stupst mich mit dem Ellbogen an, sagt: ›Hermann, weil du hier gespielt hast.‹ Ich denke, das kann nicht sein, sage: ›Nein, ich habe hier immer bezahlt, immer. Das liegt einzig und allein an dir.‹ Und so war es auch.« Müllermania im Ruhrgebiet.

In München arbeitet Müller weiter stets im Hintergrund, will nicht groß auffallen. So geht das über Jahre. Ein treuer, loyaler Assistent der zweiten Mannschaft, der hin und wieder bei den Profis auf einem der nächsten Trainingsplätze vorbeischaut. Auch unter den Profi-Trainern Ribbeck und Franz Beckenbauer und Giovanni Trapattoni, ab Juli 1996 unter Vertrag, schießt Müller hin und wieder die Torhüter ein. Als Beckenbauer 1994 und 1996 zwei Mal in der Rückrunde als Trainer eingesprungen ist, ist der Gerd sein wichtigster Verbündeter, berichtet TV-Moderator Waldi Hartmann: »Franz hat ihn immer um Rat gefragt, weil Gerd ein besonderes Auge für Spieler hatte.«

Ehrungen wider Willen

So sehr er die Arbeit beim FC Bayern II schätzt, kann sich Gerd Müller dennoch den anstehenden Ehrungen und Jubiläen nicht entziehen. Am 30. Jahrestag seines Siegtors im WM-Finale 1974 gegen die Niederlande schießt der nun 58-Jährige den Ball im strömenden Regen noch mal ins Tor vor der Nordkurve des Münchner Olympiastadions – für mehrere europäische Sender nachgestellt. Müller macht geduldig alles mit.

2005 dann wird ein stressiges Jahr. Zunächst wird er Münchens WM-Botschafter. Beckenbauer, Präsident des Organisationskomitees, überredet Müller, einer von zwölf Botschaftern für die WM 2006 in Deutschland zu werden. Der »Bomber« willigt ein: »Wenn der Franz befiehlt, muss man folgen.« Mit Sepp Maier und dem damaligen bayerischen Ministerpräsidenten Edmund Stoiber geht es auf Amerika-Reise nach Kalifornien und Mexiko, eine Promotion-Tour.

Dann naht der 3. November, sein 60. Geburtstag. Und damit all die Medienanfragen. Das meiste lehnt der Verein auf Wunsch von Müller ab. Waldi Hartmann plant einen Beitrag für die BR-Sendung *Blickpunkt Sport* und will mit ihm im Olympiastadion drehen, sein Tor aus dem WM-Finale 1974 gegen die Niederlande erneut nachstellen. »Es hat einige Mühe gekostet, ihn zu überreden. Gerd hat immer gesagt: ›Ihr wisst doch alles von damals.‹ Weil Müller Zeit Lebens kein Handy besitzt – bis heute nicht –, fährt Reporter Hartmann am vereinbarten Tag an die Säbener Straße, »damit er mir ja nicht auskommt«. Um 14 Uhr ist der Drehbeginn im Olympiastadion geplant. »Plötzlich sagt er zu mir: ›Waldi, ich muss aber erst den Hermann fragen, weil wir nachmittags wieder trainieren.‹ Daraufhin habe ich sofort Gerland angerufen. Er meinte: ›Ja, spinnst du! Glaubst du denn im Ernst, ich würde das dem größten Bayern-Spieler aller Zeiten verweigern. Wenn er schon so eine Würdigung zum 60. Geburtstag erhält. Nein, Waldi, kein Problem.‹« Das TV-Team wartet und bangt, aber Müller kommt. »Weil das Stadion nicht mehr im Fußballbetrieb war, waren keine Tore da, keine Linien«, erzählt Hartmann, »aber Gerd sollte ja sein 2:1-Siegtor noch mal erklären. Es hat erst nicht so besonders geklappt. Um das Ganze aufzulockern, habe ich dann den damaligen Flankengeber Bonhof imitiert. Gerd sprang sofort drauf an. ›Du hast ja gar keine Ahnung‹, schimpfte er und rannte zur rechten Außenbahn. ›Der Bonni war hier und ist so gelaufen, hat von dort geflankt.‹ Wir haben die Kameras laufen lassen, alles mitgefilmt. Es wurde super. Gerd kam völlig authentisch rüber. Alle waren glücklich, ich war stolz, dass wir das im Kasten hatten.« Müller ist überrascht. Aber es überwiegt die Freude, dass der Termin vorbei ist.

Die Feierlichkeiten jedoch noch nicht. Was tun? Hoeneß geht in die Offensive: »Als wir ihm vom Verein aus eine Feier organisieren wollten, sagte er: ›Ach nein! Lasst es!‹ Gerd hat sich nie in den Vordergrund gedrängt, wollte nie im Mittelpunkt stehen, er hat einfach seine Arbeit gemacht.« Eine große Sause kommt für Müller nicht infrage. »Um Himmels willen! Meine Frau macht eine kleine Überraschung, wir laden Bekannte ein, das langt dann auch«, sagt er im Oktober 2005 der *AZ* und fügt, typisch für ihn, hinzu: »Am nächsten Tag ist's wieder vorbei.« Seine Amateurmannschaft will er zu seinem Leib- und Magen-Italiener »Da Fausto« einladen, »mehr muss ich nicht haben«. Als er im *Kicker* gefragt wird, was ihm dieser runde Geburtstag bedeute, antwortet Müller: »Das ist etwas ganz Normales, wie der 58. oder 59. Ich bin noch genauso beieinander wie vor einem Jahr. Es geht so weiter, wie es bisher war. Und es ist in Ordnung so.« Und sein gefühltes Alter? Müller: »Ich fühle mich wie 50.« Weil die Bayern am 2. November jenes Jahres in der Champions League bei Juventus Turin spielen, ist Müller mit dabei. Auf dem Bankett für die Sponsoren und VIPs nach der Partie stimmt der ganze Saal um Mitternacht ein »Happy Birthday« an, alle Anwesenden im Ballsaal erheben sich zur Ovation für den »größten Spieler in der Geschichte unseres Vereins – trotz Franz Beckenbauer«, wie ihn der Vorstandsvorsitzende Karl-Heinz Rummenigge preist. Müller und Hoeneß umarmen sich innig. Alle stoßen auf den Jubilar an – die Bosse mit Champagner, Müller mit Wasser. Den »Bomber« stört an diesem Abend wohl nur eins: das 1:2 seiner Bayern und die verpassten Chancen seiner Erben Roy Makaay und Claudio Pizarro.

Doch es sollte noch turbulenter und anstrengender als an seinem 60. Geburtstag in Turin werden. Und das in Indien. Drei Mal reist die Amateurmannschaft zu Trainingslagern samt Freundschaftsspielen nach Südasien. 2005 wird für Müller extra ein Tennismatch mit einem ehemaligen indischen Daviscup-Spieler ausgemacht. Auch die Frau des deutschen Generalkonsuls will unbedingt gegen den legendären Stürmer aus Germany spielen. Eine Ehre, allein diese Anfrage. Die Partie dauert nur eine Stunde. 6:0, 6:0 für Müller. Diplomatie hin oder her, da kennt Müller nichts. Ein Jahr später sind die Bayern in Kalkutta, besuchen das Kinderheim des Vereins »Aktion Lebenshilfe für Indiens Straßenkinder« und verteilen in einem Waisenhaus Geschenke. Müller kann sich vor Autogrammwünschen kaum retten. Wunderschön. Und ganz schön anstrengend. Doch der Höhepunkt der »Bomber«-Begeisterung im fernen Indien soll noch folgen. Im Januar 2009 ist die zweite Mannschaft der Bayern unter Trainer Gerland für neun Tage zu Gast in Kalkutta und Siliguri, im Nordosten Indiens, nur wenige Kilometer von der östlichen Himalayaregion entfernt. Und nicht die Talente des Rekordmeisters werden gefeiert, sondern hauptsächlich Gerd Müller. Der 63-Jährige hat außerhalb der Hotels keine ruhige Minute. Autogramme, Fotos, Interviews, Ehrungen, Geschenke – auf Schritt und Tritt. »Gerd ist überall erkannt, verehrt und geehrt worden. Es war ein unglaublicher Hype um ihn«, schildert Werner Kern, der Leiter der Jugendabteilung der Bayern. Schals, Bilder und Blumen, immer wieder Blumen. Superstar Müller wird mit Präsenten überhäuft. Ihm zu Ehren wird im Kanchenjunga Stadium von Siliguri am 21. Januar 2009 ein Spiel des FC Bayern II gegen die indische Mannschaft Siliguri Mayor's 11 zum Gerd-Müller-Abschiedsspiel erklärt. Mehr als 7000 Kilometer von seiner Heimat entfernt, 27 Jahre nach seinem

Karriereende. Im Stadion wird ein Raum hergerichtet, in dem Gerd-Müller-Devotionalien ausgestellt werden. Vor dem Spiel herrscht Ausnahmezustand – wegen dem »Bomber«. »Gerd musste vor dem Anpfiff ein Interview über das Stadionmikrofon auf dem Platz geben, ich war sein Übersetzer«, erzählt Delegationsleiter Martin Hägele, bei Bayern Leiter für Internationale Beziehungen. »Als es Gerd plötzlich zu viel wurde und er keine Lust mehr auf das Interview hatte, fing er einfach an, eine Ehrenrunde zu laufen. Und ich musste hinterherdackeln.« Unter dem Jubel von 30.000 Menschen, die aufstehen und applaudieren.

Thomas Müller ist 2009 auch mit in Indien. Als Amateurspieler. Wie Holger Badstuber sollte er aber schon im Februar einen Profivertrag unterschreiben, gültig ab der darauffolgenden Saison. »Es war sehr beeindruckend mitzuerleben, welchen Status sich Gerd Müller erarbeitet hatte, welchen Ruf er auch Jahre nach seinem Karriereende immer noch besaß«, erinnert sich Thomas Müller an die Tage in Nordindien, »da hat er gut zu tun gehabt. Ich habe noch im Ohr, wie die Leute immer ›Bomber, Bomber‹ gerufen haben, was sich wie ›Buumer‹ anhörte. Gerd war dort der Star, für uns Amateurspieler hat sich kaum einer interessiert.«

Ende April 2009, als Gerland zur Profimannschaft hochgezogen wird, um Jupp Heynckes zu unterstützen, bekommt Mehmet Scholl die zweite Mannschaft. Scholl, der im Mai 2007 seine Karriere beendet hat, ist damals 38 Jahre alt und bis dahin Trainer der U13. Ein Experiment bis Saisonende: Scholl und der »Bomber«. »Ich habe neben Gerd noch Rainer Ulrich als Trainer mit dazugenommen, mit ihm die Trainingspläne gemacht«, sagt Scholl, »es hat Bayern wohl gefallen, wie ich das gemacht habe, also gab es einen Vertrag für die kommende Saison.« Müller und Scholl kennen sich seit 1992, als der junge Mehmet als hoffnungsvolles Talent vom Karlsruher SC nach München kam. Die beiden verstehen sich gut. Wie jeden Profi fordert Müller auch Scholl zu einem Tennismatch heraus. »Tja, und dann hat mich Gerd 6:0, 6:0 abgezogen – in der Halle, auf Teppich«, gesteht Scholl süß-sauer. Gab's eine Revanche? Scholl antwortet lächelnd: »Nein, ich habe gesagt: Danke, Gerd! Der Tag war gegessen für mich. Ich musste jedoch neidlos anerkennen: Der Mann ist gut!« Eine Stürmer-Legende, die Tennis-Lektionen erteilt.

»Wenn wir damals mit den Profis nach dem Training ausgelaufen sind, sind wir meist um den Amateurplatz herumgejoggt, und als wir Gerd sahen, als Gruppe zu ihm hin und haben ihm die Hand gegeben – einer nach dem anderen«, erinnert sich Scholl. Warum? »Gerd Müller ist Gerd Müller«, sagt er im Juli 2015, »einfach eine faszinierende Persönlichkeit. Eine der größten deutschen Sportfiguren aller Zeiten. Er ist mit der Grundstein dafür, was der FC Bayern heute ist.« Als Kind trug Scholl Gerd-Müller-Schuhe. Beim Kicken auf dem Bolzplatz war Scholl zwar oft Günter Netzer, »aber Müller war ich auch ganz gern mal«. Nun, im Jahre 2009, ist sein Idol von einst plötzlich sein Assistent. »Am Anfang war es der komplette Horror«, erzählt Scholl, »wir haben in den ersten zehn Spielen 40 Gegentore bekommen, standen ganz unten, wurden am Ende aber Achter. Außerdem haben wir Spieler wie Alaba, Ekici, Contento und Kraft an die Profimannschaft weitergegeben. Unterm Strich eine Super-Saison.«

Nach zwei Jahren Unterbrechung – Scholl arbeitet ab 2008 für die ARD als TV-Experte – heuert Scholl im Juli 2012 wieder als Trainer von Bayerns zweiter Mannschaft an. An seiner Seite: Gerd Müller, auch wenn dieser zu jener Zeit gesundheitlich schon ziemlich gehandicapt ist. »Ich war glücklich und stolz, dass dieser Mann Teil meiner Crew war – egal, wie viel er noch beitragen konnte«, sagt Scholl im Rückblick. »Auch auf dem Trainingsplatz gab er sich demütig, weil er einfach froh war, dabei zu sein. Gerd blieb sehr still während der Einheiten, hat sich überhaupt nicht wichtig gemacht. Ich habe ihn manchmal gebeten, die Stürmer noch mal speziell mit vors Tor zu nehmen und ihnen was zu erklären, was er sieht, was falsch läuft. Also zum Beispiel: den Kopfball gegen die Laufrichtung des Torwarts drücken, den Ball nach einer Flanke nicht mit der Innenseite nehmen, sondern mit dem Spann locker durchschwingen, flach halten. Das hat er dann gemacht.«

Im Vergleich zu den Zeiten mit Hermann Gerland und dem ersten Jahr mit Scholl ab 2009 ist Müller noch ruhiger, zurückhaltender, fällt kaum auf. »Er war immer dabei, hat aber nie das Wort ergriffen in der Kabine«, so Scholl. »Ich habe ihn einmal nach einer Mannschaftssitzung gefragt: ›Gerd, hab ich was vergessen? Willst du noch etwas sagen?‹ Er schüttelte nur den Kopf, und mir war klar, dass ihm das unangenehm war. Danach habe ich es gelassen.« Müller dient nun mehr denn je als Anschauungsunterricht, aber nicht mehr live auf dem Platz, dafür auf Videos oder DVDs. »Ich habe mehrfach in Sitzungen gesagt: ›Leute, schaut euch mal auf YouTube an, was dieser Mann in seiner Karriere geleistet hat.‹« Scholl will somit einigen Spielern die Leviten lesen, sagt: »Ihr steht ganz am Anfang, habt noch nichts erreicht und seid manchmal arrogant. Gerd Müller hat alles erreicht, was man erreichen kann. Erlebt ihr ihn arrogant? Nein – also!« Für Scholl ist Müller »der gute Geist, die gute Seele. Er hat sich nichts herausgenommen, keinen Sonderstatus beansprucht und war niemals zu irgendjemandem von oben herab, niemals.«

Mit Scholl und Gerland wird der FC Bayern II am Ende der Saison 2012/13 Zweiter hinter den Junioren des TSV 1860. »Bei Siegen hat Gerd ein Strahlen im Gesicht gehabt, hat es genossen, dass seine Jungs glücklich sind«, weiß Scholl noch, »bei Niederlagen hat er nichts gesagt, alles in sich hineingefressen. Insgesamt hat er einfach Freude daran gehabt, zur Familie zu gehören.« Auf Scholl folgt im Sommer 2013 der Holländer Erik ten Hag. Sein Assistent heißt Müller.

Ein eigenes Stadion

In der Folge werden Müllers öffentliche Auftritte seltener. Was man auch in seiner Heimatstadt Nördlingen bedauert. So stolz sie auf ihren größten Sohn sind, so enttäuscht sind sie darüber, dass Gerd Müller sie längst verlassen und es konsequent versäumt hat, ihren zahlreichen Einladungen zu folgen. Oberbürgermeister Hermann Faul, der sich mit Gerd als Kind noch im Tischfußball gemessen hat, sagt bei einem Termin im Rathaus im Juni 2015: »Man ist mit ihm verbunden, man verzeiht ihm viel. Nur nicht, dass er seine Beziehungen und Besuche nach Nördlingen so auf Sparflamme runtergefahren hat.« Dabei gebe es doch eine sehr positive Stimmung ihm gegenüber in Nördlingen. Faul blickt ein wenig betrübt drein, als er diese Worte sagt: »Dem Gerd Müller will in Nördlingen keiner etwas Böses. Aber er hat unsere Handreichungen nicht angenommen. Er kam nicht zur Goldenen Konfirmation 2010 und nicht zur Wahl des Sportlers des Jahrhunderts 2000. Dabei wären wir sehr behutsam mit ihm umgegangen, wir hätten ihn auf keinen goldenen Thron gesetzt, und er hätte auch keine lange Rede mit dem Mikrofon halten müssen.« Wohl wissend, dass er das gescheut hätte wie der Teufel das Weihwasser. In Nördlingen wissen sie weit eher als andere, dass Gerd Müller kein Mann der großen Worte ist. Immerhin, zur Einweihung des nach ihm benannten Stadions kam er im Juli 2008, und mit ihm die ganze Bayern-Mannschaft. 11 000 Zuschauer haben den »Gerd-Müller-Sportpark« gefüllt, einmalig bis heute. Dass er über das Mikro zu ihnen sprechen kann, das hätte er sich lieber erspart. Einer wie er kennt nur eine Bühne, den Rasen. Andere brauchte er nie.

Extravaganzen schon gar nicht. Seit 1985 leben die Müllers in München-Solln. »Ich kann mir nicht vorstellen wegzuziehen«, sagt er, »weil ich da, wo man mich hinpflanzt, auch gerne bleibe.« Das fortgeschrittene Alter bedingt eine gewisse Eingeschränktheit. »Ich kann alles, was ich zum Leben brauche, zu Fuß erreichen. Was man ab einem gewissen Alter durchaus zu schätzen weiß.«

11

Das Geheimnis seiner Tore

Der Kopf – »Wennst denkst, is eh zu spät«

Uli Hoeneß hat sich etwas vorgenommen. An diesem 26. Mai 1972, als das Münchner Olympiastadion mit dem Länderspiel gegen die UdSSR eingeweiht wird, da will er auf der Anzeigetafel stehen. Als Torschütze. In der 52. Minute ist es so weit. Torwart Rudakow hat einen Aufsetzer prallen lassen, und Uli setzt als Erster nach. Er weicht nach rechts aus, um Rudakow zu umkurven. Ein bisschen weit vielleicht, aber nicht für einen wie ihn. Fußballer in den Siebzigern wären am liebsten alle so schnell wie Uli Hoeneß. Er bleibt am Ball, der Winkel ist etwas spitz, aber das Tor ist leer. Eine leichte Prüfung für einen Profi. Doch dann kommt aus dem Nichts ein anderer Spieler im weißen DFB-Dress daher. Gerd Müller. Beide treten gegen den Ball, Müller erwischt ihn eine Zehntelsekunde eher. Hoeneß kommt zu Fall, Müller auch, der Ball fliegt ins Tor. Hoeneß jubelt und schafft es auf die Anzeigetafel und in die Presse. Erst einen Tag später erfährt die Fußballwelt anhand von Fotoaufnahmen, dass Müller das Tor erzielt hat. Er selbst hat es ohnehin beteuert. Franz Beckenbauer hat diese Szene nie vergessen und sie noch im Sommer 2015 aufgefrischt, als er nach Müllers Tor-Geheimnis gefragt wurde.

»Das war typisch Gerd. Vielleicht sein typischstes Tor, weil es seinen Charakter und seinen unbedingten Siegeswillen gut beschreibt.« Beckenbauer hat Müller vom ersten Tag an in München erlebt und in 14 Jahren eine interessante Beobachtung immer wieder machen können: »Es war diese Gier. Gerd hat regelrecht gezittert im Strafraum. Wenn er in Erwartung des Balls war und der nicht kam, war Gerd richtig aufgeregt ... Gerd war der glücklichste Mensch, wenn er ein Tor geschossen hatte ...«

»Der Gerd hat nie aufgegeben und bis zuletzt an den Sieg geglaubt«, beteuert auch Sepp Maier, das letzte Glied der weltberühmten »Achse«. Weil das auch die Trainer wussten, stellten sie ihn stets auf und kamen nie auf die Idee, ihn auszuwechseln. Auch an schlechten Tagen war er immer für ein Tor gut, bis zur letzten Minute. In Dutzenden von Spielen durfte er hinterher über sich lesen, dass er eigentlich der schwächste Mann des Spiels gewesen sei, aber auch der entscheidende. *Kicker*-Reporter Helmer Boelsen formulierte das 1971 nach einem 1:0-Sieg der Bayern in Offenbach so: »Müller ist ein Phänomen. Im Mittelalter hätte man ihn der Hexerei verdächtigt.«

Sein Kollege Walter Setzepfandt kommentierte: »Müller hat keinen besonderen Trick. Antritt und Kraft schaffen den Raum. Instinkt führt ihn zum richtigen Ort. Mut verführt, jede Situation anzunehmen. Frechheit hilft, sich nicht erschrecken zu lassen.«

Immer aufmerksam zu sein, immer auf Zack, komme, was da wolle – das war Gerd Müller. Sein Gegenspieler von RW Oberhausen, Gerhard Wörmer, klagte einst: »Wenn man gegen den Gerd Müller spielt, dann darf man sich während des Spiels nicht mal umgucken.« Um das zu vollbringen, was er vollbrachte, war es mit Talent allein aber nicht getan. Man braucht auch die richtige Einstellung. Seine Trainer stellen ihm nur das beste Zeugnis aus. »Der Gerd ist der Erste, der zum Training kommt, und der Letzte, der wieder geht«, sagte Udo Lattek. »Vor allen Dingen hat er Geduld, und das ist von entscheidender Wichtigkeit«, berichtete sein erster Bayern-Trainer »Tschik« Čajkovski, von dem auch das Bonmot stammt, »Gerd macht auch Tor mit Zunge«. Freilich war »Tschik« auch der Erste, der ihn kolossal unterschätzte.

Wer Müller zum ersten Mal sah, hielt ihn für harmlos. Auch das ermöglichte seinen Erfolg. Nach der WM in Mexiko schrieb die Zeitung *El Universal* über den Torschützenkönig des Turniers: »Wüssten wir nicht, wer er ist, hielten wir ihn eher für einen Kaufmann, der zu viel hinter dem Schreibtisch sitzt, zu wenig Bewegung hat und zu viel isst.« Gerd Müller aufgrund seines Äußeren zu unterschätzen haben schon die Bayern in den ersten Trainingseinheiten 1964 bereut.

Doch Müller hat sich von Spott und Häme nie unterkriegen lassen. Es war Beiwerk, das ihn nicht daran hinderte, seine Passion auszuleben. Sein Siegeswille, seine Moral und sein Ehrgeiz – das fehlt in keiner längeren Betrachtung über Gerd Müller. »Ich stecke eben nie auf, für mich ist kein Fußballspiel vor dem Schlusspfiff verloren«, sagt er 1969. »Der Mann, der nicht verlieren kann«, betitelt der *Kicker* nach der EM 1972 ein Müller-Porträt. Es ist eigentlich eine schlechte Eigenschaft, in der Niederlage keine Größe zeigen zu können. Und doch findet man sie bei den meisten großen Sport-Champions, oft zum Leidwesen ihrer Angehörigen und Freunde. Seine Frau Uschi weiß von umgeworfenen Mensch-ärgere-dich-nicht-Figuren zu berichten, seine Gegner im Tischtennis von fliegenden Schlägern. Wer ihn im Tennis schlug, musste ihm sofort Revanche geben. Im Bayern-Training wollte er beim abschließenden Spielchen immer in die Elf um Čajkovski, weil der Trainer erst abpfiff, wenn sein Team gewonnen hatte. Das einte ihn mit dem »Bomber«. Für den war jede Form von Wettkampf mehr als ein Spiel.

Bei der EM 1972 war Tischtennis der einzige Zeitvertreib im Brüsseler Flughafenhotel; ein Turnier für alle Spieler wurde organisiert, und Favorit Müller stand schon weit vor Beginn als Erster an der Platte. In Erwartung des Sieges. Andere nahmen es gelassener, Netzer und Beckenbauer fehlten zur vereinbarten Zeit. Da ging Müller sie persönlich suchen und zerrte sie an die Platte. Das Leben war für Gerd Müller ein einziges großes Spiel – und es war kein Spaß, sondern immer Ernst! Auch beim Kartenspielen kannte er kein Pardon. »Der Gerd war immer der Schnellste, auch beim Zocken«, erzählte Udo Lattek 1977 in *Bild*, als das Blatt wieder mal dem Geheimnis hinter Müllers Abstaubern auf die Spur kommen wollte.

Es gab für ihn keine unwichtigen Spiele und Spielstände, auch das erklärt die immense Anzahl seiner Tore. Uli Hoeneß, von 1970 bis 1978 mit Müller bei den Bayern, sagte im Sommer 2015: »Er wollte immer gewinnen, jedes Trainingsspiel. Und wenn wir bei einem Freundschaftsspiel 28:0 geführt haben, wollte er in der 88. Minute noch unbedingt das 29. Tor machen. Das hat ihn ausgezeichnet.«

Spätestens seit Gerd Müller wissen wir, dass auch Toreschießen süchtig machen kann. Allein in Freundschaftsspielen hat der Müller-Statistiker Walter Grüber in 390 Einsätzen 690 Tore gezählt. »Er hatte eine Lust am Spiel, eine Lust auf den Ball, wie ich sie selten erlebt habe«, sagte Dettmar Cramer 2007 im Müller-Buch *Schrecken im Strafraum* (Folke Havekost, Volker Stahl).

Die These, sein Erfolg auf dem Platz habe mit seiner schlichten Persönlichkeitsstruktur zu tun, verdient zumindest Beachtung. Der *Spiegel* schrieb 1972 etwa: »Er liest überhaupt keine Bücher, auch im Urlaub bloß die *Bild*-Zeitung oder Illustrierte.« Seine Schulbildung erlaubte ihm kaum Chancen, in einem »anständigen Beruf« zu Wohlstand zu kommen. Aber er war mit dem Talent gesegnet, sich besser zu bewegen als andere, reaktionsschneller zu sein und robuster. Und er nutzte die Chance, die ihm das Leben bot, so, wie er hundertfach die Chance vor dem Tor nutzte, wenn der Torwart den Ball abprallen ließ. »Wird auf das Tor des Gegners geschossen, starte ich sofort in dieselbe Richtung und warte auf meine Chance«, hat er erklärt. Mit Nebensächlichkeiten verschwendete er keine Zeit.

Sport war sein Lebensinhalt, allen voran der Fußball. »Der hat sich keine Gedanken gemacht, der wollte nur Fußball spielen und Tore schießen«, merkten sie schon in Nördlingen. Das Zitat stammt von Mitspieler Joachim Feix, der das noch heute sagt.

So unkompliziert, wie Müller war, so spielte er auch. »Gerd Müller spielt noch sachlicher, er kompliziert nichts. Rationeller als er spielen, das gibt es nicht«, lobte ihn sein zweiter Bayern-Trainer Branko Zebec 1972. Wenn Müller etwas bewegte, sprach er es aus, oft »ohne lang zu überlegen«, wie Bundestrainer Helmut Schön feststellte. Auch das verlieh ihm den Stempel der Eindimensionalität, auf dem Platz aber war es der Schlüssel seines Erfolgs. Noch einmal Helmut Schön: »Wie er blitzschnell die Bälle stoppt, einen Haken schlägt und dann links oder rechts abzieht – das ist gekonnt und seine Stärke.«

Nach seinem Geheimnis gefragt, hat Müller zwei Sätze immer wieder gesagt: »Wennst denkst, is eh zu spät!« Und: »Des kannst net lernen, des hast oder hast net!«

In einem Wort: Instinkt! »Keiner denkt so schnell wie Gerd«, schrieb der *Kicker*. »Er reagiert rascher als seine Gegenspieler und ist dadurch um den entscheidenden Sekundenbruchteil schneller als sie. Häufig genug sind seine Torschüsse weder platziert noch sonderlich scharf, aber er hat das Überraschungsmoment auf seiner Seite – und der Torwart das Nachsehen«, analysierte der Journalist Eberhard Stanjek 1974 im Buch *Die Meisterelf* Müllers Tor-Geheimnis. Als Paradebeispiel gilt das

Siegtor im WM-Finale 1974, als ihm der Ball versprang, er aber schon nach 0,43 Sekunden mit dem anderen Fuß zum Nachschuss ansetzte.

Es ist wohl kein Zufall, dass ausgerechnet Gerd Müller der Spieler ist, der in der Bundesligahistorie die meisten Elfmeter verschossen hat (12). Denn beim Elfmeter geht es nicht um Zehntelsekunden, da geht es zuweilen um mehrere Minuten zwischen dem Moment, an dem sich die Chance offenbart, und ihrer Umsetzung. Man hat viel Zeit, nervös zu werden und anzufangen zu denken – und dann is eh zu spät.

Willi Schulz, mit Müller in Mexiko, stellte 1969 fest: »Gerd Müller hat das, was man als Fußballspieler nicht lernen kann: eine Art angeborenen Instinkt für Situationen und Torgelegenheiten.« Davon gibt es Hunderte Beispiele. Einmal, im Spiel gegen den HSV, warf Torwart Rudi Kargus den Ball ungeschickt Verteidiger Manfred Kaltz auf die Ferse, sodass er zurücksprang. Der auf genau solche Glücksfälle lauernde Müller ging dazwischen und traf.

Dettmar Cramer legte im Gespräch mit den Autoren Volker Stahl und Folke Havekost im Jahr 2007 Wert auf die Feststellung, dass diese Eigenschaft nicht nur angeboren war. »Er wusste vorher, wo er hinzulaufen hatte und wo der Ball landet. Machte er ein Tor, hieß es dann: Er stand mal wieder richtig. So ein Unsinn! Es ist eine Kunst, dort zu stehen und den Ball über die Linie zu befördern. Diese große Gabe hatte er, und wir haben sie ganz bewusst geschult.«

Talent allein macht noch keinen Meister, Fleiß auch nicht. Nur wenn sie aufeinandertreffen, ist eine Weltkarriere wie die von Gerd Müller möglich.

Der geniale Spielmacher Günter Netzer lobte seine Fähigkeiten, Lücken zu reißen: »Er zwingt mich geradezu zum ›tödlichen‹ Steilpass im richtigen Moment.«

Oft genug machte Müller vergebliche Wege. »Ich bin neun Mal umsonst gelaufen, und beim zehnten Mal hat der Torwart den Ball fallen gelassen. Man muss stur sein!«, erklärte er eine weitere Facette seines eigenen Phänomens.

Dabei war er sich auch selbst ein Rätsel, das er zu seinem Glück nie lösen musste. Nach dem Halbfinale von Antwerpen bei der EM 1972, als er die Gastgeber allein abgeschossen hatte, wurde er wieder nach seinem Geheimnis gefragt: »Was soll ich zu meinen beiden Toren sagen? Immer, wenn ich danach gefragt werde, weiß ich keine Antwort darauf. Hauptsache, sie reichten zum Sieg.«

Der Körper – kurze Beine, dicker Hintern. Eine pralle Allianz

Am Tag nach dem ersten Double in der Klub-Geschichte des FC Bayern, perfekt gemacht durch ein 2:1 im Pokalfinale gegen Schalke 04, schrieb die *Westdeutsche Allgemeine* im Juni 1969: »Wie ein Gummibaum federt Müller auf seinen dicken Beinen unberechenbar vor dem Tor herum, so daß kein Gegenspieler weiß, was er in den nächsten Zehntelsekunden tun wird, und wenn die Chance da ist, so nimmt Müller sie wahr.«

Die *Ruhr Nachrichten* setzten noch einen drauf: »Die pralle Fülle seiner Oberschenkel sind allein das Eintrittsgeld wert.« Gerd Müllers stämmige Beine, vor allem diese Oberschenkel, fallen den Experten nicht erst 1969 auf. Schon zwei Jahre zuvor schreibt das *Sport Magazin* über den frisch gekürten Fußballer des Jahres, er sei »ausgerüstet mit den prallsten Oberschenkeln, die es in der Bundesliga je gab«.

Wie prall sie eigentlich waren, darüber kursierten verschiedenste Angaben. Der höchste Wert lag bei 65 Zentimetern Umfang. Im Sommer 1969 wollte es die *Sport-Illustrierte* genau wissen und ließ Müller für ein nettes Fotoshooting von einer Horde kleiner Fans von Kopf bis Fuß vermessen. Das Ergebnis liest sich so: »Gerd Müllers berühmte Oberschenkel, Schrecken aller Torhüter zwischen Narvik und Neapel, haben einen Umfang von ›nur‹ 58 Zentimetern.«

Das machte ihn keinen Deut ungefährlicher. Er brauchte seine urwüchsige Kraft ohnehin nie zum Schießen, sondern eher zum Behaupten und Durchsetzen im Strafraum-Getümmel gegen in der Regel größere und schwerere Verteidiger. Müller-Tore außerhalb des Strafraums? »Ich glaub, ich hab nie eines gesehen«, sagt der »Kaiser«. Man kann sie in der Tat an einer Hand abzählen. Bezeichnend: Als nach der Saison 1967/68 ein Fußballbuch unter dem Titel *Mein schönstes Tor* erscheint, kommen rund 70 deutsche Kicker zu Wort. Es wimmelt von Fallrückziehern, Volleyschüssen, gekonnt gezirkelten Freistößen und »Granaten« aus der zweiten Reihe. Gerd Müller erwähnt einen Elfmeter in Frankfurt, weil er seine lange Durststrecke beendet habe. Nicht das Tor war schön, nur das Gefühl. Mag sein, dass er die Aufgabenstellung nicht ganz verstanden hat. Aber schöne Tore im Leben des Gerd Müller zu suchen, das ist keine lohnenswerte Aufgabe. Vier Mal erzielte er das »Tor des Monats«, das seit 1971 gekürt wird; darunter seine Bodenturn-Akrobatik gegen TeBe Berlin, die eher kurios als schön ist. Vier Tore von über 250 im fraglichen Zeitraum.

Bundestrainer Helmut Schön hat das Wort geprägt, Müller sei »ein Mann der kleinen Tore«. Der Abstauber, der die Bälle reinspitzelt, meist flach ins lange Eck. Hat man je einen Müller-Schuss von der Lattenunterkante ins Tor hüpfen sehen? Kaum. Er schießt lieber flach, weil man nur zu hoch, aber nie zu tief schießen kann. Dieser Satz könnte glatt von Gerd Müller sein. Ist er aber nicht.

Von Gerd Müller stammt auf alle Fälle der zaghafte Einwand dagegen, »Bomber« genannt zu werden, weil »ich bomb ja meine Tore net, ich mach sie ja aus dem Sechzehner. Wie dick meine Beine sind, hat damit gar nix zu tun.« Irgendwie doch. Denn im 16-Meter-Raum stehen die Sorte Haudegen, die auch als Ringer oder Boxer Karriere hätten machen können. Die Pirsigs und Höttges', die dicht an ihm klebten, hielt er sich vom Leib mit dem Hinterteil. Das funktionierte nur, wenn er dabei stehen blieb. Hatte er sich dann den nötigen Freiraum verschafft, kam der Schuss aus der schnellen Drehung, die ihm seine relativ kurzen Beine (78 Zentimeter) ermöglichten. Wissenschaftler nennen das »einen niedrigen Körperschwerpunkt«. Hinzu kommt seine Beidfüßigkeit, wie Müller selbst anführte: »Bei diesem blitzartigen Reagieren kommt mir zugute, dass ich links wie rechts gleich gut zielen kann.« Auch das machte ihn so unberechenbar. Alle kannten die Dreh-Masche, kaum einem fiel etwas dagegen ein. Weltmeister Berti Vogts war eines seiner berühmtesten Opfer. »Er nahm den Ball an, streckte rasch sein Hinterteil raus – weg war ich. Hoch in die Ecke flog der Ball in unser Tor.« Der Braunschweiger Torwart Horst Wolter, gegen den Müller in der Bundesliga am häufigsten traf (20 Mal), erzählte dem *Kicker* 1970: »Er dreht sich einfach schneller als andere. Ein Müller mit dem Rücken zum Tor ist so gefährlich wie ein gewöhnlicher Stürmer, der zum Schuss ansetzt. Dabei kommen Gerd die kurzen Hebel entgegen, sein gedrungener, muskulärer Körperbau.«

Davon konnten auch die Mitspieler ein Lied singen. Oft genug habe er sie »verarscht«, nun sei er fällig, beschlossen der »Kaiser« und sein getreuer Katsche vor einem Training. »Tatsächlich war es dann aber so: Katsche lag rechts am Boden, ich links, und Gerd ist zwischen uns durchmarschiert.«

Karl-Heinz Körbel, mit 602 Spielen Rekordspieler der Bundesliga, reklamiert für sich, Müller durchschaut zu haben, und beteuerte im Interview mit dem Pay-TV-Sender *Sky*, er sei »einer meiner Lieblings-Gegenspieler« gewesen. Eine Aussage mit absolutem Seltenheitswert.

Denn *Kicker*-Reporter Werner-Johannes Müller sagt, er habe mit vielen Gegenspielern seines Namensvetters gesprochen und Geständnisse von »schlaflosen Nächten, weil sie am nächsten Tag gegen Gerd spielen mussten«, eingesammelt.

Der Frankfurter Körbel, der als 17-Jähriger 1972 gegen Müller debütierte, aber schien ein Rezept gefunden zu haben, das ihm die Angst nahm. »Gegen Gerd Müller darfst du keinen Körperkontakt haben. Der hat versucht zu klammern, aber der konnte mich nicht klammern, und das hat den verrückt gemacht. Der hat immer versucht, sich zu drehen, und ich war gar nicht da. Ich war immer so mit einem Meter Abstand und hab ihm Bälle abgelaufen. Und so hab ich ihn praktisch so ein bisschen aus der Fassung gebracht, obwohl er ja ein Tor gemacht hat.« Diese Erfahrung blieb fast keinem erspart. Gerd Müller schoss auch an schlechten Tagen Tore.

Obwohl es während seiner ganzen Karriere immer mal Kritik an seiner Laufbereitschaft gab und gefolgert wurde, es mangele ihm an Fitness, zeichnete sich Müller gerade durch besonders hohe Belastbarkeit aus. Sechs Wochen vor der WM 1974 zog Helmut Schön seine Kandidaten bereits einmal kurz in Malente zusammen – für einen Fitnesstest, den Sportmediziner der Uni Gießen durchführten. Das auf dem Ergometer ermittelte Ergebnis: Von allen 22 Feldspielern hatte Müller die beste Fähigkeit zur Erholung. Professor Nowacki referierte Schön: »Ebenso wie der Frankfurter Hölzenbein kann der Münchner Mittelstürmer, weil am raschesten erholt, seine angeborene Reaktionsschnelligkeit am ehesten wieder bei voller Konzentration im gegnerischen Strafraum torgefährlich einsetzen.« Der *Kicker* fasste das so zusammen: »Der Bomber kommt am schnellsten wieder auf die Beine.« Was auch nach Verletzungen galt, als er jeweils im ersten Spiel gleich wieder traf – zwei Mal noch in der ersten Minute. Das sprach für seinen Geist und seinen Körper gleichermaßen.

12

Franz und Gerd

Gegensätze ziehen sich an

Zwölf Jahre gemeinsam in einem Zimmer. Da kennt man sich. Als Gerd Müller im Sommer 1964 zum FC Bayern kommt, teilt er sich zunächst für kurze Zeit mit Peter Kupferschmidt ein Doppelzimmer in den Trainingslagern. Danach mit Franz Beckenbauer – bis dieser im Mai 1977 nach New York wechselt. »Wir haben im Spiel gestritten, aber nie privat«, sagt Müller und betont: »Nie! Es gab keinen besseren Zimmerpartner.« Man nimmt Rücksicht aufeinander in der Zwei-Mann-Wohngemeinschaft. Vor allem, wenn der eine, der Franz, nach Spielen abends mit Teamkollegen unterwegs gewesen ist. »Die nächtlichen Touren, die wir gemacht haben, waren bei ihm nicht drin«, gesteht Beckenbauer, »Gerd war da seriöser als wir. Das Weggehen mochte er nicht so.« Wie in jeder guten Freundschaft gibt es natürlich auch ein paar Problemchen. Bei den beiden ist es der Schlafrhythmus. »Ich bin Langschläfer, aber Gerd ist immer sehr früh aufgestanden«, erzählt Beckenbauer im Juli 2015 und muss schmunzeln, als er die Bilder von früher vor sich sieht: »Um mich nicht zu stören, ist Gerd auf Zehenspitzen ins Bad, hat sich die Zähne geputzt und war dann weg. Er war sehr rücksichtsvoll, weil er mich hat weiterschlafen lassen.«

Das Zimmerpärchen Franz und Gerd. Oder der »Kaiser« und der »Dicke«. Oder auch: großes, schlankes Beckenbauer und kleines, dickes Müller. Den Spitznamen verpasste dem Mittelstürmer Bayerns Aufstiegstrainer »Tschik Čajkovski. Er bleibt an Müller haften. »Ich habe ihn Dicker genannt, weil ich ihn so kennengelernt habe. Jeder bei uns hat ihn so genannt«, erklärt Beckenbauer. »Als er 1964 zu den Bayern kam, hat es mich gewundert, dass so ein Quadrat in der Lage war, Tore zu schießen. Aber dann hat er es uns allen gezeigt.« Er, Gerd Müller, für die Mannschaft »Dicker«, von Franz im Spaß »Quadrat« genannt und seit einigen Jahren bei mehreren Anlässen »Spongebob«. Wie der gelbe Schwammkopf aus der US-amerikanischen Zeichentrickserie habe Müller ausgeschaut. So einen Vergleich kann nur einer ziehen, der wie Beckenbauer im Alter von 58 Jahren noch einmal Vater einer Tochter wurde.

Beckenbauer, einst Spieler, Trainer und Präsident, heute Ehrenpräsident des FC Bayern, sitzt im Klubhaus des »Sheshan International Golf Club« von Shanghai und bestellt als Mittagsgericht Nudeln, »aber nur eine kleine Portion«. Als Partner eines Sponsors ist er zum Golfplatz gekommen, um bei einem PR-Termin mit einigen der aktuellen Bayern-Profis und Trainer Pep Guardiola zur Verfügung zu stehen. Ein paar Fotos, Small Talk, Journalistengespräche. Beckenbauer schaut hinaus auf das perfekt gepflegte Grün. Golf war nie Gerd Müllers Welt. Klubmitglieder kommen vorbei, wollen Fotos, einen Händedruck. Flüchtige Bekanntschaften. Denn Beckenbauer, immer höflich und geduldig, ist gerade weit weg, in den Sechzigern, Siebzigern. Er spricht gerne über den Gerd. Weil der sein Freund ist. Einige Wochen vor dem Interview-Termin hat Beckenbauer gesagt: »Der FC Bayern ist meine Heimat. Wenn man so lange Jahre dabei ist, dann kann man das, glaube ich, behaupten. Ich weiß nicht, wie mein Leben ohne den FC Bayern verlaufen wäre.«

Und vor allem nicht ohne den Gerd. Mit Hochachtung spricht er nun in China über seinen ehemaligen Mitspieler: »Gerd haben wir viel zu verdanken. Im Fußball geht es darum, Tore zu schießen, davon lebt der Fußball. Er hat Tore gemacht aus allen Lagen: im Laufen, im Stehen, im Sitzen, im Handstand – und das mit allen Körperteilen.« Beckenbauer lacht. Und zieht dann den Vergleich heran, den er immer wählt, wenn die Sprache auf seinen Gerd kommt: »Es ist zwar etwas übertrieben ausgedrückt, aber ohne ihn würden wir uns heute noch in der alten Holzhütte aus den 60er-Jahren am Trainingsplatz an der Säbener Straße umziehen. Ohne seine Tore stünde der FC Bayern heute nicht da, wo er ist.«

Andersherum war Beckenbauer stets die wichtigste Bezugsperson für Gerd Müller. Einer, zu dem er aufgeschaut hat. Einer, dem er mitunter einige Dinge nachgemacht hat. 1970 etwa lassen sich beide einen Schnurrbart wachsen. Trägt der Franz im Winter einen Pelz, kauft sich der Gerd auch einen. Als Erster legt Beckenbauer 1966, schon am Anfang seiner Karriere, eine Autobiografie vor (*Dirigent im Mittelfeld*), Müller macht es ihm nach, folgt ein Jahr darauf mit *Tore entscheiden*. Und da sind die Schallplatten, die beide, erst Beckenbauer, dann Müller, aufgenommen haben. 1977 wandert der Libero in die USA aus, der Torjäger folgt ihm zwei Jahre später. Schließlich ist der »Kaiser« einer, den der »Bomber« doch stets, wenn auch klammheimlich, um seine Lässigkeit und das Weltmännische sowie um den Umgang mit den Medien plus die angemessene Vermarktung seines Namens und seiner Kunst beneidet.

Nie würde Beckenbauer ein böses Wort über Müller verlieren. Im Gegenteil: Der »Kaiser« erteilt ihm die Absolution. »Gerd Müller war vielleicht nicht der beste, aber der wichtigste Spieler in der Geschichte des deutschen Fußballs und damit natürlich auch des FC Bayern.« Bei den US-Amerikanern, sagt er, werde stets der MVP, der *most valuable player*, also der wertvollste Spieler pro Spiel oder pro Saison, gewählt, »und das war er, ohne Frage«. Kein legendärer Beckenbauer ohne Müller. Kein legendärer »Bomber« ohne den »Kaiser«. »Wir mögen uns, weil ich weiß, dass ich ohne den Franz nicht so viele Tore schießen würde, und weil der Franz weiß, dass er ohne mich nicht so gut zur Geltung kommen würde«, sagt Müller im Januar 1973. »Wir haben beide sehr voneinander profitiert. Beckenbauer/Müller, das war schon eine gute Kombination«, resümiert der »Kaiser«. Auch neben dem Platz. Wahrscheinlich, weil sie unterschiedlicher in Wesen und Charakter nicht hätten sein können. »Es war immer angenehm mit ihm. Gerd hat eigentlich nie geflucht, war nie sauer. Er war immer derjenige in der Mannschaft, der für Ausgleich gesorgt hat, der hitzige Situationen beruhigt hat. Ich war oft der Aufbrausende und er der Ruhige. Er hat dann zu mir gesagt: ›Reg dich nicht auf. Das machen wir schon.‹« Beckenbauer trinkt Wasser, seine Augen leuchten, als wolle er noch mal zurück in die Zeit ohne Handy und Selfies, zurück zum puren Fußball, als das »Mia san mia« der Bayern geboren wurde. Auch wegen Müller. »Gerd war auch immer optimistisch, hat nie gesagt, die anderen wären zu stark für uns. Selbst bei Gegnern, bei denen ich meine Zweifel hatte – er hatte keine. Er hat dann immer gesagt: ›Was willst denn mit den Blinden?‹« »Mia san besser.« Auch dank all der Doppelpässe zwischen Müller und Beckenbauer. »Zwischen uns herrschte blindes Verständnis«, erzählt Beckenbauer im *Kicker*, »unser Doppelpassspiel hat sich so ergeben, weil ich Gerds Ungeduld spürte. Er wollte unbedingt den Ball und war in der Lage, ihn so abzusichern, dass man ihm den Ball gar nicht wegnehmen konnte.«

Den Doppelpass mit den Medien beherrschte jedoch nur einer der beiden. »Mir liegt des ned so. Aber der Franz, der ist das schon eher gewohnt«, sagt einmal der kamerascheue Müller. »Ich beneide ihn darum, dass er dieses Programm schafft. Mein Leben wäre das nicht. Ich meide die Öffentlichkeit, wo es möglich ist. Ich glaube, Franz kann nicht mehr anders. Wenn er zwei Tage zu Hause ist, wird er kribbelig. Ich bewundere ihn, den Verrückten.« Endlich mal ein Spitzname für Franz, abgesehen von »Kaiser«.

Der »Bomber« schwitzt Blut und Wasser

Als Beckenbauer am 11. September 2005 seinen 60. Geburtstag feiert, passiert etwas ganz und gar Außergewöhnliches. Die Bayern-Bosse um Uli Hoeneß können Müller überreden, bei der vom Verein ausgerichteten Feier vor mehreren Hundert Gästen in einem Münchner Hotel eine Laudatio zu halten. Der »Kaiser« ist gerührt, er weiß, wie viel Überwindung das seinen Freund gekostet hat. »Ich habe zuvor acht Tage lang auch Blut und Wasser geschwitzt. Alle haben gesagt: ›Gerd, das musst du machen.‹ Also, was sollte ich tun? Am liebsten wär ich kurz vorher noch weggerannt«, berichtet Müller in einem Interview mit der *AZ* vom 29. Oktober jenes Jahres entwaffnend ehrlich. Ob sich Beckenbauer revanchieren und wenige Tage später bei Müllers 60. Ehrentag ebenfalls eine Lobrede halten solle, wird Müller gefragt. Entrüstet antwortet er: »Bloß ned! So ein Geburtstag ist eine schöne Sache, aber den Rummel habe ich früher schon nicht mögen. Ich habe lieber Tore gemacht.«

Jahre später, im August 2013, hält Beckenbauer aus dem Stegreif eine Laudatio beim *Sport Bild*-Award, dem Gala-Abend einer Fachzeitschrift in Hamburg. Gerd

Müller, begleitet von seiner Frau Uschi, erhält eine Auszeichnung für sein Lebenswerk. Als der »Bomber« dran ist und auf die Bühne gebeten wird, bleibt er zunächst sitzen. Alle Gäste im Saal erheben sich, die Moderatoren überreden ihn. Franz Beckenbauer kommt mit auf die Bühne, schnappt sich das Mikrofon und ergreift sofort das Wort:

»Gerd, freu dich! Schau her, alle sind aufgestanden, und das hast du dir verdient. Vor zehn Jahren, als die Bundesliga 40 wurde, bist du als wichtigster Spieler dieser Zeit ausgezeichnet worden. Heute sind es 50 Jahre Bundesliga. Ich würde das Kompliment ausdehnen. Aus 40 sind 50 Jahre geworden, weil es in den letzten zehn Jahren keinen gegeben hat, der nur annähernd an deine Qualitäten hingekommen ist. Du bist auch in den 50 Jahren Bundesliga für mich der wichtigste Spieler der Geschichte.« Müller murmelt etwas vor sich hin, ohne Mikrofon ist es nicht zu verstehen. Moderatorin Andrea Kaiser verrät: »Herr Müller hat gerade gesagt, hätte er noch weitergespielt, hätte er noch mehr Tore gemacht.«

Beckenbauer fährt fort, spricht von Müller als »einem wunderbaren Fußballer«. Der Clip der Laudatio ist ein YouTube-Hit geworden, weil es eine wirklich bewegende Szene ist. Dank Beckenbauers Worten: »Aber was für mich noch viel wichtiger ist: Er ist ein guter Freund. Wir sind mehr als zehn Jahre im gleichen Bett gelegen. Wir haben das Gleiche gegessen, das Gleiche getrunken. Gerd hat in Straßlach gewohnt und ich in Grünwald. Der Weg führte von Straßlach nach Grünwald immer an meinem Haus vorbei. Wenn wir irgendwo gespielt haben, hatten wir ein Gemeinschaftsauto. Also hat er bei mir geläutet. Ich war damals nicht der Pünktlichste. Gerd klingelt, ich habe gesagt: ›Kommt's rein.‹ Dann haben sie da gesessen und gesessen. Ich habe rumgetrödelt und rumgetrödelt. Gerd ist immer nervöser geworden: ›Wann kommst du denn jetzt endlich? Wann kommst denn? Wir kommen zu spät! Und die anderen fahren davon!‹ Dann habe ich gesagt: ›Gerd, es wird alles passieren. Aber dass die ohne uns zwei losfahren, das passiert nie.‹ Und es ist auch nicht passiert.«

Franz beendet seine Rede, umarmt Gerd. Moderatorin Kaiser verteilt Küsschen rechts, Küsschen links. Chefredakteur Matthias Brügelmann gibt ihm den Preis. Und kaum, dass er den Award in den Händen hält, verlässt Müller beinahe fluchtartig die Bühne. Die Gäste stehen immer noch und applaudieren. Sitznachbar Uwe

Seeler tätschelt ihn und gratuliert. Seine Uschi nimmt die kleine Trophäe in Empfang. Brügelmann spricht die Müllers noch einmal direkt an: »Vielen Dank an das Ehepaar Müller, dass sie die Reise auf sich genommen haben. Frau Müller, auch Ihnen vielen, vielen Dank. Ein ganz besonderer Moment, den wir nicht vergessen werden.«

Es ist Müllers letzter größerer öffentlicher Auftritt. Seine Gesundheit lässt nicht mehr zu.

Als der FC Bayern in der Erlebniswelt, dem Museum in der Allianz Arena, im Mai 2015 die Sonderausstellung *Kaiser. Kalle. Bomber.* eröffnet und damit drei seiner Vereins-Ikonen huldigt, sind nur Franz Beckenbauer und der Vorstandsvorsitzende Karl-Heinz Rummenigge anwesend. »Unsere gemeinsame Zeit auf dem Platz ist lange her, unsere Freundschaft aber ist bis heute geblieben. Wir haben viele Titel für den Verein gewonnen – aber der Verein hat uns auch viel gegeben«, sagt Beckenbauer beim ersten Gang durch die Ausstellung.

Eine Ausstellung für drei Klub-Legenden, die 2015 alle einen runden Geburtstag feiern: Beckenbauer und Müller den Siebzigsten, Rummenigge den Sechzigsten. Zusammen haben sie 861 Tore erzielt, 1614 Spiele für Bayern bestritten. Fans schicken immer wieder Fundstücke ein, bringen Raritäten und Originale vorbei. Auch das geehrte Trio macht mit und stellt ausgewählte Stücke aus ihren privaten Sammlungen zur Verfügung. Aus Müllers Erinnerungskiste stammt ein alter Lederball aus einem seiner damaligen Sportgeschäfte, ein Original-Tennisschläger, ein Trainingsanzug aus der Zeit als Co-Trainer samt getragenen Adiletten mit der Aufschrift »Bomber«.

Wie viele Tore ein Gerd Müller wohl im heutigen Fußball, der sich technisch und taktisch entwickelt hat, viel athletischer und professioneller geworden ist, erzielen würde? Eine theoretische Diskussion. Beckenbauer beteiligt sich gerne, auch wenn es eine Spielerei ist. Gar 40 wie in der Rekordsaison 1971/72? Insgesamt 101 Saisontreffer erzielte Bayern damals – beides unübertroffen. »Da muss wohl erst noch einer geboren werden mit diesen Fähigkeiten«, sagt Beckenbauer im *Kicker*-Sonderheft zur 25. Meisterschaft des FC Bayern im Mai 2015. »Gerd war der glücklichste Mensch, wenn er ein Tor geschossen hatte. Lassen wir dem Gerd diesen Rekord für die Ewigkeit. Er hat es verdient.« Dass ein Robert Lewandowski ihn übertreffen könnte, damit rechnete selbst der Kaiser nicht.

Und ein Müller in der Gegenwart? Beckenbauer erwähnt die strikte Manndeckung, die es damals gab, mit zwei, drei Mann, gegen die sich ein Stürmer in den Sechzigern und Siebzigern behaupten musste. Im Spiel gegen Dreier- oder Viererketten der Neuzeit hätte Müller mehr Raum. »Auch wenn 80 Tore vielleicht etwas hoch gegriffen sind, seine Tore würde Gerd genauso machen«, ist sich Beckenbauer sicher. Müller selbst würde sich »40 schon noch einmal zutrauen«, meint er und schickt 2006 im *Spiegel* die Begründung hinterher: »Heute ist es aus meiner Sicht einfacher. Mein Aktionsradius wäre zwischen den beiden Innenverteidigern. Wenn die sich nicht zu 100 Prozent abstimmen, kannst du durch die Lücke wie durch eine offene Türe gehen. Du musst dann aber auch die Kiste treffen.«

Franz vs. Gerd: Duelle in den USA

Über all die Jahre spielen Beckenbauer und Müller nur im Training gegeneinander, ob bei Bayern oder in der Nationalelf. Aber nie in anderen Mannschaften gegeneinander. Im Mai 1977, als Beckenbauer in die US-Liga NASL wechselt, trennen sich die Wege der beiden Freunde. Der Kontakt reißt ab. »Es war eine andere Zeit, man hatte kein Handy«, betont Beckenbauer, »wenn man jemanden in Europa auf dem Festnetz erreichen wollte, musste man sich über einen Operator verbinden lassen.« Nur in den rund zweieinhalb Monaten Urlaub, den beide meist zu Hause in München verbringen, sieht man sich. Weil Müller seinem Kumpel 1979 in die Dollar-Liga folgt, steht man sich bald darauf dann tatsächlich das erste Mal in einem Pflichtspiel als Gegner gegenüber. »Das war schon ein komisches Gefühl«, gesteht Beckenbauer, »Gerd im Trikot von Fort Lauderdale, ich Cosmos.«

Am 18. Juli 1979 steigt die Premiere von Franz versus Gerd, das erste Aufeinandertreffen. Müller trifft, Beckenbauers Team aber gewinnt mit 4:3. Ein Jahr später siegt der »Bomber« 4:1. Beim darauffolgenden 0:2 seiner Strikers in New York fehlt Müller wegen einer alten Rückenverletzung, die ihn zeitweise ebenso plagt wie die chronische Leistenzerrung. Es folgt der große Showdown: das Finale um den US-Titel am 21. September 1980 vor über 50 000 Zuschauern im Robert F. Kennedy Memorial Stadium von Washington. Erstmals wird ein Ligaspiel aus den USA von der ARD live übertragen. Der »Kaiser« will Cosmos New York mit seinem dritten US-Titel in vier Jahren im Triumph verlassen. Es gelingt. Cosmos, damals trainiert von Hennes Weisweiler, siegt durch ein Tor von Julio César Romero sowie zwei Treffer des Italieners Giorgio Chinaglia, des besten Stürmers auf dem Platz, mit 3:0. Müller muss nach nur 40 Minuten wegen einer Zerrung vorzeitig aufhören, wird von einem Niederländer namens Koos Waslander ersetzt.

Mehr als an das Ergebnis und die Siegesfeier nach dem 3:0-Erfolg erinnert sich Beckenbauer an eine Begegnung während des Spiels auf dem Platz: »Gerd war ja nie der lauffreudigste Spieler, eher ein reiner Strafraumstürmer. Er hat aber die Tore geschossen. Wenn seine Mannschaft den Ball nicht vors Tor zu ihm gebracht hat, war er ziemlich bewegungslos. Dann habe ich ihm während des Finals im Spaß zugerufen: ›Du faule Sau, magst nicht mal laufen?‹ Er stand da, schaute mich regungslos an und antwortet dann: ›Die können mich am A… lecken.‹ Weil keiner der Amerikaner unser Bayerisch verstanden hat, konnten wir so miteinander reden.«

Als Beckenbauer nach Saisonende in den USA darüber nachdenkt, in die Bundesliga zurückzukehren, sagt Müller im *Kicker* vom Oktober 1980: »Ich kann ihn gar nicht verstehen, das ist aber auch nicht meine Angelegenheit. Ich drücke ihm die Daumen, dass er es packt, aber laufen muss er in der Bundesliga mehr als drüben. Dort muss der Libero wegen der Abseitslinie nur wenig laufen und in Zweikämpfe rein.« Ende Oktober 1980 kehrt Beckenbauer in die Bundesliga zurück und unterschreibt beim Hamburger SV. Müller wünscht ihm viel Glück, warnt aber: »Die ersten vier Wochen wird's schwer.«

Während Müller 1981 seine letzte Spielzeit für Fort Lauderdale bestreitet, geht Beckenbauer in seine letzte Bundesligasaison. Und wird am Ende mit dem HSV 1982 noch einmal Meister, zum fünften Mal. Ein triumphaler Abschied von der deutschen Bühne – ganz im Gegensatz zu seinem Kumpel Gerd, der seinen Kummer und seine Langeweile in Alkohol ertränkt. Doch sein Kumpel ist auch in diesen schweren Zeiten für ihn da. »Sagenhaft, wie sich der Franz gekümmert hat«, blickt Müller zurück, »er hat für mich wahnsinnig viel Zeit geopfert.«

Was Uli Hoeneß bis heute noch beeindruckt: »Franz hätte ihm sein letztes Hemd gegeben. Als Franz 2009 von seinem Amt als Präsident zurückgetreten ist, hat er mir eingebläut: ›Egal, was passiert: Du musst dich um Gerd kümmern.‹ Und das habe ich gemacht. Wir alle hätten den Gerd nie fallen gelassen, wir hätten im Extremfall auch privat für ihn eingestanden.«

Nur eine Sache lastet wie ein Schatten auf der Freundschaft. Müller hat es nie ganz überwunden, dass Beckenbauer und nicht er, der Toremacher, von Robert Schwan beraten wurde. Der gewiefte, schlaue Manager hätte Müller sicherlich viel Leid erspart, doch man findet nie zusammen. Und so sind es falsche Freunde, die sich als Berater tarnen, die Müllers Vermögen minimieren, nicht vergrößern.

Bayern-Intimus Bernd Hildebrandt schreibt in der *Abendzeitung* vom 16. September 1991 über das Duo Franz und Gerd: »Zwei, die sich schätzten. Aber auch zwei, deren Umfeld gegensteuerte. Beckenbauers gewiefter Manager Robert Schwan bot Müller, der von dubiosen Beratern umschwirrt wurde, nicht nur einmal Hilfe in geschäftlichen Dingen an. Vergeblich. Uschi Müller, stets in betonter Distanz zu der (damaligen) ›Kaiserin‹ Brigitte (und umgekehrt), lehnte ab: ›Mein Mäusi und ich machen das selber.‹« Anfangs sah Müller Schwans Wirken skeptisch. »Der Schwan hat schon dafür gesorgt, dass der Franz nicht das Spinnen anfängt.« In dem bisher nicht veröffentlichten Interview von 2005 sagt er auf die Frage, ob er sich nicht doch hätte besser vermarkten lassen können: »Ich wollte meine Ruhe. Mir ging's gut, wunderbar. Warum sollte ich mich beklagen? Über das Leben nach dem Fußball habe ich nie nachgedacht. Ich wollte Fußball spielen.« Neid aber kennt Müller nicht, »jeder soll herausholen, was geht«, lautet sein Credo. Obschon er weiß: »Heute würde ich zehn Millionen Euro im Jahr verdienen.«

13

Der Mensch Gerd Müller

Abergläubisch – und noch viel mehr

Fußballer sind abergläubisch. Fast ohne Ausnahme. Gerd Müller in seiner aktiven Karriere auch. Bei der WM 1970 trägt er die Rückennummer 13, »seither meine Glückszahl«. Der Mittelstürmer entwickelt darüber hinaus Anfang der Siebziger eine übersinnliche Vier-Stufen-Absicherung. Sie beinhaltet: ein Amulett, einen Schuh, einen Sitzplatz und die Ehefrau. Um Müllers Hals baumelt ein Amulett. Das Tragen von Halsketten sowie (Ehe-)Ringen war früher noch erlaubt in der Bundesliga. Sechs dieser Amulette, so behauptet der »Bomber«, will er im Laufe der Saison 1972/73 verloren haben. Er beklagt sich, dass sie ihm die Pirsigs dieser Welt, diese hartnäckigen und brutalen Manndecker, im Nahkampf abgerissen hätten. Sofort muss dann ein neues her, das Motiv spielt dabei keine große Rolle. Hauptsache ein Amulett. Sonst noch wichtig: Bevor es auf den Platz geht, zieht Müller immer erst den linken Schuh an. Am Spieltag sitzt er in der Abschlussbesprechung stets rechts neben Paul Breitner. »Das bringt nicht nur mir Glück, auch dem Paul.« Zum perfekten Glück fehlt dann noch die Ehefrau. Bei wichtigen Spielen hat Uschi bitte schön auf der Tribüne zu sitzen. Dann klappt's auch mit den Toren.

Wenn der »Bomber« zu Hause ist, muss das Abendessen um Punkt 18 Uhr auf dem Tisch stehen. Gekocht von seiner Frau natürlich, die aber von einer Sache ihre Finger lassen muss. Kaffee darf nur Müller selbst machen. Ohne Milch. Die mag der »Bomber« nicht wirklich. 1974 schließt er, vermittelt von Uli Hoeneß, einen

Werbedeal mit »Müllermilch« ab. Sein Text: »Die Buttermilch von Müller ist einfach klasse. Die ist g'sund, macht nicht dick und schmeckt einmalig gut.« Dem Reporter des *Kicker*, Werner-Johannes Müller, vertraut er damals nach dem Dreh an: »Stell dir das vor, ich musste 20 bis 25 Mal für die Kameras ein halbes Glas Milch austrinken. Dabei mag ich doch gar keine Milch.«

Das Geld macht's? Für den 2015 verstorbenen Meistertrainer Udo Lattek hätte Müller finanziell mehr aus sich machen können, »aber das war eben nicht sein Ding«. Dazu ist er zu scheu, zu zurückhaltend, teils auch unbedarft und naiv. Und andererseits zu gutmütig und gutgläubig, manchmal sogar ängstlich. Falsche Freunde schwirren um ihn herum, scheinbar hilfsbereite Berater nützen das aus. »Wenn einer hätte finanziell gesund sein sollen und müssen zu dieser Zeit, hätte es Gerd Müller sein müssen«, sagt Uli Hoeneß im Sommer 2015, »es gab keinen weit und breit, der das so verdient gehabt hätte.« Über Geld hat sich Müller keinen großen Kopf gemacht. »Ohne kannst du nicht leben«, meint er 2005, »aber ich habe immer gut verdient, auch heute. Das reicht.« Einer, der zu schnell zufrieden ist. »Weil er sich nicht so zur Wehr setzen konnte wie Paul Breitner und ich«, resümiert Hoeneß. »Es wäre schön gewesen, er hätte Berater gehabt, die sein Geld gut verwaltet und angelegt hätten sowie ihm die richtigen Ratschläge gegeben hätten. Er hat sich leider nie so intensiv damit auseinandergesetzt und dann danebengelangt. Seine sogenannten Berater haben ihn ziemlich abgeschirmt. Als er endlich all seine Berater zum Teufel gejagt hatte, haben wir uns um ihn gekümmert.« Schließlich hat Müller beim FC Bayern gespielt, ist also Familienmitglied.

Ordnet man Gerd Müller zutreffende Adjektive zu, kommt man an scheu und zurückhaltend sowie gutmütig und gutgläubig nicht vorbei. Aber das ist nur die eine Seite seines Wesens. Udo Lattek, von 1970 bis 1975 sein Trainer beim FC Bayern, singt 2013 das hohe Lied auf den »Bomber«: »Gerd Müller war der liebenswerteste Spieler, den ich jemals hatte. Ein aufrechter, ehrlicher Mann, der so viel gekonnt hat.« Abseits des Platzes sei Müller laut Lattek »höflich, nett, freundlich, zuvorkommend«, wie er im Juni 2003 der *GQ* verrät. Er könne sich nicht erinnern, »jemals wieder mit einem so angenehmen und sympathischen Spieler gearbeitet zu haben«. Elf weitere Müller-Attribute lassen sich treffend zuordnen: treu, ehrlich, warmherzig, generös, tierlieb, stur, introvertiert, ängstlich und trotz allen Ehrgeizes bescheiden und sogar demütig.

Der Treue:

Bis zu seinem Tod am 15. August 2021 waren Uschi und Gerd verheiratet – seit 1967. »Die ganz große Liebe seines Lebens sind seine Frau Uschi und Tochter Nicole«, sagte einmal Bayerns ehemaliger Trainer Dettmar Cramer. »Obwohl er morgens zum Training musste, ließ er seine Frau ruhen, zog sein Töchterchen an, holte mit Nicole an der Hand Brötchen und bereitete das Frühstück vor. So herzlich und uneigennützig ging er mit seiner Familie um.« Für Nicole nimmt er sich 1972 sogar den Schnauzer wieder ab, weil sie sich daran kratzt – beim Schmusen. Seine Tochter liebt er über alles. 1973 sagt Mama Uschi in der *Sport-Illustrierten*: »Wenn Gerd das Kind allein erziehen würde, dann wäre Nicole eines Tages das verzogenste Frauenzimmer Münchens. Zwischen beiden herrscht eine Affenliebe.«

Auch echten Freunden gegenüber ist Gerd meist treu. »All diese haben wir aus der Zeit, als ich noch ein Niemand war. Es sind meistens Leute aus Uschis Bekanntenkreis.« Oder sein ehemaliger Fahrlehrer, der später seine Sportgeschäfte führt und Nicoles Taufpate wird. Sein bester Kumpel aus dem Fußball neben Franz Beckenbauer: Fritz Kosar, Bayerns Ersatztorhüter der Aufstiegssaison 1964/65.

Der Ehrliche:

Wenn der »Bomber« nach Spielen der Bayern zur Leistung der Angreifer befragt wird, kommen oft Antworten wie: »Irre! Ich hab gedacht, das gibt's doch nicht. Aus den Chancen hätte ich drei Tore gemacht – mindestens.« Wohl eben weil er der größte Mittelstürmer aller Zeiten war, zeigt sich Müller teils brutal in seinem Urteil über andere. Doch loben kann er auch. Ein Streifzug durch Meinungen über seine Erben.

Karl-Heinz Rummenigge: »Kalle war über all die Jahre der konstanteste Stürmer, mit Abstand der beste zu seiner Zeit.«

Luca Toni: »Ein richtiger Bulle, ein Strafraumstürmer. Ganz schwer für die Verteidiger, da ranzukommen bei so einem massigen Körper.«

Roy Makaay: »Hat einen Torriecher wie ich und ist vor dem Tor eiskalt. Er nützt jede Chance, wenn er schießen kann.«

Giovane Elber: »Für mich einer der komplettesten Bayern-Stürmer. Er hat alles drauf, ist auch kopfballstark.«

Dieter Hoeneß: »Außer Kopfbällen konnte der Bruder vom Uli ja nicht so viel. Das war aber jetzt nicht bös gemeint.«

Roland Wohlfarth: »Zu ruhig. Dass er nur zwei DFB-Länderspiele gemacht hat, lag an seiner fehlenden Klasse.«

Diplomatische Aussagen sind nicht unbedingt Müllers Stärke. Ob er den Abstieg Aachens bedauert, wird er 1970 gefragt. In der Antwort steckt wenig Mitleid: »Schon, weil gegen die haben wir ja immer gewonnen.« Und kurz vor der Bundestagswahl 1969 verrät Müller entwaffnend ehrlich: »Ich habe noch nie gewählt und werde auch nicht wählen, es sei denn, es fällt mir noch was Gescheites ein.«

Der Warmherzige:
In seiner Zeit als Co-Trainer bei der zweiten Mannschaft des FC Bayern verteilt Müller an die Mitarbeiter auf der Geschäftsstelle immer mal wieder Schokolade, Nuss und Trauben-Nuss.

»Gerd war und ist sensationell, hat einem immer geholfen«, sagt Trainer Hermann Gerland. »Wenn Kinder kommen und Autogramme wollen, erfüllt er alle Wünsche – immer freundlich, immer nett.« Im Februar 1981 entdeckt Müller beim Hallenfußball in München den 21-jährigen Türken Zekai Yilmaz. Der Automechaniker, der in der Bezirksliga für den TSV Ottobrunn spielt, überzeugt den »Bomber« mit seinem Talent. Müller, damals in seiner dritten Saison bei den Fort Lauderdale Strikers, macht sich für ihn stark, und schon darf Yilmaz mit nach Florida und bei den Strikers mittrainieren. Der Verein übernimmt Kosten und Logis – doch den Durchbruch schafft der Türke nicht.

Der Generöse:
Sein Mitgefühl gilt den Armen und Schwachen. Im Frühjahr 1967 springt Müller kurzfristig als Trainer beim Münchner B-Klassen-Verein Schwarz-Blau ein, der mit 0:28 Punkten am Tabellenende hängt.

Müller gibt auch gerne was aus, mit Vorliebe bei seinem Lieblingsitaliener »Da Fausto«, zu dem er häufig die gesamte Amateurmannschaft zu Pasta-Abenden einlädt. »Wenn wir in den Trainingslagern ein Eis essen waren, hat immer Gerd bezahlen wollen«, erzählt Gerland. »Ich sagte: ›Bomber, ich hab auch Geld, lass mich zahlen.‹ Keine Chance. Ich kam einfach nicht dran.« Was Müller dagegen richtig ärgert, sind die »Benzinpreise«, wie er sagt, und er fügt lachend hinzu: »Mein größter Feind ist das Tanken. Da hatte ich schon immer einen Schlag.«

Der Tierliebe:
»Ich war erst kurz mit meiner Frau verheiratet, und da sind wir eines Tages an einer Tierhandlung vorbeigekommen. Da war in einem Schaufenster ein kleiner Spaniel, der von den anderen Hunden dauernd gebissen und weggeschoben wurde. Das hat mich so aufgeregt, dass ich zu meiner Frau gesagt hab: ›Komm, da gehen wir rein, den Kleinen nehmen wir mit‹«, erzählt Müller 1978 in einer Ausgabe des *Fußball Magazins*. So kommt Stupsi, ihr erster Hund, in den Müller-Haushalt. »Der Blick hätte jeden erbarmt«, beichtet Müller, ab diesem Zeitpunkt Hundenarr. Später haben die Müllers Schäferhund Assia, ein Geschenk von Freunden.

Der Sture:
Weil er nicht der Lautsprecher in den Mannschaften ist, in denen Müller spielt, gibt er sich wenigstens konsequent bis hin zur Sturheit. Paul Breitner meint: »Ich habe mich mit Gerd nie gestritten. Gerd ist ein wunderbarer, liebevoller, positiver, immer freundlicher Mensch. Wenn überhaupt, ist der Franz mal laut geworden, dann war Gerd eingeschnappt.« Und wenn er beleidigt ist, dann gibt er sich erst recht stur. Wie nach seinem Rücktritt aus der Nationalelf im Anschluss an den WM-Titel 1974. »Wenn er sich etwas in den Kopf gesetzt hatte, war es ganz schwer, ihn umzustimmen. Gerd war jähzornig und stur. Wir haben versucht, ihn umzustimmen – keine Chance«, beschreibt Hoeneß. »Für ihn war es eine Befreiung. Die vielen Reisen mit der Nationalelf waren nicht seine Welt. Er war ein Familienmensch und wollte Zeit mit seiner Familie verbringen, seine Freizeit haben.« Der Rücktritt ist zwar geplant, dennoch bezeichnet Müller ihn als seine Schwäche: »Ich kann mich nicht immer so beherrschen, wie ich möchte.«

Der Introvertierte:
»Wenn du von einem kleinen Verein zum FC Bayern kommst, bist du anfangs schüchtern. Mit der Zeit, so war es bei mir, wirst du immer freier und lockerer«, erzählt »Bulle« Roth, »das war beim Gerd nie der Fall. Er blieb immer verschlossen.« Geht die Mannschaft noch einen trinken, fehlt Müller. Wird ein Titelgewinn noch ausgiebig gefeiert, fehlt Müller. Der »Bomber« geht auch jedem Streit aus dem Weg. »Er hat mal gemurrt, wenn er mit einer Sache nicht einverstanden war, aber sich nie wirklich aufgeregt«, erinnert sich Sepp Maier, »Gerd hat vieles in sich hineingefressen.« Das Münchner Glamour-Leben ist nicht seine Welt, mit der »Schickeria kann ich nichts anfangen«. Die Taktik des Ehepaars Müller für einen ruhigen Abend im Restaurant: »Wenn wir ausgehen, dann nur in exklusive Speiselokale. Dort sind die anderen Gäste selbst so prominent, dass sie sich nicht um mich kümmern.« Einladungen zum Wiener Opernball oder zu Lohengrin nach Bayreuth hat er immer abgelehnt, geht lieber zu seinem Stammtisch mit »echt guten Freunden«. »Mich hat's immer gegraust davor«, meint er und fügt in seinem unverwechselbaren Bayerisch-Schwäbisch hinzu: »I mog die Party-Deppen ned.«

Der Ängstliche:
Die Flugangst war und ist sein ständiger Begleiter. »Ich habe immer mit ihm gelitten, wenn er dasaß und gezittert und geschwitzt hat«, gesteht Breitner. Hoeneß sagt, Müller sei nie gerne gereist. »Einmal habe ich ihn bei einem Landeanflug auf Bogota beobachtet. Das war furchtbar, er ist fast gestorben vor Angst.« Weniger schlimm, aber doch unangenehm: Müllers Kamera-Allergie. »Ihn zu einem Interview zu überreden war eine sehr große Herausforderung, fast ein Ding der Unmöglichkeit«, erinnert sich *BR*-Reporter Fritz von Thurn und Taxis. »Als er 1977 bis 79 Kapitän war, musste er. Damals hatte ich als Moderator von *Blickpunkt Sport* Gerd und den damaligen Trainer Lóránt zu Gast im Studio. Lóránt war der Entertainer, hat viel geredet. Müller hat kaum was gesagt, meist nur verlegen geschaut. Im Grunde wollte er nie vor die Kamera, sagte meist: ›Nehmt's doch den Uli oder den Franz!‹« Seine Auftritte rufen sogar Mitgefühl hervor. Dr. Wilfried Sponsel, der Stadtarchivar von Nördlingen, sagt: »Wenn der Gerd beim Harry Valérien im ZDF-*Sportstudio* war, hat man doch immer vorm Fernseher gesessen und gedacht: Hoffentlich geht alles gut.«

Der Ehrgeizige:
Selbst nach Ende seiner aktiven Karriere und trotz gesundheitlicher Probleme kann er es nicht lassen und spielt in den Neunzigern noch lange bei den Montagskickern des FC Bayern mit – und will auch beim Spielchen mit Angestellten, Physiotherapeuten und Funktionären nie verlieren. »Hin und wieder habe ich da mitgespielt und musste feststellen: Gerd war noch wahnsinnig gut drauf. Er wusste ganz genau, was er machen musste und was nicht«, erzählt Gerland. Müller hat seinen Spaß, lässt sich sogar fit spritzen. In der DFB-Traditionself beispielsweise erzielt er beim 6:2 am 6. Juni 1995 gegen Germania Ilmenau (Thüringen) einen Hattrick – ganz wie früher.

Der Bescheidene:
Schon in der Jugend in Nördlingen fällt auf: »Gerd war nie überheblich oder großkotzig, hat nie raushängen lassen, dass er besser ist als andere«, so Joachim Feix, sein ehemaliger Mitspieler. Bei Bayern tritt er ebenfalls bescheiden, niemals arrogant auf. »Er war ein Star, hat das aber gegenüber Reservespielern nicht zur Schau gestellt, sondern mit jedem geredet oder Karten gespielt«, beobachtet »Katsche« Schwarzenbeck. Angesprochen auf seine Popularität, wiegelt Müller stets ab: »Dass ich berühmt geworden bin, ist mir eigentlich wurscht.« Oder: »Als Star habe ich mich nie gefühlt. Ich wollte viel lieber etwas mit meinen normalen Freunden zu tun haben als mit all dem anderen.« Auch übertriebener Luxus ist ihm fremd: »Ich kann doch nicht mehr als ein Schnitzel essen am Tag«, sagt er. Müllers Bescheidenheit bündelt sich in der Frage: »Kann ich auf einmal in elf Zimmern wohnen?«

Der Demütige:
Der »Bomber« vergisst nie, wo er herkommt. So tritt er auch später bei der zweiten Mannschaft des FC Bayern auf. Als Weltmeister unter lauter Möchtegern-Profis, die versuchen, beim Rekordmeister Fuß zu fassen. »Gerd war stets bescheiden, hat sich nie etwas herausgenommen. Er hat nie seine Erfolge betont«, sagt Gerland, für den Müller Everybody's Darling am Trainingsgelände ist. Auch weil Müller stets alle Mitarbeiter grüßt und alle gleich behandelt, ob die Waschfrau oder den Vorstandsvorsitzenden. »Gerd war ein sehr demütiger Mensch, Neid war ihm fremd. Er war

stets aufgeschlossen, immer freundlich und lustig«, sagt Nationalelf-Kollege Jupp Heynckes, »wir haben uns wunderbar verstanden, sind Freunde geworden.« Auch Mitspieler »Bulle« Roth imponiert die Demut: »Gerd ist ein wunderbarer Kamerad, der immer auf dem Teppich geblieben ist.«

Und einer, der auch gönnen kann. Speziell Miroslav Klose gegenüber, der Müllers Marke mit 68 Treffern im Nationaltrikot übertrifft. Im September 2013 zieht der Stürmer von Lazio Rom im WM-Qualifikationsspiel gegen Österreich gleich, erzielt beim 3:0 den Führungstreffer. Und das ausgerechnet in München und damit vor den Augen von Müller, der mit seiner Frau Uschi einer Einladung des DFB zum Jahrestreffen »Club der Nationalspieler« gefolgt ist. 68:68 – die Torquote jedoch spricht klar für den »Bomber der Nation«: Müller benötigte lediglich 62 DFB-Einsätze für die 68 Tore, Klose dagegen 129 Länderspiele. »Es ist ein absoluter Witz, mich mit Gerd zu vergleichen«, betont Klose bescheiden, »ihn darf man mit niemandem vergleichen. Was Gerd Müller geleistet hat, die Anzahl der Spiele und der Tore, ist einmalig. Das habe ich ihm auch schon persönlich gesagt.« Die beiden schätzen sich. »Es ist doch schon länger nur noch eine Frage der Zeit, bis er meinen Rekord bricht. Ich freue mich sehr für ihn«, sagt Müller. »Miro ist ein großartiger Stürmer und ein toller Bursche, den ich in seiner Zeit bei Bayern kennengelernt habe. Das hat er verdient.« Wenn einer ihm als Stürmertyp am nächsten komme, so Müller, dann Klose. »Der hat den richtigen Riecher, steht vorne drin und macht das Ding.«

Kurz vor der WM 2014 in Brasilien ist es dann so weit, Klose überholt den »Bomber«: Der Ex-Bayern-Stürmer steigt mit seinem 69. Länderspieltor beim 6:1 im Test gegen Armenien zum alleinigen Rekordtorjäger der deutschen Nationalmannschaft auf. Der damals 35-Jährige überbietet die 40 Jahre alte Bestmarke von Gerd Müller in seinem 132. Länderspiel mit dem Tor zum 4:1. In der *SZ* vom 5. März 2014 würdigt Klose noch einmal Müllers Lebensleistung: »Rekorde, sagt man, sind dazu da, eingestellt zu werden. Und bei dem, was ich tagtäglich gemacht habe, um dorthin zu kommen, bin ich richtig stolz. Aber ich würde mich nie, nie, nie mit dem Gerd vergleichen. Weil der ›Bomber‹ einfach der Beste war. Er hat alles gehabt. Er hatte diesen Abschluss, er hatte diesen Riecher, den man als Stürmer haben muss.«

Auch beim FC Bayern vergisst man Gerd Müller nie. Um ihm öffentliche Auftritte zu ersparen, ehrt man den größten Stürmer der Vereinsgeschichte in seinen letzten Jahren mit anderen Aufmerksamkeiten. In der Saison 2010/11 sitzt der Assistenztrainer der zweiten Mannschaft jedem Profi buchstäblich im Nacken. Im Kragen der Heimtrikots des FC Bayern ist sein Konterfei eingewebt. Der Anlass: das 110-jährige Vereinsjubiläum. Daher ist das Design der neuen Heimdresse an Trikots von 1900 angelehnt und soll an die erfolgreichen Sechziger- und Siebzigerjahre erinnern. Im ersten Spiel in den neuen Kleidern, einem 3:1 gegen den VfL Bochum am 1. Mai 2010 in der Allianz Arena, trifft drei Mal – na, wer schon? –, ja, Thomas Müller.

Und dieser neue Müller verhilft Gerd Müller zu einem Werbe-Comeback. Dafür muss er jedoch 36 Jahre nach dem ersten TV-Spot noch einmal eine Menge Milch trinken. Beim neu aufgelegten Dreh für »Müllermilch« hat er jedoch eine Menge Spaß, weil er mit Thomas Müller, kurz zuvor Torschützenkönig der WM 2010 in Südafrika geworden, vor der Kamera steht. Gedreht wird der Spot im Oktober 2010 im »Hotel Limmerhof« in Taufkirchen, eine Zeit lang das Mannschaftshotel des FC Bayern vor Heimspielen. »Natürlich mussten wir das ein paar Mal versuchen, ein paar Varianten drehen, damit die Produzenten was im Kasten hatten«, sagt Thomas Müller, »für mich war es eine Riesenehre, bei diesem TV-Spot mit meinem Vorbild Gerd dabei zu sein.« Der »Bomber«, der im Spot eine Milch aus dem Kühlschrank stibitzt, meint hinterher: »Der Dreh mit Thomas hat großen Spaß gemacht. Das Zusammenspiel klappte auch auf engstem Raum perfekt. Thomas ist ein netter Kerl, kein Spinner. Er ist ein Supertyp, man kann mit ihm gut reden, sich gut unterhalten und Späße machen. Auf dem Platz ist er ein Kämpfer, der nie aufgibt.«

Ihren »Bomber« hat die Bayern-Familie niemals im Stich gelassen. Sie wissen, warum. »Ich verdanke Gerd alles«, sagt Paul Breitner, »er ist für mich unantastbar, ganz oben – und bis heute unerreicht.« Auch Uli Hoeneß macht beim Gespräch in seinem Büro im Juli 2015 noch einmal deutlich: »Wenn der Gerd nicht gewesen wäre, gäbe es den FC Bayern in der heutigen Form nicht. Das habe ich verinnerlicht. Alles, was an der Säbener Straße steht, hat irgendwie auch mit ihm zu tun.

Ohne seine Tore, ohne seine Willensstärke wäre der FC Bayern womöglich nicht da, wo er heute ist. Das darf man bei allem Streben nach Titeln und wirtschaftlichem Erfolg nie vergessen.« Paul Breitner, obwohl nicht immer auf einer Wellenlänge mit seinem ehemaligen Mitspieler, sagt in einem Interview auf der 2015 nochmals herausgebrachten Kult-DVD *Profis*: »Gerd Müller ist der wichtigste und größte Fußballer, den Deutschland nach 1954 gehabt hat. Gerd Müller ist der FC Bayern, Gerd Müller ist die deutsche Nationalmannschaft. Oder andersrum: Der FC Bayern und die Nationalelf sind das, was sie geworden sind, durch Gerd Müller. Weil er derjenige war, der die Pokale und die Titel gebracht hat – kein anderer. Du kannst fünf Beckenbauers haben, fünf Netzers haben – wenn du nicht gewinnst, nützt dir das nicht viel. Du brauchst denjenigen, der dir – egal, wie ein Spiel läuft – das entscheidende oder die entscheidenden Tore macht. Und dann kannst du dich Schritt für Schritt weiterentwickeln.«

Als Müller in den Alkohol abrutscht, sind seine alten Freunde da. Hoeneß und Beckenbauer überreden ihn zu einer Entziehungskur. Als Müller durch falsche Freunde und zwielichtige Berater viel Geld verliert, springt ihm der FC Bayern zur Seite. »Das war für uns selbstverständlich«, sagt Hoeneß.

Das Leiden des »Bombers«

Gerd Müller verstarb am 15. August 2021 im Alter von 75 Jahren in einem Pflegeheim in Wolfratshausen, südlich von München gelegen. Man musste seit etwa einem halben Jahr jeden Tag mit der schrecklichen Nachricht rechnen. Müller lag im Sterben und wurde seit längerem nur noch palliativ behandelt. Sein Tod war leider nur noch eine Frage der Zeit.

Man kann nur hoffen, dass es so gekommen ist, wie seine Ehefrau Uschi es wenige Wochen vor dem Tod angesichts der unablässig fortschreitenden Demenz infolge seiner Alzheimer-Erkrankung formuliert hatte: „Er schläft langsam hinüber." Uschi Müller, die ihren Mann seit Dezember 2014 jeden Tag in der Einrichtung besuchte und pflegte, bis sie wegen strenger Auflagen in der ersten Welle der Corona-Pandemie drei Monate Besuchsverbot hatte, hoffte inständig, „dass er nicht nachdenken kann über sein Schicksal, über eine Krankheit, die dem Menschen die letzte Würde raubt". Zuletzt war sie froh, wenn er wenigstens ihre Stimme, die Stimme der ihm seit der Hochzeit 1967 nahestehendsten Person, erkannte. In den letzten zwei Wochen vor seinem Tod wollte er kaum noch etwas essen, kaum noch etwas trinken. Den Kampf gegen das Vergessen hatte Müller bereits verloren, nun mochte auch der Körper nicht mehr. In der Nacht auf den 15. August 2021 ist er sanft entschlummert.

In der zweiten September-Woche wurde Müller im Beisein seiner Frau und seiner Tochter, der engsten Freunde und Wegbegleiter in Straßlach bei München beigesetzt. Unter den Trauergästen am Grab und beim Leichenschmaus in der Gaststätte Roiderer: Franz Beckenbauer (76), Karl-Heinz Rummenigge (65), Uli Hoeneß (69), Paul Breitner (70) und Hermann Gerland (67).

„Die Welt des FC Bayern steht still", schrieb der Rekordmeister auf der Homepage, die am Tag der Todesnachricht komplett in schwarz-weiß gehalten war. „Es ist ein trauriger, schwarzer Tag für den FC Bayern. Gerd Müller war der größte Stürmer, den es je gegeben hat - und ein feiner Mensch, eine Persönlichkeit des Weltfußballs", sagte Präsident Herbert Hainer tief betroffen. Vorstandsboss Oliver Kahn bezeichnete „kleines dickes Müller", wie ihn der frühere Bayern-Coach Tschik Cajkovski zu Beginn von Müllers Karriere Mitte der 60er Jahre liebevoll nannte, als „eine der größten Legenden in der Geschichte des FC Bayern, seine Leistungen sind bis heute unerreicht und werden auf ewig Teil der großen Geschichte des FC Bayern und des gesamten deutschen Fußballs sein. Gerd wird für immer in unseren Herzen sein."

Wegen der Demenz aufgrund einer Alzheimer-Erkrankung war es in den letzten Jahren still geworden um Müller, er führte schon vor der Einweisung ins Pflegeheim ein zurückgezogenes Leben. Seit Herbst 2014 konnte er seinem Job als Assistenztrainer des FC Bayern – seiner Leidenschaft und Berufung – nicht mehr nachgehen. Gedächtnis- und Sprachstörungen setzten ihm immer häufiger zu, sein Zustand verschlechterte sich von Woche zu Woche. Trotzdem kam er weiterhin jeden Tag zum Trainingsgelände der Münchner in der Säbener Straße, um ein paar Stunden in gewohnter Umgebung zu verbringen.

»Mit der großartigen Unterstützung seiner Ehefrau und der vorbildlichen Loyalität des FC Bayern München ist es über viele Jahre perfekt gelungen, Gerd Müller ins Vereinsleben zu integrieren«, sagt Professor Dr. Hans Förstl, Müllers behandelnder Arzt. »Trotz unübersehbarer Zeichen seiner Erkrankung wurde er von der Bayern-Familie, den Fans und den Medien mit Sympathie und großem Respekt behandelt. Das war sehr wichtig, weil es jedem Menschen mit einer beginnenden Alzheimer-Demenz nur zu wünschen ist, dass er sich so lange wie möglich in seinem vertrauten Umfeld, in dem er sich wohlfühlt, aufhalten kann.«

Doch die Krankheit nahm Gerd Müller mehr und mehr in Besitz, griff seinen Geist an und beeinträchtigte seine Motorik. Nach eingehenden Untersuchungen im Rahmen eines General-Checks im Klinikum rechts der Isar stellten die behandelnden Ärzte im Dezember 2014 fest, dass Müller aufgrund der fortgeschrittenen Erkrankung nicht wieder nach Hause zurückkehren könne. Selbst Alltagsroutinen wie die körperliche Hygiene oder kleine Besorgungen stellen ihn vor zu große Schwierigkeiten. In seiner Wahrnehmung verlieren Zeit und Ort Kontur und

Sinn. An schlechten Tagen erkennt Müller wenige Wochen und Monate vor seinem 70. Geburtstag am 3. November 2015 niemanden mehr außer seiner Frau Uschi. So weit war seine Krankheit damals fortgeschritten.

»Es ist furchtbar. In den letzten Jahren kam er noch relativ regelmäßig an die Säbener Straße, ließ sich von den Physiotherapeuten behandeln, fuhr zu den Spielen der zweiten Mannschaft mit, dann aber kam die Demenz«, sagt Bayerns ehemaliger Spieler, Manager und Präsident Uli Hoeneß. Frühere Mitspieler und Kollegen besuchen das Ehepaar Müller regelmäßig. Man geht gemeinsam spazieren und unterhält sich – so gut das eben geht. »Uschi kümmert sich aufopferungsvoll um Gerd, steht ihm immer zur Seite – Tag und Nacht. Unvorstellbar, was sie geleistet hat. Vor ihr ziehe ich den Hut. Es ist wirklich nicht leicht, was sie durchmacht«, sagte Hoeneß im Sommer 2015 und fügte hinzu: »Wir helfen Gerd, wo es nur geht.«

Demenz ist ein Massenleiden, eine Volkskrankheit geworden. Allein in Deutschland schätzt die Deutsche Alzheimer Gesellschaft die Zahl der Demenzkranken auf 1,5 Millionen, zwei Drittel von ihnen leiden unter Alzheimer. Pro Tag kommen den Schätzungen zufolge 100 neue Fälle hinzu, jedes Jahr rund 300 000. Hält die Entwicklung an, so wird es im Jahr 2050 rund 2,6 Millionen Betroffene geben. Weltweit sind bisher circa 35 Millionen Menschen erkrankt, und die Patienten werden immer jünger. Nach Angaben der Alzheimer's Association ist die Krankheit in den USA bereits die sechsthäufigste Todesursache.

Dass Gerd Müller über die Jahre abgebaut hatte, blieb beim FC Bayern natürlich nicht verborgen. Die rapide Verschlechterung seines Zustands war für viele dennoch ein Schock. »Vor ein paar Jahren habe ich ihn als Co-Trainer der zweiten Mannschaft erlebt, wie er noch voller Tatendrang war. Wir haben uns immer gefreut, wenn wir uns gesehen haben«, sagt Ehrenpräsident Franz Beckenbauer. Auch Jupp Heynckes, der zusammen mit Hoeneß und Beckenbauer dank der Müller-Tore 1972 Europa- und 1974 Weltmeister wurde, empfindet tiefes Mitgefühl mit dem einstigen Sturmpartner. »Es ist tragisch, wenn man sieht, dass sich solch ein wunderbarer Mensch nicht mehr selbstständig versorgen kann. Diese Krankheit ist das Schlimmste, was einem Menschen passieren kann.«

Im Oktober 2015, wenige Wochen vor Müllers 70. Geburtstag, verfasste der FC Bayern eine Pressemitteilung, in der man die Alzheimer-Erkrankung öffentlich machte. Darin appellierte der Verein: »Seine Frau Uschi bittet deshalb um Verständnis dafür, dass es zu seinem 70. Geburtstag keinerlei offizielle Termine und Besuche geben wird.« Auch fünf Jahre später, zu seinem 75. Ehrentag, natürlich ebenso wenig.

Im Juli 2011 gab es zum ersten Mal großen Aufruhr um den Gesundheitszustand von Gerd Müller. Während eines Trainingslagers der zweiten Mannschaft des FC Bayern in Norditalien hatte der damals 65-Jährige das Teamhotel verlassen und war Stunden später in der Innenstadt von Trient aufgefunden worden – »verwirrt und desorientiert«, wie italienische Medien berichteten. Zuvor hatten sich auch Vereinsangestellte und Spieler an der Suche nach dem Assistenztrainer beteiligt. Die Polizei fand Müller schließlich auf einer Parkbank am Bahnhof von Trient und brachte ihn zurück ins Mannschaftshotel. Am nächsten Tag holte ihn seine Frau Uschi ab. Ab diesem Zeitpunkt war Müller in den Trainingslagern der zweiten Mannschaft nicht mehr dabei und reiste zu Auswärtsspielen nur noch selten mit. Nach und nach versuchten der Verein und Müllers Frau, sich mit der Krankheit zu arrangieren.

Nachdem Gerd Müller zu Beginn der 90er-Jahre seine Alkoholkrankheit überwunden hatte, zogen sich die ohnehin zurückhaltenden Müllers vollständig aus der Münchner Gesellschaft zurück und bewegten sich nur noch in ihrem vertrauten Freundeskreis. Auch deswegen forderte der FC Bayern die Medien zu einem sensiblen Umgang mit der Erkrankung des »Bombers« und zum Respekt vor der Privatsphäre der Betroffenen auf. Aus Anerkennung der Lebensleistung Müllers vereinbarte man mit den Medien einen stummen Pakt, an den sich bis zur Veröffentlichung der Pressemitteilung durch den Verein alle Beteiligten hielten. Von der zweiten Saisonhälfte 2012/13 an fiel es Müller aufgrund seiner vorangeschrittenen Krankheit immer schwerer, seinen Aufgaben als Assistenztrainer der zweiten Mannschaft nachzukommen. Dennoch kam er weiter an die Säbener Straße, um sich auf dem Fahrradergometer ein wenig sportlich zu betätigen, in die Sauna zu gehen und sich bei der Massage zu entspannen. Die Spieler behandelten ihn weiterhin respektvoll, Müller blieb einfach Teil der Bayern-Familie. Bei den Heimspielen saß er auf der Trainerbank, an den Besprechungen in der Kabine nahm er jedoch nicht mehr teil. Gerd Müller hatte man inzwischen einen eigenen Fahrer zur Seite gestellt, er reiste nicht mehr mit dem Mannschaftsbus.

Wenn er aus seinem vertrauten Umfeld gerissen wurde, begannen allerdings die Schwierigkeiten. »Noch vor einigen Jahren konnte Gerd detailliert aus Spielersitzungen von der WM 1974 erzählen oder zum Beispiel vom damaligen Bankett, wer was gesagt hat, wer an welchem Tisch saß«, erinnert sich Mehmet Scholl. »Deshalb ist das alles ja so tragisch«, fügt der Ex-Profi hinzu. Auch ihn, der darauf bestanden hatte, dass Müller sein Assistenztrainer beim FC Bayern II wurde, nimmt die Alzheimer-Erkrankung von Müller sehr mit. Die Verantwortlichen der Bayern unterstützen die Familie Müller und helfen, soweit es nur möglich ist. Das alles geschieht aber im Verborgenen und ohne großes Aufsehen. Angesichts der Erkrankung betont Rummenigge in der Presseerklärung: »Wir bitten in dieser für ihn und seine Familie nicht einfachen Situation um den nötigen Respekt. Gerade Gerd, für den Werte wie Freundschaft und Fairplay von großer Bedeutung sind, hat es verdient, dass alle sensibel mit seiner Erkrankung umgehen und seine Privatsphäre respektieren. Dies ist nicht nur der ausdrückliche Wunsch seiner Familie, sondern auch des FC Bayern. Wir werden Gerd Müller immer helfen, wann und wo das nötig ist.«

Ganz besonderen Halt geben Müller gewachsene persönliche Kontakte. »Als ich Gerd letztens wieder einmal besucht habe, hat er mich erkannt, das habe ich gespürt«, erzählt Hermann Gerland, der mit Müller viele Jahre die Amateure betreute. »Ich habe ihm dabei Grüße von seinen ehemaligen Spielern ausgerichtet, speziell von Thomas Müller, David Alaba und Bastian Schweinsteiger. Da kamen Gerd die Tränen. Er hat geweint.«

Wie so viele Verehrer von Müller bei den Würdigungen nach seinem Tod. Vor dem 3:2 des FC Bayern im Bundesliga-Heimspiel gegen den 1. FC Köln am 22. August 2021 wurde vor dem Anpfiff in der Allianz Arena der verstorbenen Vereinslegende gedacht. Am Zaun unterhalb der Südkurve hing ein Transparent mit der Würdigung für den einstigen Bomber der Nation: „Einsatz und Identifikation - eine Legende des FC Bayern. Ruhe in Frieden, Gerd Müller!“ Dann kam die Zeit der emotionalen Reden, gehalten am Mittelkreis. Erst Präsident Herbert Hainer („Gerd war einer der Allergrößten und hinterlässt uns ein Vermächtnis“), gefolgt von Ex-Mitspieler und Weggefährte Uli Hoeneß, der sehr bewegt wirkte. Der Ehrenpräsident begann mit „Mein lieber Gerd" und würdigte explizit Müllers im Stadion anwesende Ehefrau Uschi für die tagtägliche, aufopfernde Betreuung ihres Ehemannes. „Eine mörderische Krankheit", so Hoeneß, habe das Leben des einstigen Torjägers zerstört. In seiner rührenden Rede sprach der Ehrenpräsident weiter: „Wir werden dich sehr vermissen und niemals vergessen. Du hast dem FC Bayern das Siegen beigebracht, durch einen wie dich ist das Mia-san-mia entstanden. Dankeschön!" Es folgen Gerd-Müller-Sprechchöre im Stadion. Während der Gedenkminute brandete lautstarkes Klatschen der aufgrund der damals gültigen Anti-Corona-Maßnahmen lediglich 20.000 zugelassenen Zuschauer auf, die Spieler beider Teams trugen Trauerflor. Nach Abpfiff erstrahlt die Arena wie bereits kurz nach Müllers Tod ein weiteres Mal mit dem Schriftzug „Danke Gerd" - Weiß auf Rot.

Natürlich würdigte auch der Deutsche Fußball-Bund die verstorbene Legende – und zwar vor dem WM-Qualifikationsspiel der deutschen Nationalelf gegen Armenien (6:0) am 5. September 2021 in Stuttgart. „Der Strafraum war Deine Heimat - Der ‚74er Stern trägt Deinen Namen - Der Bomber der Nation - Unvergessen", stand auf einem Spruchband in der Fankurve der Stuttgarter Arena. Dazu wurde per Fan-Choreographie mit schwarz auf weiß der riesige Schriftzug „GERD 13" dargestellt. Beim WM-Triumph 1974 hatte Müller diese Rückennummer getragen. Die Spieler versammelten sich vor Anpfiff um den Mittelkreis, in dem ein großes Trikot mit der „13" lag, zur Schweigeminute, die in langanhaltenden Beifall mündete. Auch wenn nur 18.000 Zuschauer aufgrund der Corona-Bestimmungen zugelassen waren – ein absoluter Gänsehaut-Moment.

Der »Bomber« und wir

Von Patrick Strasser

Ein Löwe? Ein Kahn? An was denken Sie da?

Fast 16 Jahre Fußballjournalismus habe ich nun hinter mir. Das prägt. Ein Löwe ist in meiner ersten Assoziation ein (meist hadernder, trauernder) Fußballer des TSV 1860 München und kein Tier. Ein Kahn ist in meiner Wahrnehmung kein Schiffchen, sondern Oliver Kahn, der (meist brüllende, feiernde) Torwart des FC Bayern München.

Und der »Bomber« ist Gerd Müller. Geht es Ihnen auch so? Ist doch ein Segen, dass man »Bomber« hört und nicht an ein Kriegsflugzeug, sondern an den erfolgreichsten Torjäger aller Zeiten denkt, an »kleines, dickes Müller«, kurz: an den Größten.

Ich sah Müller nie müllern, dafür bin ich zu jung. Als ich geboren wurde, war die deutsche Nationalelf dank Müller bereits Europa- und Weltmeister, der FC Bayern gerade auf dem Weg zum zweiten Triumph im Europapokal der Landesmeister. Nicht ganz ausgeschlossen, dass ich in den Tagen rund um das WM-Finale 1974 von München gezeugt wurde. Die Rechnung könnte aufgehen. Ich frag noch mal nach.

Als ich in die Schule kam, hatte der »Bomber« seine Karriere schon beendet, als ich Abitur machte, den Alkohol besiegt und bei Bayern als Assistenztrainer sein Glück gefunden. Weil ich als junger Reporter erst über die Löwen berichtet habe und noch nicht über den Kahn, muss meine erste Begegnung mit Müller Anfang der 2000er gewesen sein. Ich traf ihn meist auf den Stufen zum Eingang der Bayern-Geschäftsstelle an der Säbener Straße. Man musste schnell sein als Interviewer. »Herr Müller, ganz kurz, ein Wort bitte zu …« War man zu langsam, verschwand er in der Geschäftsstelle oder in seinem Auto, strategisch in Sichtweite geparkt. Müller redete ungern mit Journalisten, war immer auf dem Sprung.

Und wenn doch, dann schimpfte er – auf die Stürmer, seine Artgenossen, seine Erben. Verständlich. Oder fand ein Pablo Picasso jedes Gepinsel seiner Nachfahren toll? Hatte man Müller mal in ein Gespräch über Elber, Makaay, Toni, Podolski, Gomez oder Klose verwickelt, flogen die Gedanken ungefiltert aus seinem Mund nur so heraus: »Der kann gar nix! So ein Blinder! Und der hat gar nicht verdient, dass man ihn überhaupt mitspielen lässt.« Puh. Guter Stoff für einen Reporter: Müller zerlegt seine Nachfolger.

Ich fuhr zurück in die *Abendzeitung*, wo mich die Sportchefs Gunnar Jans und Michael Schilling fragten: »Na, wie war's mit dem ›Bomber‹? Was sagt er?« Ich machte ein betretenes, schuldiges Gesicht: »Ach, nix Besonderes. Keine gute Story. Müller war relativ sanft gegenüber den Stürmern. Damit können wir wenig anfangen. Leider.« Ich hatte den »Bomber« entschärft. Sorry, Gunnar, entschuldige, Michael, ob der späten Erklärung. Leider kam damals manchmal nur eine abgesoftete Version der Story in die *AZ*. Ich bin ehrlich: Weil mir Müller leidtat. Weil er zwar wusste, dass seine Meinung als ultimative Stürmer-Instanz immer von großer Bedeutung war, und höflich genug war, um hin und wieder Rede und Antwort zu stehen. Aber vor allem, weil der schönste Moment des Gesprächs für ihn meist die Verabschiedung war. »Haben wir's jetzt?«

2009 sprach ich mit Müller über Uli Hoeneß, als ich ein Buch über den Manager schrieb. 2015 war es umgekehrt. Uli Hoeneß sagte zu, für dieses Buch mit mir über Gerd Müller zu sprechen. Gute Freunde.

Überhaupt: Niemand sagte ab. Die Lage der Bayern? Das dritte Jahr unter Pep Guardiola? Nein, nicht jetzt. Ein anderes Mal. Gerd Müller? Klar, sofort. Danke dafür.

Franz Beckenbauer hat stets den »Holzhäusl-Vergleich« bemüht, wenn es um die Wichtigkeit des »Bombers« ging. Dass sich die Bayern vielleicht heute noch in dem Holzschuppen an der Säbener Straße umziehen würden, hätte nicht Gerd Müller den modernen FC Bayern mit seinen Toren erbaut.

Daran hat mich auch Paul Breitner erinnert. »Der FC Bayern und die Nationalelf sind das, was sie geworden sind, durch Gerd Müller. Und ich auch.« Dann fügte er hinzu: »Das gilt für dich genauso, Patrick. Womöglich hättest du heute einen ganz anderen Job.«

Kann gut sein. Danke, »Bomber«.

Ruhe in Frieden!

Gibt es im Himmel einen Bolzplatz, wird Müller nun dort sein Unwesen treiben. Kurze Drehung und rein das Ding. Wenn es einmal blitzt und donnert, ist es kein Gewitter. Dann macht es bumm – da oben. Hier unten bleiben Müller und seine Tore unvergessen.

Von Udo Muras

Gerd Müller kam in mein Leben und ging gleich wieder. Unsere erste Begegnung war eher flüchtig und doch prägend. Im Juni 1974 holte mein Vater einen Schwarz-Weiß-Fernseher in unser Haus, gebraucht, von irgendwelchen Leuten, die jetzt einen Farbfernseher hatten. Die ganze Familie führte ihn im Triumphzug mit dem Handwagen nach Hause. Schließlich war ja WM in Deutschland, und wer en vogue sein wollte, musste doch wissen, wer da gegen wen die Tore schoss. So traf ich auf Gerd Müller. Das erste Tor, das ich von ihm sah, war gegen die Jugoslawen. Im Liegen. Ich weiß nicht mehr, ob der Reporter von einem »typischen Müller-Tor« sprach, und wenn er es tat, hätte ich sicher nicht gewusst, was er meint. Mit acht Jahren ist die Begriffswelt der Erwachsenen noch ein Buch mit vielen Siegeln. Sogar im Fußball. Umso leichter saugte ich sie auf, die Namen der Helden in Weiß. Inklusive Rückennummern.

Ich habe nie etwas von einem »Hoeneß-Tor« oder »Grabowski-Tor« gehört. Müller-Tore aber fielen noch oft und sind bis heute ein Begriff auf der ganzen Welt. Die Engländer etwa sagen »mullered«, wenn eine Mannschaft regelrecht deklassiert wurde. Leider hatte er die meisten Tore schon geschossen, als wir uns kennenlernten. Freundlicherweise schoss er mich am 7. Juli 1974 noch zum Weltmeister, dann war er weg. Rücktritt. Mit 28. Wegen Ärger auf dem Bankett, angeblich. Was ist ein Bankett, und was hat das mit Fußball zu tun? Fragen, die Achtjährige stellen. Und diese eine: Wieso tut er mir das an?

Nun, ich will nicht übertreiben, der Gerd hat immerhin noch fünf Jahre für die Bayern gespielt und meine Liebe zu diesem Verein wesentlich geprägt. Bloß kamen die damals nicht so oft im Fernsehen wie die Nationalmannschaft. Ja, so eine Zeit gab es auch. Stell dir vor, es ist Bayern, und keiner kann's sehen. Die Ersatzdroge lieferten die Zeitschriften.

Jahrelang hing der »Bomber« über meinem Bett, erst als Weltmeister, dann als Europacup-Sieger oder einfach nur auf dem Mannschaftsfoto der Bayern, und wachte über meinen Schlaf – mit all den anderen Giganten der Siebziger. Mein Idol war zwar Kalle Rummenigge, aber eigentlich nur, weil ich von dem mit zwölf eine wunderbare Biografie aus der Feder von Raimund Hinko bekommen hatte. Von Gerd Müller, der Teufel weiß warum, fand ich nie eine. Jetzt halten Sie eine in der Hand. Und dass ich dazu beitragen durfte, seine Lebensleistung zu würdigen, erfüllt mich mit einigem Stolz. Es war eine meiner größten Aufgaben als Journalist, selten verspürte ich mehr Verantwortung. Denn Gerd Müller, das merkte ich bei jedem Gespräch über ihn, ist ein Unantastbarer. Gleichsam schutzbedürftig wie schützenswert. Es ging ihm nicht immer gut, es geht ihm auch heute nicht gut, aber es gibt Hunderte, die einen Schutzwall um ihn errichten. Die für ihn da sind, die sich für ihn krumm machen und auch mal schwindeln. Weil er es verdient hat. Als Sportler und als Mensch. Der Sportler hat Millionen Deutschen unsagbar glückliche Momente geschenkt, die sie ihm ewig danken. Der Mensch hat sein Umfeld, besonders seine Kameraden, verzaubert und angerührt. So treu und so scheu, so loyal, still und zurückhaltend. Wer hat je mit ihm Streit bekommen? Wir können sie an einer Hand abzählen.

Wir porträtierten ein zerbrechliches Idol, und jeder gab uns zu verstehen: »Tut ihm nicht weh!« Befürchtet hat er es immer.

Als Journalist der *Welt* saß ich ihm am 27. Oktober 2005 erstmals gegenüber. Morgens um acht, es war das früheste Interview meines Lebens, aber für den »Bomber« wäre ich auch um halb drei aufgestanden. Treffpunkt Säbener Straße. Anlass: sein 60. Geburtstag. Ich trug Sakko, er den roten Trainingsanzug des FC Bayern. »So, wo san jetzt dei Journalisten?«, hat er Peter Renner von der Medienabteilung freundlich angeraunzt. Er musste den ganzen Tag Interviews geben – wegen des runden Geburtstags. Er hat es gehasst und blieb doch freundlich. Was blieb mir in Erinnerung von dieser halben Stunde? Diese Augen vor allem. Sie flackerten ängstlich. Was willst du von mir, was wirst du über mich schreiben, weißt du überhaupt, wer ich bin und wie es mir wirklich geht? All das schienen sie auszudrücken. Wir haben doch nur über Fußball geredet, seine Weltkarriere in 30 Minuten abgehandelt. Ein Ding der Unmöglichkeit. Ich hätte noch zwei Stunden dasitzen können, er aber war froh, dass es vorbei war. Wie immer. Aber er ging nicht ohne ein nettes Wort. Ich hatte eine Statistik dabei, die all seine Tore in den verschiedenen Wettbewerben abbildete – mittels verschiedenfarbiger Bälle. Die Fakten waren von mir, Umsetzung und Idee von meinem Freund Oliver Wurm, damals Chefredakteur des *Player*. »Des haben's schee gemacht«, ließ er mich und ihn wissen und schrieb seinen Namen drüber. Wenn ich irgendetwas aus meinem Archiv niemals wegwerfen werde, dann dieses Blatt Papier.

Im Mai 2006 traf ich Müller noch einmal. Kurz vor der WM wurde für die *Welt* am neuen Berliner Hauptbahnhof ein Doppelinterview mit ihm und dem polnischen WM-Torwart von 1974, Jan Tomaszewski, arrangiert. Sie konnten sich nicht unterhalten, es musste gedolmetscht werden, aber sie verstanden sich prächtig. Der Torschütze der Wasserschlacht von Frankfurt und sein Opfer. Fußballer unter sich, sie brauchen keine gemeinsame Sprache. Ich tat meinen Job, aber ich spürte, dass mein Kollege Gunnar Meinhardt und ich eigentlich nur störten. Dass Müller mich nach acht Monaten nicht wiedererkannt hat, damit konnte ich leben. Zu viele Hände musste dieser Mann schütteln, zu viele Gesichter sich merken. Und Interviews hat er kaum weniger gegeben, als er Tore geschossen hat – und das will etwas heißen.

Als wieder ein runder Geburtstag anstand, gab er schon keine Interviews mehr. Gerne hätten wir noch mit ihm gesprochen. Wir schenken ihm dieses Buch, damit alle wissen, wer er war.

Der »Bomber«.

Erklärung:
Diese Biografie über Gerd Müller entstand in den zurückliegenden Monaten aus zahlreichen Interviews und Gesprächen mit Freunden, Weggefährten – ob Mitspieler, Gegenspieler, Trainer, Funktionäre oder Journalisten – und dank der Unterstützung des FC Bayern München.

Weil wir es sehr schätzen, dass sich der FC Bayern in den vergangenen Jahren intensiv darum bemüht hat, die Privatsphäre der Familie Müller zu schützen, haben wir aus Rücksicht und Respekt gegenüber Gerd Müller und seinen Angehörigen darauf verzichtet, bestimmte persönliche Informationen zu veröffentlichen.

Wir hoffen, mit diesem Buch die Lebensleistung von Gerd Müller, dem »Bomber der Nation«, gebührend zu würdigen.

ANHANG

Statistiken

Saisontore von Gerd Müller

1963/64	Spiele	Tore
Bezirksliga	28	47
Freundschaftsspiele	2	7
BM (Betriebsmannschaft)	3	11
Gesamt	**33**	**65**

1964/65	Spiele	Tore
Regionalliga Süd	26	33
Pokal Süd	2	2
Aufstiegsrunde Bundesliga	6	6
Freundschaftsspiele	9	12
Reserve	4	2
Gesamt	**47**	**55**

1965/66	Spiele	Tore
Bundesliga	33	14
DFB-Pokal	6	1
Freundschaftsspiele	30	42
Auswahl Urmünchner	1	1
Gesamt	**70**	**58**

1966/67	Spiele	Tore
Deutschland	3	4
Deutschland Junioren (U23)	1	1
Bundesliga	32	28
DFB-Pokal	4	7
Europapokal/Pokalsieger	9	8
Freundschaftsspiele	26	53
Reserve	1	3
Gesamt	**76**	**104**

1967/68	Spiele	Tore
Deutschland	2	2
Deutschland Test	2	1
Bundesliga	34	20
DFB-Pokal	4	4
Europapokal/Pokalsieger	8	7
Freundschaftsspiele	27	59
Gesamt	**77**	**93**

1968/69	Spiele	Tore
Deutschland	7	9
Deutschland Test	4	10
Bundesliga	30	30
DFB-Pokal	5	7
Freundschaftsspiele	32	37
Gesamt	**78**	**93**

1969/70	Spiele	Tore
Deutschland	13	12
Bundesliga	33	38
DFB-Pokal	1	3
Europapokal/Landesmeister	2	0
Freundschaftsspiele	24	63
Gesamt	**73**	**116**

1970/71	Spiele	Tore
Deutschland	7	10
Deutschland Test	1	4
Bundesliga	32	22
DFB-Pokal	9	11
Europapokal/Messecup	8	7
Freundschaftsspiele	26	34
Welt-Auswahl	1	0
Gesamt	**84**	**88**

1971/72	Spiele	Tore
Deutschland	9	14
Bundesliga	34	40
DFB-Pokal	6	5
Europapokal/Pokalsieger	8	5
Freundschaftsspiele	34	72
Halle	8	14
Weltauswahl	1	1
Gesamt	**100**	**151**

1972/73	Spiele	Tore
Deutschland	5	6
Bundesliga	33	36
DFB-Pokal	5	7
Europapokal/Landesmeister	6	12
Liga-Pokal	5	12
Freundschaftsspiele	28	28
Halle	10	11
Weltauswahl	1	1
EWG-Auswahl	1	0
FCB/FCN-Auswahl	1	2
Gesamt	**95**	**115**

1973/74	Spiele	Tore
Deutschland	16	11
Deutschland Test	1	5
Bundesliga	34	30
DFB-Pokal	4	5
Europapokal/Landesmeister	10	9
Freundschaftsspiele	29	40
Gesamt	**94**	**100**

1974/75	Spiele	Tore
Bundesliga	33	23
DFB-Pokal	3	2
Europapokal/Landesmeister	7	5
Freundschaftsspiele	24	36
Gesamt	**67**	**66**

1975/76	Spiele	Tore
Bundesliga	22	23
DFB-Pokal	6	7
Europapokal/Landesmeister	6	5
Supercup Europa	1	0
Freundschaftsspiele	17	45
Halle	1	1
Reserve	1	1
Gesamt	**54**	**82**

1976/77	Spiele	Tore
Bundesliga	25	28
DFB-Pokal	4	11
Europapokal/Landesmeister	4	5
Supercup Europa	2	3
Welt-Pokal	2	1
Freundschaftsspiele	34	96
Deutschland-Auswahl (AS)	1	1
Gesamt	**72**	**145**

1977/78	Spiele	Tore
Bundesliga	33	24
DFB-Pokal	3	4
Europapokal/UEFA	6	4
Freundschaftsspiele	30	35
Gesamt	**72**	**67**

1978/79	**Spiele**	**Tore**
Bundesliga	19	9
DFB-Pokal	2	4
Freundschaftsspiele	19	38
Gesamt	**40**	**51**

1979	**Spiele**	**Tore**
North American Soccer League (NASL)	25	19
NASL Play-Offs	2	0
Gesamt	**27**	**19**

1980	**Spiele**	**Tore**
North American Soccer League (NASL)	29	14
NASL Play-Offs	7	2
Deutschland-Auswahl (AS)	1	0
Gesamt	**37**	**16**

1981	**Spiele**	**Tore**
NASL	17	5
Freundschaftsspiele	5	4
Gesamt	**22**	**9**

Die besten Torjäger der Bundesliga

Name	Verein	Tore
1. Gerd Müller	FC Bayern München	365
2. Robert Lewandowski	Borussia Dortmund, FC Bayern München	289
3. Klaus Fischer	TSV 1860 München, FC Schalke 04, 1. FC Köln, VfL Bochum	268
4. Jupp Heynckes	Borussia Mönchengladbach, Hannover 96	220
5. Manfred Burgsmüller	Rot-Weiss Essen, Borussia Dortmund, 1. FC Nürnberg, SV Werder Bremen	213
6. Ulf Kirsten	Bayer Leverkusen	182
7. Stefan Kuntz	VfL Bochum, KFC Uerdingen 05, 1. FC Kaiserslautern, Arminia Bielefeld	179
8. Dieter Müller	Kickers Offenbach, 1. FC Köln, VfB Stuttgart, 1. FC Saarbrücken	177
9. Klaus Allofs	Fortuna Düsseldorf, 1. FC Köln, SV Werder Bremen	177
10. Claudio Pizarro	SV Werder Bremen, FC Bayern München	176

Danksagungen

Die Autoren möchten ganz besonders danken:

Hans Peter Renner, Abteilungsleiter Publikationen, Direktion Medien und Kommunikation des FC Bayern

Martin Hägele, Leiter Internationale Beziehungen beim FC Bayern

Markus Hörwick, Direktor Medien und Kommunikation des FC Bayern

Harald Pistorius, Sportchef der *Neuen Osnabrücker Zeitung*

Jürgen Eilers, früherer Sportchef der *Bild*-Zeitung

Raimund Hinko, die lebende Legende unter den Bayern-Reportern

Wiggerl Kögl und Christian Romberg von Kögl & Partner GmbH Sportmanagement

Marcus Höfl und Fred Sellin, MHM GROUP GMBH Kitzbühel

Martin Jeromin und Helmut Wurm, Weggefährten Gerd Müllers aus Nördlingen

Dr. Wilfried Sponsel, Leiter des Stadtarchivs Nördlingen

Andreas Wittner, Archivar der FC Bayern Erlebniswelt

Christian Seidl, Ressortleiter Leute & Kultur der *Bild am Sonntag*

Hermann Gerland, Uli Hoeneß und Mehmet Scholl

Klaus Augenthaler, Franz Beckenbauer, Paul Breitner, Dieter Brenninger, Udo Horsmann, Eduard Kirschner, Sepp Maier, Franz »Bulle« Roth

Karlheinz Förster, Jupp Heynckes, Bernd Hölzenbein, Eckhard Krautzun, Uwe Seeler

OB Hermann Faul, Kurt Tahedl, Manfred Ottenweller, Joachim Feix, Anna Reinhardt, Wolfgang Gerstmeier aus Nördlingen

Waldemar Hartmann, Uli Köhler, Werner-Johannes Müller, Hartmut Scherzer, Fritz von Thurn und Taxis, Klaus Veltman (Bensheim)

Klaus Müller, Lun Tuchnowsky (München)

Dr. Albert Hossenfelder (Dortmund) und Sohn Stefan (Köln)

Quellen- und Bildnachweise

Bücher:

Benninger, Jim: 100 Jahre Fußball in Nördlingen. Nördlingen 2008

Derwall, Jupp: Fußball ist kein einfaches Spiel. Berlin 2002

Grüber, Walter: Bomber der Nation – die Gerd Müller-Spezialstatistik. Augsburg 2005

Havekost, Folke/Stahl, Volker: Gerd Müller. Schrecken im Strafraum. Kassel 2007

Hüetlin, Thomas: Gute Freunde. Die wahre Geschichte des FC Bayern. München 2007

Körner, Torsten: Franz Beckenbauer. Der freie Mann. Frankfurt am Main 2005

Huppertz, Gerd/Steffan, Frank: So ein Tag ... Die Spielberichte über die legendären Spiele des FC Bayern München von 1965 – 1984. Köln 1984

Lindermeier, Erich: Gerd Müller. Die Statistik. München 2010

Müller, Gerhard: Tore entscheiden. München 1969

Müller, Gerd: Goldene Beine. Er über sich – ein Bildband mit 65 großen Fotos. Rosenheim 1969

Schaller, Thomas/Jockenhöfer, Michael: WM Spezial. Gerd Müller. Bomber der Nation. Augsburg 2005

Schön, Helmut: Fußball. Frankfurt/Main – Berlin – Wien 1978

Schwaegerl, Tony: Gerd Müller. Der Bomber aus München. München 1969

Sponsel, Wilfried etc.: 150 Jahre TSV 1861 Nördlingen. Nördlingen 2011

Zeitschriften

Fußball Magazin (1977 – 1979)

Kicker Sportmagazin (1964 – 1983)

Sport-Illustrierte (1966 – 1979)

Sport-Magazin

Zauberer am Ball, Band 6 (1972)

Zeitungsarchive:
Abendzeitung München
Bild
Neue Osnabrücker Zeitung
Süddeutsche Zeitung
Verlag Axel Springer

Online:
http://www.fussballdaten.de/bundesliga/statistik/

Bildnachweise:

Seite 7: imago/Ulmer/Cremer

Bildteil:
Hintergrund: Shutterstock

Seite 1: Imago/Elbner

Seite 2:
Links oben: Stadtarchiv Nördlingen
Rechts oben: privat
Mitte: imago/Rolf Hayo
Unten: imago/Rolf Hayo

Seite 3:
Oben: Erlebniswelt FC Bayern
Unten: Erlebniswelt FC Bayern

Seite 4:
Oben: Erlebniswelt FC Bayern
Links unten: Erlebniswelt FC Bayern
Rechts unten: privat

Seite 5:
Oben: Erlebniswelt FC Bayern
Links unten: Erlebniswelt FC Bayern
Bilder rechts unten: privat

Seite 6:
Oben: ullstein bild/Horstmüller
Unten: imago/WEREK

Seite 7:
Oben: imago/Kiker/Metelmann
Unten: imago/WEREK

Seite 8:
Links oben: imago/WEREK
Rechts oben: imago/WEREK
Unten: imago/Sven Simon

Seite 9:
Oben: imago/Horstmüller
Unten: imago/ Sven Simon

Seite 10:
Oben: imago/Fred Joch
Unten: imago/WEREK

Seite 11:
Oben: imago/Sven Simon
Unten: mit Genehmigung der FC Bayern Erlebniswelt

Seite 12:
Oben: imago/WEREK
Unten: imago/Sven Simon

Seite 13:
Oben: imago/Rolf Hayo
Unten: imago/Horstmüller

Seite 14: imago/Sven Simon

Seite 15:
Oben: imago/Lackovic
Unten: imago/Ulmer/Cremer

Seite 16:
Picture Alliance/dpa